CHEFS-D'ŒUVRE

DE LA

LITTÉRATURE

FRANÇAISE

28

ŒUVRES

DE

J. B. ROUSSEAU

ŒUVRES

DE

J. B. ROUSSEAU

AVEC

UNE INTRODUCTION SUR SA VIE ET SES OUVRAGES

ET

UN NOUVEAU COMMENTAIRE

PAR ANTOINE DE LATOUR

PARIS

GARNIER FRÈRES, LIBRAIRES-ÉDITEURS

6, RUE DES SAINTS-PÈRES

M DCCC LXIX

JEAN-BAPTISTE ROUSSEAU

SA VIE ET SES OUVRAGES.

Ce n'est point par un goût très-vif pour le génie et le caractère de Jean-Baptiste Rousseau que nous avons été amené à écrire cette nouvelle notice sur sa vie et ce nouveau commentaire de ses œuvres. Élevé de son vivant et maintenu jusqu'ici au rang de nos grands poëtes, par une habitude où l'esprit de parti fut bien pour quelque chose, au début, et où il entre encore un peu de complaisance, Jean-Baptiste Rousseau est le dernier du groupe. Son œuvre lyrique a toujours paru moins remarquable par l'inspiration que par l'artifice ingénieux de la versification et la pureté du langage. Mais comme, sous ce double rapport, il est resté un modèle utile à étudier, la critique a pu avec justice lui garder sa place, assez loin cependant des premiers, parmi les maîtres de la poésie française.

D'ailleurs, si le talent de Jean-Baptiste Rousseau, de Jean-Baptiste, comme disaient ceux qui croyaient par là le mettre, dans la popularité, au niveau de Jean-Jacques, nous semble aujourd'hui avoir été surfait, c'est moins encore, croyons-nous, parce qu'il était réellement inférieur à ses devanciers et à quelques-uns de ses glorieux contemporains, que parce que le genre où il s'est surtout rendu célèbre, le lyrique, a jeté, de nos jours, un tel éclat que tout ce qui a précédé en a singulièrement pâli, comme ces étoiles dont parle Pindare (il doit nous être permis de le citer ici), que relègue tout à coup dans l'ombre la naissante splendeur du soleil. Quoi qu'il en soit, dépossédé de sa royauté lyrique, Rousseau demeure du moins dans l'histoire littéraire un chaînon nécessaire entre Malherbe et Lamartine, Béranger et Victor Hugo.

C'est à ce point de vue surtout que nous voudrions l'apprécier, sans chercher à le relever complétement de l'espèce de déchéance dont il a été frappé en ces derniers temps; mais aussi sans méconnaître ses rares qualités d'écrivain, ou, si l'on veut, de versificateur, d'artisan de la muse. L'âme a trop souvent manqué à l'instrument sonore; mais il a rendu des notes mélodieuses qui méritent d'être comptées dans notre trésor poétique.

Essayons donc de raconter la vie de Jean-Baptiste Rousseau et d'assigner à ses ouvrages la place qui leur appartient.

Jean-Baptiste Rousseau naquit à Paris le 10 avril 1670. Son père était un simple cordonnier, mais qui, gardant pour lui le conseil de Phèdre : *Ne sutor ultra crepidam*, eut le mérite de faire donner à ses enfants une éducation libérale. Le frère du poëte, qu'on appelait familièrement le père Léon, était un pieux moine et un prédicateur éclairé. Rousseau le nomme deux fois dans ses lettres : il écrivait de Bruxelles le 14 janvier 1732 : « Ce que vous m'annoncez de mon frère me fait un sensible plaisir. Je savois déjà par nos carmes, à qui je m'en étois informé de temps en temps, qu'il étoit fort aimé et fort estimé dans la maison où il est. Mais ils ne m'avoient pas parlé de ses talents. Je rends grâces à Dieu de les lui avoir donnés, puisqu'il les emploie si bien pour la gloire et pour l'instruction du prochain. Je serois bien heureux, si j'avois fait un aussi bon usage du peu que j'ai. »

Un moine, un prédicateur distingué n'est pas un frère dont on puisse rougir, et dans ce que nous venons de citer, il y a, ce semble, comme un regret de la part de Rousseau d'avoir connu si tard celui dont il parle aujourd'hui si bien. Le témoignage de Louis Racine me fait espérer que l'on a calomnié

Rousseau, quand on l'a accusé d'avoir méconnu son père.
L'anecdote que l'on cite à ce sujet est suspecte, venant de
Voltaire; mais ce serait déjà trop que Rousseau eût eu besoin
d'être consolé de son humble naissance. Il y a dans Lamotte
une ode qui suffirait pour le faire penser. On en a souvent cité
les strophes suivantes :

> On ne se choisit point son père :
> Par un reproche populaire
> Le sage n'est point abattu ;
> Oui, quoique le vulgaire pense,
> Rousseau, la plus vile naissance
> Donne du lustre à la vertu...
>
> Que j'aime à voir le sage Horace,
> Satisfait, content de sa race,
> Quoique du sang des affranchis !
> Mais je ne vois qu'avec colère
> Ce fils tremblant au nom d'un père,
> Qui n'a de tache que ce fils.

Lamotte trouva, ce jour-là, l'inspiration qui lui fait défaut
d'ordinaire. Mais c'est qu'il l'avait dans le cœur, et, par ces
vers généreux, il se vengeait noblement d'avance de toutes
les épigrammes dont Jean-Baptiste devait un jour le poursuivre.[1]

Quand on ne saurait pas par les contemporains que le
jeune Rousseau fit de fortes et solides études, ses ouvrages si
nourris des beautés de la muse antique le prouveraient surabondamment. Sorti du collége, il prit soin de se faire des
amis utiles, et rechercha avec le même empressement les
relations illustres. Il fut de bonne heure présenté à Boileau,
et une certaine intimité s'établit entre eux, assez familière
pour que Rousseau ait pu se dire le disciple du vieux satirique.
On lit dans la préface de la première édition de ses poésies :

---

1. Je crains que l'intention ne soit pas aussi amicale que le feraient croire
ces deux stances. En relisant l'ode de Lamotte, postérieure d'ailleurs à la première querelle des couplets, j'y trouve une ou deux strophes qui m'ont bien
l'air de s'adresser à Rousseau et qui ne sont rien moins que bienveillantes.

« Je me souviens que M. Despréaux m'a montré plusieurs fois, pour me consoler, des satires de l'abbé Cotin que bien des gens assuroient encore être de M. Despréaux. » Et, un peu plus loin, toujours parlant de Boileau, il ajoute : « Ce grand maître de qui je tiens à honneur d'avoir appris tout le peu que je sais du métier de la poésie. »

Mais un vrai poëte lyrique pouvait-il sortir de l'école de Boileau? Boileau, poëte original, quoi qu'on ait dit souvent, et à qui a fait amende honorable, en vers exquis, M. Sainte-Beuve lui-même qui, dans une heure d'irrévérence, avait jadis parlé de lui sévèrement, Boileau ne pouvait guère former que des imitateurs, et si Rousseau tient de lui, ce ne peut être, oserait-on le dire? que par le côté de l'ode de Namur.

Aussi ce ne fut pas par la poésie lyrique que Jean-Baptiste débuta dans la carrière. Il se laissa d'abord attirer par le théâtre, et donna à la scène, en 1795, une petite comédie en prose, *le Café*. Il n'avait guère alors que vingt-cinq ans. Ce qui aujourd'hui paraîtrait étonnant, c'est que la France, à cette époque, eût produit un poëte lyrique. On le comprendrait, à la rigueur, au lendemain de Rocroy et après le *Cid*. Il pouvait encore trouver sa place dans la pleine lumière de Louis XIV, quand la France entière chantait son hymne au grand roi, et lorsque, sous la plume de Boileau, l'épître elle-même trouvait presque des accents épiques. Mais lorsque Molière était mort, épuisé de chefs-d'œuvre, laissant au flanc du siècle ses flèches immortelles, et lorsque Labruyère, à son tour, achevait de sa main sûre et légère les derniers et les nouveaux ridicules du temps, l'ode eût paru plus que jamais artificielle et inopportune. Si Rousseau, à cette époque, éprouva quelque velléité de se hasarder sur ce terrain, il dut la réprimer bien vite. Il pensa donc d'abord au théâtre et écrivit sa petite comédie.

L'idée lui en vint trop tôt. Pendant ou après l'affaire des couplets, qui, on le sait, prit naissance dans le café de la dame Laurent, rendez-vous de plusieurs hommes de lettres, il pouvait y avoir là matière à une comédie sérieuse qui n'eût pas été sans analogie avec celle que Moratin devait écrire, un siècle plus tard, sous le même titre, et qui fit tant de bruit en Espagne. Mais quand Rousseau imagina son petit acte, il n'avait encore aucune expérience des hommes et des choses, et dans cette œuvre sans invention aucune, c'est à peine si l'homme d'esprit se révèle çà et là par quelque trait ingénieux.

Froidement accueilli sur la scène française, il se tourna du côté de l'opéra auquel il donna une Toison d'or. On s'étonne que Boileau ne l'ait pas détourné de cette tentative. Mais connaissait-il déjà Boileau? on le croirait, cependant, à voir les traits que, dans le *Café,* il ne ménage pas à l'*Armide* de Quinault. C'était avoir la main malheureuse, et on reconnaît là les maladresses ordinaires d'un imitateur et d'un disciple. Mais pour la forme comme pour le fond, le *Jason* de Rousseau est une œuvre froide et médiocre. On pouvait espérer du moins que, par cette voie, le futur poëte lyrique s'acheminait lentement vers son œuvre propre; mais inutilement on chercherait dans cette composition fastidieuse et oubliée presque en naissant quelques vers qui témoignent d'une vocation naissante; pas un couplet qui la fasse pressentir. Une certaine harmonie dans la phrase poétique et dans la cadence du vers mêlé laisse seule entrevoir quelque sentiment du rhythme. On ne peut dire que l'occasion ici ait manqué au poëte; Orphée heureusement introduit dans l'action pouvait amener de beaux accents; non, c'est le poëte qui manque à l'occasion.

Le triste succès de *Jason* ne le découragea pas encore, et l'année suivante, il faisait représenter un second opéra, *Vénus et Adonis.* On y rencontre, de temps à autre, quelques vers francs, des couplets habilement tournés, une ou deux idées heureuses, et à tout prendre ce *libretto* en vaut un autre. Mais il faut croire que la musique ne parvint pas à le réchauffer, car le public demeura aussi froid que la première fois. La cour, qui assistait à la représentation, fit mine de se retirer avant la fin; une plaisanterie la retint et sauva l'opéra de la dernière humiliation. « Attendez! s'écria le prince de Conti, il nous revient, au cinquième acte, une hure qui ne sera peut-être pas mauvaise. » Rousseau se souvenait-il de ce singulier secours prêté à sa muse défaillante, lorsqu'en 1709 il célébrait la mort de ce prince dans l'une de ses plus belles odes? Quoi qu'il en soit, la cour se rassit, et le public, qui fût sans doute sorti avec elle, ne voulut pas paraître moins patient que les grands seigneurs.

Il est regrettable que Jean-Baptiste n'ait pas prévu, dès le lendemain de son nouvel échec à l'Opéra, que le même sort l'attendait au Théâtre-Français. Loin de là, la même année, il y portait une comédie, *le Flatteur*. Il l'avait d'abord écrite en prose; plus tard, il se divertit à la rimer; mais en vers comme en prose, le *Flatteur* ne réussit jamais complétement. Il se traîna péniblement, sous sa première forme, jusqu'à la dixième représentation, et sous la nouvelle, lorsque déjà le poëte commençait à être connu, et que sa naissante renommée pouvait être un appui pour la pièce, celle-ci ne parvint jamais à se relever tout à fait. C'est que, dès le premier jour, les bons juges s'étaient aperçus et proclamèrent qu'il n'y avait là ni action, ni caractères. Celui même que l'auteur avait voulu produire sur la scène était tout plutôt que le Flatteur, c'est-à-dire l'Imposteur, l'Escroc, le Sycophante, tous les misérables qui se servent de la flatterie pour parvenir à leurs fins, mais non pas le Flatteur lui-même. Ce nom de Philinte que l'auteur n'a pas sans dessein sans doute donné à son principal personnage témoigne lui-même de la méprise. Car enfin, si Philinte flatte, il n'est pas pour cela le flatteur. Quant à la versification, elle ne nous apprendrait rien des progrès du poëte, puisqu'elle est d'une date très-postérieure : « Je ne puis finir cette lettre, écrivait encore Rousseau de Vienne, le 26 mars 1718, sans vous confier un amusement que je me suis fait depuis un mois : je mets en vers la comédie du *Flatteur*. » Un poëte railleur, et on sait si Rousseau l'était, doit être si aisément tenté de se croire né pour la comédie! et qui sait si

Boileau lui-même, à certains jours, n'a pas eu besoin de tout son bon sens pour se défendre aussi de quelques illusions de ce genre?

Jean-Baptiste garda la sienne toute sa vie. Mais on est fondé à croire que, dès la première époque du *Flatteur*, il s'essayait déjà dans la poésie lyrique. Homme du monde et de plaisirs, il recherchait dès lors la société des gens considérables, et comme il s'était fait des amis un peu partout, il avait pour les uns des psaumes heureusement imités de David, il avait pour les autres des épigrammes acérées et très-peu scrupuleuses qui n'allaient pas aux mêmes lecteurs :

> Pétrone à la ville,
> David à la cour.

Mais la cour n'aimait guère moins Pétrone que David, et à la ville tout le monde, grâce à Dieu, ne goûtait pas également Pétrone. Plus tard, lorsqu'aux jours difficiles, il eut besoin d'alliés pour sa défense, il en trouva parmi les honnêtes gens; mais il eut aussitôt pour ennemis la tourbe de ceux à qui sa muse licencieuse avait donné des gages. Cependant l'élite de ceux-là mêmes lui demeura fidèle, Chaulieu en tête et tout le Temple sous le grand prieur. Mais nous sommes encore loin de ce moment néfaste; et tout en paraphrasant David, en écrivant ses premières odes, en décochant ses premières épigrammes, Rousseau n'avait pas encore renoncé au théâtre. Nous venons de dire qu'il n'y renoncera jamais entièrement.

La chute du *Capricieux*, arrivée en 1700, aurait dû cependant achever de le guérir. La préface qu'il imprima en tête de cette pièce témoigne, au contraire, de son incurable entêtement. Tout ce qu'on peut dire ici, à la louange du poëte fourvoyé, c'est que son style se forme. La versification de sa nouvelle comédie est vive, leste, semée çà et là de mots spirituels, et s'il n'a pas le génie dramatique, ce n'est pas du moins la langue qui lui a manqué.

Mais c'est de cette malheureuse comédie du *Capricieux* que datent toutes les infortunes de Jean-Baptiste Rousseau; elle fut l'occasion, sinon la cause, de cette déplorable affaire des couplets sur laquelle il faut se résigner à ignorer l'entière vérité. Nous n'avons pas la prétention d'apporter ici des documents nouveaux, ni une opinion nouvelle. Nous avons lu attentivement l'attaque et la défense, scrupuleusement comparé les témoignages, étudié dans leur structure comme dans leur esprit ces odieux couplets, et nous restons convaincu qu'une part de vérité se trouve ici mêlée à beaucoup de mensonge, et que la calomnie, échauffant au dehors et de part et d'autre une misérable querelle de café, l'éleva, les passions aidant, à la hauteur d'une question d'État. On a parlé des passions littéraires de nos jours, mais qu'étaient-elles donc du temps de nos pères, pour qu'une affaire de police correctionnelle ait eu ainsi pour dénoûment la proscription d'une vie entière?

Essayons cependant d'exposer, comme nous l'entendons, cette énigme du siècle dernier, qui paraît devoir longtemps encore attendre son dernier mot.

Au commencement du siècle passé, il y avait, rue Dauphine, un café tenu par une dame Laurent qui ne fut, pas plus que ses habitués, épargnée dans les trop célèbres couplets. Dans cette maison, comme plus tard au café Procope qui paraît avoir continué le café Laurent, se réunissaient journellement un assez grand nombre d'hommes de lettres et d'artistes, Jean-Baptiste Rousseau, Lafaille, Saurin le père, Crébillon, Lamotte, Boindin; et il y avait des jours où il s'y rencontrait, dit-on, jusqu'à dix ou douze académiciens. La renommée naissante de Jean-Baptiste y éveillait une médiocre sympathie, et Jean-Baptiste, que ses contemporains nous peignent volontiers jaloux et haineux, s'y montrait peu empressé à applaudir aux succès de ses confrères. Précisément dans le même mois où le *Capricieux* recevait un si froid accueil au Théâtre-Français, c'est-à-dire en décembre 1700, l'opéra d'*Hésione* en trouvait un tout autre devant un autre public qui, on s'en souvient, avait été sévère pour Rousseau. Or, l'auteur des paroles d'*Hésione*, et Campra, celui de la musique, étaient l'un et l'autre des familiers du café Laurent. Le contraste était trop vif, pour que Rousseau n'en prît pas de l'humeur, et comme il avait l'esprit et la plume très-prompts à la satire, il s'empara d'un air du prologue d'*Hésione* qui était dans toutes les bouches, et sur cet air il composa un couplet où les auteurs du nouvel opéra étaient cruellement flagellés. Le couplet achevé, il ne put se tenir de le murmurer à l'oreille d'un ami : celui-ci, âme pacifique, n'eut garde de le répéter ; mais il y avait, à deux pas de lui, un certain Maunoir qui avait l'oreille fine et la mémoire sûre. Celui-ci entendit le couplet, le retint et le répandit. L'émoi fut grand. Boindin riposta avec assez d'énergie, d'autres s'en mêlèrent, et comme il arrive souvent en pareil cas, beaucoup se piquèrent au jeu. De là un déluge de couplets où chacun glissa le nom de son ennemi particulier. Rousseau lui-même ne s'arrêta pas en si beau chemin, et on reconnaît sa manière dans des vers où de nouvelles victimes furent sans pitié immolées à son secret dépit. Mais la mesure relative qu'il avait gardée en commençant, tous ne la gardèrent pas, et chaque jour on ramassait sous les tables du café quelque couplet nouveau-né qui renchérissait sur celui de la veille. Il y en eut, dit-on, jusqu'à soixante-douze.

Il serait injuste de vouloir reconnaître dans tous la touche énergique et savante du maître. Dans ses vers les plus licencieux, et qui lui ont été justement reprochés, il ne s'était jamais laissé emporter à cet excès de violence, il n'avait jamais parlé cette langue ordurière. D'ailleurs, parmi les attaqués, plusieurs étaient de ses amis, ou avaient été ses bienfaiteurs. Mais comme la renommée lui attribuait également tous les couplets, ses ennemis tournèrent à sa honte cette dernière circonstance où nous voudrions voir plutôt une preuve de son innocence. C'étaient autant d'appuis qu'il aurait perdus, le jour où la guerre prendrait certaines proportions. En attendant, le scandale allait son train. Accusé par tout le monde, Rousseau songea sérieusement à se justifier, et ne pouvant y parvenir, il dut quitter le café et se résigner à n'y jamais rentrer.

Dans l'unique lettre que nous ayons de lui à cette date, et qui est adressée à Duché, le seul de ses amis avec lequel il paraît s'être un peu épanché, il se défend, mais faiblement et avec plus d'adresse que de franchise, d'être l'auteur même des premiers couplets. Cette dénégation, il faut l'avouer, jette du louche sur toutes les protestations de Rousseau. Que deviennent-elles, si l'on songe que les récits du temps désignent généralement Duché comme cet ami discret qui reçut la confidence du premier couplet? ne faudra-t-il pas en conclure que cette lettre avait été faite pour être montrée? on le croirait du moins, si elle était écrite avec plus de soin.

L'orage cependant finit par s'apaiser, et ce ne fut que dix ans plus tard que la guerre se ralluma, et que le grand public prit fait et cause dans le drame dont on ne vient de voir que le prologue. Le feu qui couvait sous la cendre mit dix ans à éclater. Rousseau, dans cette reprise d'hostilités, ne fut plus que victime, mais on a vu que, dans la première escarmouche, son rôle n'avait pas été précisément celui de l'innocence.

Pendant ces dix ans, sa réputation s'était établie. Bienvenu à la cour et à la ville, il s'était acquis des amis puissants, et avait dû à leur crédit un emploi dans les finances, que, plus ambitieux ou moins ami de sa liberté, il eût aisément échangé contre un plus brillant et plus lucratif. Mais il avait du moins du poëte l'humeur indépendante et désintéressée. Il ne poursuivait plus ses ennemis par des couplets clandestins, mais par des épigrammes avouées, dont quelques-unes étaient des chefs-d'œuvre, et qui faisaient rire non plus les habitués d'un café, mais Paris et la France, ce qui était déjà un peu l'Europe entière. Les flagellés attendaient l'occasion, elle vint tard, mais elle vint.

Thomas Corneille était mort en 1709, laissant une place vacante à l'Académie, et Boileau, qui devait mourir en 1711, allait laisser une pension qui, partagée, pouvait suffire à l'ambition modérée de deux écrivains. Les premières œuvres lyriques de Rousseau, quoique non réunies encore, mais déjà très-appréciées dans le monde lettré, lui donnaient un droit réel sur l'héritage de Corneille, et, par son crédit à la cour, il pouvait aspirer à la pension de Boileau, dont il se proclamait trop volontiers le disciple pour ne pas se croire un peu son héritier légitime. Lamotte avait moins de titres sérieux, mais il avait su se concilier l'amitié de ceux-là mêmes qui se gardaient bien de lire l'*Œdipe* en prose ou l'*Iliade allongée* de douze chants. Lamotte aspirait sans bruit au fauteuil et à la pension, du moins à une moitié de celle-ci, car de bonne grâce il cédait l'autre à l'ancien ministre Saurin. La difficulté était d'écarter Rousseau.

Quelque jalouse que fût dès lors l'Académie de n'admettre dans son sein, ou, comme on dit aujourd'hui, dans son salon, que des renommées irréprochables, il était difficile d'opposer des écarts de jeunesse, depuis longtemps oubliés, à un écrivain qui depuis avait su se faire, par des ouvrages solides, des titres sérieux aux suffrages qu'il recherchait. Il eût fallu pouvoir réveiller le scandale apaisé, ou surprendre le poëte en flagrant délit d'un scandale nouveau. On ne se souvenait plus des anciens couplets. Mais il pouvait en écrire d'autres, ou, s'il trouvait l'heure mal choisie pour en faire, on pouvait en faire pour lui. C'est en deux mots toute l'histoire.

Dans les premiers jours de février 1710, un petit décrotteur du voisinage se présenta au café de la dame Laurent, car, sous ce rapport, le drame n'enfreignait point la règle de l'unité de lieu, avec un paquet cacheté à l'adresse de Boindin, membre de l'Académie des inscriptions. Boindin étant absent, le messager prit le chemin de la rue Garancière où on lui dit qu'il demeurait, et remit le paquet à son frère. Boindin, en rentrant, ouvrit le paquet et y trouva quatorze couplets, sur l'air du prologue d'*Hésione*, où plusieurs particuliers étaient diffamés dans les termes les plus violents et dans le langage le plus odieusement cynique. Boindin eût voulu garder le secret de cette nouvelle infamie; mais, le lendemain, lorsqu'il se présenta au café, il y apprit que c'était le secret de la comédie. Lamotte venait de réciter quelques-uns des nouveaux couplets à l'une des personnes qui s'y trouvaient le plus insultées. Il choisissait bien, s'il voulait que la chose fît scandale et que Rousseau y fût compromis, car il allait sans dire qu'accusé des anciens couplets, Rousseau était nécessairement l'auteur des derniers. Or Lafaille, à qui Lamotte les avait récités, était un militaire, et de tout temps les militaires ont eu un goût particulier pour ce que Figaro appelle les arguments touchants. Lafaille, un soir, en sortant de l'Opéra, attendit Rousseau à la porte et le bâtonna dans la rue des Bons-Enfants. Lamotte appelé en témoignage devant le juge prétendit que sa vue basse, on sait que plus tard il devint aveugle, ne lui avait pas permis de voir les coups, mais qu'il les avait entendus.

Rousseau se sauva d'abord dans le Palais-Royal, et le lendemain il porta plainte. Lafaille, ne croyant pas sans doute avoir frappé assez fort, porta plainte de son côté, et Rousseau fut décrété de prise de corps. Mais la cour intervint, on rapprocha les parties qui se désistèrent chacune de leur côté, et sur les conclusions de M. de Lamoignon, Rousseau obtint un arrêt de décharge, en date du 4 mai.

Sur ces entrefaites, un garçon de café ayant vu passer le petit décrotteur, l'appela, et Boindin, l'ayant interrogé, apprit de lui que le paquet lui avait été remis au coin de la rue Christine, par une espèce de savetier qu'il reconnaîtrait aisément s'il le voyait, et dont il décrivit exactement la personne et le costume. L'honnête Boindin qui, de bonne foi, cherchait la vérité, se croyant sur la bonne piste, poussa plus loin et invita Saurin à l'aider dans ses recherches. Mais Saurin qui, au début, avait été d'avis qu'il fallait cacher l'affaire au lieu de l'ébruiter, après avoir pris rendez-vous avec Boindin, resta chez lui et le laissa fouiller inutilement tout Paris.

On se fût découragé à moins, et Boindin en demeura là. Mais Rousseau, qui avait plus d'intérêt que lui à trouver l'auteur des couplets, se mit en chasse à son tour. Comme le petit décrotteur avait déposé dans sa plainte contre Lafaille, il lui fut facile de le retrouver, et par lui il espéra arriver au savetier. Un pressentiment secret lui disait que Saurin était mêlé à tout ceci. Or Saurin habitait alors l'hôtel des Ursins. A force de rôder autour de l'hôtel, Rousseau s'arrêta devant une échoppe où le décrotteur n'eut pas plutôt jeté les yeux qu'il y aperçut son homme, et dans les mêmes vêtements qu'il portait le jour où il lui avait remis le mystérieux paquet. Le savetier se troubla en reconnaissant l'autre. Or il se trouva que c'était ce jeune homme, appelé Guillaume Arnoul, qui faisait habituellement les commissions de Saurin. Rousseau, convaincu qu'il avait mis la main sur le vrai coupable, alla raconter sa découverte à M. d'Argenson et le pria de l'éclairer de ses lumières. M. d'Argenson lui conseilla de charger un exempt, du nom de Milet, d'amener le jeune savetier à faire des aveux. Cet exempt, qui habitait aussi l'hôtel des Ursins, avait des occasions toutes naturelles de rencontrer le jeune homme et de l'interroger. Celui-ci se défendit longtemps, et Milet, ne sachant plus comment s'y prendre, eut la malheureuse idée de lui offrir de l'argent, faute grave qui devait rendre suspect tout ce que la conscience du jeune homme le déciderait plus tard à confesser. Enfin que ce fût elle ou l'argent qui eût délié sa langue, Guillaume Arnoul convint que c'était lui, en effet, qui avait remis le message au décrotteur et qu'il le tenait de Saurin, ce qu'il déclara depuis en justice.

Dès ce moment, Rousseau, se croyant sur un terrain solide, porta plainte contre Guillaume, pour atteindre plus sûrement Saurin. Ayant obtenu permission d'informer, il fit entendre le décrotteur et les personnes devant lesquelles le savetier avait tout avoué, et celui-ci, décrété de prise de corps, fut enfermé au fort l'Évêque, le 23 septembre 1790.

Sur ses déclarations régulièrement prises, Saurin à son tour fut décrété, et, dès le 24, écroué au Châtelet; les scellés furent mis sur ses papiers. Des interrogatoires et des confrontations il sembla résulter que Saurin avait confié au savetier, pour le remettre au petit décrotteur, le paquet des couplets anonymes. Chaque fois que le premier avait été recherché, Saurin lui avait recommandé le silence, ne manquant jamais d'appuyer sa recommandation de quelque présent. Le lendemain même du jour où le message avait été porté, Guillaume avait reçu de Saurin un vêtement qu'il dut prendre aussitôt pour ne pas être reconnu. C'était précisément ce qui avait rendu vaines les recherches de Boindin, et si longtemps infructueuses celles de Rousseau lui-même. Au bout de quelque temps, Guillaume, se croyant à l'abri de toute poursuite, avait repris son ancien vêtement et le décrotteur l'avait aussitôt reconnu. Une fois décidé à dire la vérité, ce qu'il est permis de croire la vérité, le savetier ajouta de lui-même que Saurin lui avait montré les couplets, et les avait devant lui remis dans un tiroir qu'il indiquait. Le malheur de Saurin voulut que, quand on leva les scellés, les vers se retrouvèrent écrits de sa main, dans le tiroir désigné. Il pouvait les avoir copiés comme un autre, mais, outre le rapprochement accablant de la déposition de son commissionnaire habituel, il y avait cette circonstance non moins terrible que, dans l'exemplaire de Saurin, original ou copie, on remarquait des ratures et des renvois qui témoignaient évidemment contre lui.

J'ai dit plus haut *il sembla résulter*, parce que, si évidente que paraisse en effet la vérité, ces offres de l'exempt nous reviennent sans cesse en mémoire, et jettent encore une ombre de doute sur les aveux en apparence les plus sincères. D'ailleurs, lorsqu'il était si bien prouvé que Saurin ne pouvait se défendre d'avoir colporté les couplets, Rousseau commit la faute grave, dans l'ivresse d'un premier succès, de vouloir obtenir que Saurin en fût aussi déclaré l'auteur. Cette prétention exorbitante amena une réaction favorable à Saurin, et les juges

lui tenant compte des manœuvres de l'exempt et aussi de
cette circonstance qu'il n'y avait dans la cause qu'un seul
témoin, lequel, après tout, incriminait Guillaume et non
Saurin, ce dernier fut déchargé de l'accusation avec dépens,
dommages et intérêts.

Jean-Baptiste ne pouvait rester sous le coup de cette condamnation indirecte, il en appela. Mais Saurin, fort d'une première victoire, ne lui laissa pas le temps de suivre régulièrement l'affaire, il lui fut aisé de réveiller contre son adversaire toutes les rancunes un moment assoupies. On fit grand bruit de vers oubliés. A ceux dont Rousseau s'était reconnu coupable, mais qu'il croyait avoir expiés, on en ajouta d'autres plus criminels et que repoussaient avec la même énergie le poëte qui a une réputation à garder et le chrétien interessé à ce que nul ne doute de la sincérité de son repentir. Et comme devait le faire plus tard l'auteur de l'*Émile*, celui des *Odes sacrées* se vit contraint de sortir de France, et se laissa juger par contumace. En s'exilant lui-même, il ne fit que devancer l'arrêt du Parlement qui, le 7 avril 1712, le bannissait à perpétuité du royaume, « atteint et convaincu d'avoir composé et distribué des vers impurs, satiriques et diffamatoires et fait de mauvaises pratiques pour faire réussir l'accusation calomnieuse intentée contre Joseph Saurin. » Ce sont les termes de l'arrêt.

Ainsi le Parlement confondait tout, les époques et les délits, associant les anciens vers de Rousseau, en faveur desquels la prescription pouvait être invoquée, à ce procès contre Saurin, où tout semblait prouver que le seul coupable c'était ce dernier. Rousseau avait bien le droit de s'écrier ici, comme le héros de Racine :

> Dieu qui *le* connoissez,
> Est-ce donc sa vertu que vous récompensez?

A qui pourrait-on faire accroire que Jean-Baptiste Rousseau, revenu publiquement de ses erreurs de jeunesse, par un retour que les plus honnêtes gens de l'époque se sont accordés à proclamer sincère, et que le reste de sa vie n'a pas une fois démenti, à la veille d'entrer dans une compagnie qui mettait le respect des convenances et la bonne renommée sociale au premier rang des titres qu'elle exigeait de ses candidats, pouvait de gaieté de cœur, et pour se venger de gens dont sa gloire le vengeait assez, ranimer par de nouveaux torts une querelle où il avait tout à perdre? On se fût expliqué qu'il eût pris Lamotte à partie, c'était son compétiteur à l'Académie. Mais Saurin? Sa haine contre cet homme pouvait-elle aveugler Rousseau au point de lui faire oublier ses intérêts les plus chers? Je dis la haine, car la pension de Boileau ne pouvait être la vraie cause d'une telle guerre, du moins de la part de Rousseau qui, toute sa vie le prouve, avait peu le goût de l'argent.

En appelant de l'arrêt qui déchargeait Saurin, Rousseau se fonda sur ce que les juges ne pouvaient l'acquitter sans condamner Guillaume Arnoul, convaincu dès lors de faux témoignage. Saurin sentit le coup, et débarrassé de Rousseau, il se ressouvint de celui qui l'avait trahi, et n'eut pas de peine à obtenir un arrêt contre un pauvre diable. Mais la Cour, en condamnant celui-ci, était si persuadée au fond qu'il avait dit la vérité, qu'au lieu de l'envoyer aux galères, châtiment ordinaire des faux témoins, elle se borna à le bannir pour trois ans de la banlieue.

Il est inutile d'apprendre au lecteur que pendant les péripéties de cette longue lutte, Lamotte s'était doucement glissé à l'Académie, où il prononça son discours le 10 février 1710.

Quant à Rousseau, s'il fut accueilli dans l'exil par de glorieuses amitiés, c'est qu'à l'étranger tout le monde ou presque tout le monde était convaincu de son innocence. Les préventions, en partie excusables, qui avaient entraîné sa condamnation s'arrêtèrent à la frontière de la France. De l'autre côté on ne voulut plus voir qu'un homme illustre injustement frappé, et cet accueil fait au poëte réagit sur la France même, où s'ouvrirent avec le temps bien des yeux prévenus. La hauteur même avec laquelle Jean-Baptiste poursuivit non pas son rappel, mais sa réhabilitation, accoutuma peu à peu la génération nouvelle à penser que celui qui faisait si noblement ses conditions pour rentrer dans sa patrie devait porter dans son cœur un fier sentiment de son innocence. Ces grands noms d'ailleurs, d'abord un comte du Luc à Soleure, puis à Vienne un prince Eugène, un comte de Bonneval à Bruxelles, enfin un duc d'Aremberg, un prince de Latour, un comte de Lannoy, auxquels il faut ajouter, en France, un Rollin, un Racine fils, un Lefranc de Pompignan, un Caumartin, un Chaulieu, un comte de Breteuil, un grand prieur de Vendôme et tant d'autres restés fidèles au banni, devaient l'emporter à la longue sur le témoignage équivoque d'un Lamotte ou d'un Saurin, et même sur les épigrammes haineuses de Voltaire lui-même.

Et puis avec le temps aussi, cet involontaire allié des innocents persécutés, arrivent les aveux, échappent les secrets les mieux gardés.

« Un mémoire manuscrit, dit Amar, cité dans l'éloge historique de Lamotte, rapporte l'anecdote suivante :

« En 1746 ou 47 (il y avait, à cette époque, cinq ou six ans déjà que J. B. Rousseau était mort), mourut dans le voisinage de Boindin, un homme dont le nom, dit l'auteur, m'est absolument échappé ; il avoit été très-répandu dans le grand monde, et faisoit agréablement des vers et des chansons de société. Feu M. le curé de Saint-Sulpice, Languet, l'assista lui-même à la mort, et ce fut par le conseil de ce curé que, lorsqu'il fut administré, cet homme, en présence de personnes d'honneur, s'avoua l'*auteur des couplets* en question, et témoigna de son repentir de les avoir *composés*. »

Ce qui nous étonne ici, c'est non pas que Rousseau, il était mort, mais que ses amis n'aient pas alors tiré un plus grand parti de cet aveu qui dut avoir, dans le temps, un certain retentissement.

Mais écoutons aussi Jean-Jacques ; quand on a Voltaire contre soi, c'est bien le moins que l'on ait Jean-Jacques de son côté. Donc l'autre Rousseau, dans ses *Confessions* (p. II, liv. X), dit en propres termes :

« J'avois plus près encore que Saint-Brice, M. Maltor, curé de Grosley, plus fait pour être homme d'État et ministre que curé de village, et à qui l'on eût donné tout au moins un diocèse à gouverner, si les talents décidoient des places. Il avoit été secrétaire du comte du Luc et avoit connu très-particulièrement Jean-Baptiste Rousseau. Aussi plein d'estime pour la mémoire de cet illustre banni que d'horreur pour celle du fourbe Saurin qui l'avoit perdu, il savoit sur l'un et sur l'autre beaucoup d'anecdotes curieuses que Séguy n'avoit pas mises dans la vie encore manuscrite du premier, et il m'assuroit que le comte du Luc, loin d'avoir jamais à s'en plaindre, avoit conservé jusqu'à la fin de sa vie la plus ardente amitié pour lui. »

Le hasard des circonstances amena à son tour Jean-Jacques fugitif à Soleure et à l'ambassade de France, dont le titulaire était alors le marquis de Bonac, et voici comment il le raconte (*Conf.*, p. I, liv. XIV) :

« M. de Lamartinière, secrétaire d'ambassade, fut, en quelque façon, chargé de moi; en me conduisant dans la chambre qui m'étoit destinée, il me dit : « Cette chambre a « été occupée sous le comte du Luc par un homme célèbre du « même nom que vous. Il ne tient qu'à vous de le remplacer de « toutes manières et de faire dire un jour Rousseau premier, « Rousseau second. » Cette conformité, qu'alors je n'espérois guère, eut moins flatté mes désirs si j'avois pu prévoir à quel prix je l'achèterois un jour.

« Ce que m'avoit dit M. de Lamartinière me donna de la curiosité. Je lus les ouvrages de celui dont j'occupois la chambre, et sur le compliment qu'on m'en avoit fait, croyant avoir du goût pour la poésie, je fis, pour mon coup d'essai, une cantate à la louange de madame de Bonac. Ce goût ne se soutint pas. » — Mais en cessant d'écrire des cantates, Jean-Jacques n'en garda pas moins le goût des œuvres de son homonyme : « Tous les matins, dit-il (p. II, ch. VII, 1742), vers les dix heures, j'allois me promener au Luxembourg, un Virgile ou un Rousseau dans ma poche : et là jusqu'à l'heure du diner, je remémorois tantôt une ode sacrée, tantôt une bucolique. » Ce fut bien des années plus tard que Dusaulx, qui le raconte, ayant par hasard dit devant lui, parlant de Jean-Baptiste, le grand Rousseau, Jean-Jacques changea de visage.

Ce fut, en effet, chez le comte du Luc, alors ambassadeur de France près les cantons helvétiques, que Jean-Baptiste Rousseau trouva une première et généreuse hospitalité. A dater de cette époque, nous aurons pour nous guider dans nos recherches et dans notre récit la correspondance même de Rousseau. Recueillie deux fois, à Genève en 1749, et à Paris en 1820, cette correspondance ne présente, en général, qu'un intérêt médiocre. Mais, en laissant de côté sa valeur littéraire, elle offre, au point de vue biographique, plus d'une révélation précieuse que l'histoire doit recueillir et que la justice envers un banni, si on n'ose dire tout à fait un innocent, nous fera un devoir de mettre en lumière.

Une fois tranquille à Soleure et à l'abri de toute poursuite, la première pensée de Rousseau et son premier soin furent de réunir en un volume et de donner lui-même au public toutes celles de ses œuvres qu'il avouait pour siennes, et de marquer ainsi une date entre sa jeunesse si tristement finie et l'âge plus grave où il entrait, en même temps que dans le malheur et dans l'exil.

Un gentilhomme de province, M. du Lignon, établi à Lausanne où il se livrait à l'étude de la géographie, et qui venait souvent à Soleure, voir le comte du Luc avec lequel il avait des liaisons de parenté, offrit à Rousseau de faire imprimer ses œuvres en Hollande. Mais c'était précisément là qu'était le danger. Il lui revenait, en effet, de tous côtés, que deux libraires de Rotterdam s'étaient proposé, à l'instigation du rimeur Gacon, de faire de ces mêmes œuvres une édition qui, dirigée par un ennemi, ne pouvait que fournir de nouvelles armes à ceux que Rousseau avait en France. On regrette de trouver le poëte Dufresny mêlé à cette inique entreprise. Les libraires de Rotterdam ne devaient se faire aucun scrupule de puiser dans le *Mercure* les éléments de leur édition, et c'était précisément Dufresny lui-même qui, dans ce recueil, tronquait à plaisir ou laissait tronquer, en les imprimant, les plus belles odes de Rousseau. Dès le 6 avril 1711, celui-ci avait écrit à l'auteur de *l'Esprit de contradiction* une lettre très-courtoise et presque affectueuse, où il réclamait en faveur de ses pauvres vers défigurés. Dufresny laissa sans réponse cette lettre qui, venue de l'exil, méritait cependant de toucher un confrère.

Décidé à se charger lui-même de ses affaires, Jean-Baptiste écrivit aux deux libraires et au pensionnaire Hensius. Il n'obtint des libraires, c'est lui qui le dit, qu'une réponse honnête dans la forme, impertinente au fond. Quant au pensionnaire, que pouvait-il? il y avait trop longtemps que la Hollande s'enrichissait à ce honteux trafic qui, d'un autre côté, se faisait supporter et presque amnistier par les services qu'il rendait en Europe à la libre pensée.

Ne trouvant nulle part justice, Rousseau se résolut donc à payer de sa personne, à gagner de vitesse les libraires de Hollande, et à opposer du moins à leur publication subreptice et sans autorité morale une édition surveillée par lui, avouée par lui. Ce qu'il n'y met pas, il fait mieux que de le désavouer, il le condamne. « Je suis incapable, écrit-il à Boutet, le 19 février 1712, de désavouer ce que j'ai fait; mais je ne me crois plus en âge d'approuver en moi ce que je me croyois permis il y a vingt-cinq ans. »

Il fit venir de Bâle des caractères qui, à son avis, ne le cédaient en rien à ceux de Hollande; il s'assura d'un papier admirable, c'est toujours Rousseau qui parle. Mais il fallait donc aussi faire venir à Soleure un imprimeur qui sût le français. Celui du pauvre Rousseau n'en savait pas un mot. Toutefois le poëte y apporta de son côté tant de zèle et de soin que le volume ne tarda pas à être imprimé et publié. Il fut achevé le 22 janvier 1712. Né en 1670, Jean-Baptiste Rousseau avait alors par conséquent quarante-deux ans. Deux des premiers exemplaires furent adressés à Mme de Maintenon et à Mme de Caylus. Le poëte n'oublia sur cette première liste ni le dauphin, ni la dauphine, ni le duc d'Orléans.

Tout le monde connaît l'édition de Soleure qui commence cependant à devenir rare. Elle ne répond guère à toutes les peines que le poëte semble s'être données pour la rendre digne de ce qu'elle devait contenir. Mais, comme on l'a dit tout à l'heure, c'est une date sérieuse dans la vie de Rousseau, et elle montre quels étaient, à cette date, les titres littéraires sur lesquels il se fondait pour disputer à Lamotte le fauteuil de T. Corneille. Ce petit in-12 de 324 pages, imprimé chez Ursus Emberger, avec privilége signé par l'avoyer et conseil de la ville et république de Soleure, contient les dix premières odes sacrées, c'est-à-dire les meilleures du recueil, presque tout le premier livre des odes, les dix premières cantates, quatre des épîtres, deux allégories, une trentaine d'épigrammes sévèrement choisies, et un certain nombre de poésies diverses dont quelques-unes devaient plus tard trouver leur vraie place dans l'œuvre lyrique ou parmi les épigrammes. Quelques amis moins scrupuleux et qui n'avaient pas, comme le poëte, une réputation à garder ou pour mieux dire à refaire, regrettèrent qu'il se fût montré si rigide dans le choix des épigrammes; entre autres le président de Lamoignon qui lui demanda copie de celles qu'il avait écartées. Rousseau refusa sans hésiter, alléguant avec noblesse « qu'outre qu'il étoit très-fâché de les avoir faites, il lui paroissoit qu'il ne conviendroit pas de les donner à un tel magistrat. »

Rousseau était presque tout entier dans ce premier recueil qui devait rester la base de son œuvre poétique. Il devait cependant y ajouter assez par la suite et d'assez belles choses pour ôter à Voltaire le droit de mettre dans le *Temple du goût* ces deux vers, si souvent répétés depuis, qui, sous la forme d'un conseil adressé à tous les poëtes, gardent leur part de vérité, mais qui, décochés contre Rousseau, sont tout ensemble une injustice et une épigramme cruelle :

> Faites tous vos vers à Paris
> Et n'allez pas en Allemagne.

Protestons une fois de plus contre ce trait acéré qui, depuis un siècle et demi, reste encore dans la plaie, comme tant d'autres partis de cette main légère et peu scrupuleuse, que l'on cite encore, non parce qu'ils sont justes, mais parce qu'ils sont aigus. Si Voltaire, plus tard, devenant plus équitable, se fût donné la peine, à l'époque où il écrivait le *Temple du goût*, de refeuilleter l'édition de Soleure, il y eût vainement cherché l'ode magnifique au comte du Luc, la plus belle de tout le recueil, celle au prince Eugène, celle à Malherbe, la cantate sur un arbrisseau et les livres II et III des épigrammes. D'ailleurs Voltaire qui, lui aussi, passa hors de France, et pour cause, la meilleure partie de sa vie, devait-il oublier si vite qu'ils vivaient tous deux dans un temps où le plus innocent des poëtes, on parle ici moins encore de lui que de Rousseau, pouvait se voir forcé de quitter *Paris*, malgré qu'il en eût, et d'aller faire ses vers en *Allemagne*? Disons enfin que la muse de Rousseau n'y oublia pas, sauf quelques rares écarts, cette belle langue qui se parlait aussi pure à Soleure, à Bruxelles et à Vienne qu'à Ferney ou à Berlin.

Jean-Baptiste Rousseau avait écrit pour sa défense un vigoureux et véhément mémoire. Son livre, dépouillé de tout ce qu'il avait composé de répréhensible dans l'emportement de la jeunesse, devait être, même aux yeux prévenus de ses juges, un plaidoyer meilleur encore. Mais ils ne firent pas plus de cas de l'un que de l'autre. L'arrêt du Parlement est, nous l'avons dit, du 7 avril 1712.

La nouvelle en arriva à Rousseau à Soleure où, depuis près d'un an, l'amitié du comte du Luc semblait s'appliquer, par toute sorte de prévenances, à lui rendre le coup moins sensible. Dans une lettre à son ami Boutet qui lui resta fidèle jusqu'au bout, Rousseau s'en explique avec une modération qui n'exclut pas l'énergie : « Je ne puis comprendre sur quel prétexte on a pu fonder le jugement qu'on vient de rendre contre moi. Si c'est sur la subornation, il est bien doux (on a vu que plus doux encore fut l'arrêt contre le prétendu suborné); si c'est sur les vers qu'on a eu le front de m'attribuer, il l'est encore trop. Si je suis banni pour mes épigrammes, c'est une autre affaire. Je ne me plains point d'avoir été jugé jusqu'à la rigueur, sur une chose sur laquelle je passe moi-même condamnation. »

Rousseau, en effet, dut s'étonner plus que tout le monde de voir que l'arrêt ne faisait aucune mention des couplets. L'opinion publique comprit si bien que le condamné était victime d'une intrigue, que d'illustres personnages choisirent ce moment pour lui marquer leur sympathie, entre autres le grand prieur de Vendôme et le duc d'Orléans. Ce prince même, le régent futur du royaume, alla plus loin : sollicité par le comte de Breteuil, il fit offrir au poëte une gratification que celui-ci accepta avec reconnaissance. Mais le bruit ayant couru que, chemin faisant, la somme s'était grossie de dons volontaires, recueillis sinon provoqués par le comte de Breteuil, la fierté de Rousseau s'en émut, et il pria son protecteur sur un ton assez vif de défaire ce qu'il avait fait. « Je ne puis croire, lui écrit-il le 20 juillet 1712, qu'après m'avoir donné tant de marques de l'intérêt que vous prenez à mon honneur, vous l'ayez si peu ménagé dans cette occasion, en donnant lieu de croire que je suis abandonné de tous mes amis et que tous les moyens d'adoucir ma situation me sont indifférents... S'il est vrai que vous ayez entre les mains pour moi d'autre argent que celui de la gratification que M. le duc d'Orléans m'a faite, ayez la bonté de rendre au plus tôt ce malheureux argent à ceux qui vous l'ont donné et de vouloir bien détromper le public de la fausse idée qu'il pourroit prendre de moi à cet égard. »

C'est là un langage un peu dur, mais qui ne le trouverait à sa place? Il compense bien un peu, ce semble, les coups de bâton reçus à la porte de l'opéra. Les coups de bâton sont de l'époque; cette fière parole est de tous les temps et elle honore la muse.

Mais puisque nous venons de nommer le duc d'Orléans, c'est le moment de citer de lui un mot qui témoigne du cas qu'il faisait de Rousseau. Sous la régence, on parlait devant lui des fables de Lamotte qui venaient de paraître. Le régent se taisait et semblait songer à autre chose. Enfin après un long silence et comme s'il répondait à sa pensée : « Il faut convenir, dit-il, que nous n'avons de vrai poëte que Rousseau. » Peut-être se trompait-il en parlant ainsi. Mais tout est relatif. Ce mot explique la gratification. Le prince la continua pendant plusieurs années. Rousseau s'honorait de la recevoir, mais il ne voulait pas qu'au don royal se mêlât l'aumône des particuliers : c'était alors la juste mesure.

Jean-Baptiste Rousseau, avons-nous dit, était déjà presque tout entier dans ce premier recueil de ses œuvres. Tout ce qu'il y ajouta ne devait pas essentiellement en modifier le caractère. C'est peut-être le moment de dire ici l'idée que nous nous faisons de Rousseau comme poète.

Le génie poétique du siècle était à bout de chefs-d'œuvre, et le grand siècle lui-même avait pris fin: Corneille, Molière, Lafontaine étaient morts. Racine allait mourir et de nouveau il se taisait, après ce suprême effort d'*Esther* et d'*Athalie*. Boileau enfin s'était éteint l'année précédente. De tous les genres où s'était illustrée la muse française, un seul était resté stérile; et pour retrouver le véritable accent lyrique, il fallait, à travers les chœurs admirables d'*Esther* et d'*Athalie*, remonter jusqu'au vieux Malherbe. Était-il permis d'espérer que cette tardive production de la vieillesse de notre littérature mûrirait sous le dernier rayon du soleil de Louis XIV? On ne pouvait en attendre que la couleur pâle, le léger parfum et la molle saveur des fruits de l'arrière-saison. La poésie lyrique veut dans le poëte, dans le public et dans le moment un élan prime-sautier et hardi, je ne sais quoi d'héroïque et d'inattendu qui est le privilége des époques nouvelles, de la jeunesse d'un siècle, de l'aurore d'un grand règne. Vers l'an 1700, on pouvait donc espérer encore un Labruyère ou un Massillon, en attendant la jeunesse de Voltaire ; mais un poëte lyrique, c'est à quoi personne assurément ne songeait. S'il en vient un par hasard, car tout est possible, croyez d'avance que dans son talent la volonté tiendra plus de place que l'inspiration, et que des qualités de la muse lyrique il lui manquera les plus essentielles. En un mot, on aura un écrivain où l'on espérait un poëte ; un talent ingénieux qui, sentant sa force et trouvant toutes les places prises moins une, s'accommodera de celle-ci, et aura tout le mérite qu'on peut acquérir avec des dispositions naturelles, le sentiment du rhythme et une étude attentive et persévérante des modèles. Tel sera J. B. Rousseau.

Né en 1670, il avait vingt-cinq ans en 1695. De bonne heure accueilli à Auteuil, il avait puisé dans la conversation du vieux Boileau, avec le goût des saines doctrines, l'aversion décidée des mauvais vers. Comme son maître, il excellait à draper les méchants poëtes. Mais ce n'était guère là l'apprentissage d'un poëte lyrique. L'enthousiasme s'associe difficilement au sentiment exact des défauts littéraires.

On sait d'ailleurs, comme, sous les dernières années de Louis XIV, le goût ou plutôt les apparences d'une dévotion outrée avaient envahi et assombri cette cour si brillante. Mais ceux mêmes qui, à Versailles, prenaient ce masque grimaçant, se hâtaient de le jeter à la ville, et commençaient ainsi de très-loin la réaction qui plus tard fit explosion sous la régence. Rousseau fut de très-bonne heure le poëte de cette génération à double face. A ses heures sérieuses, et pour les moments graves de la société au sein de laquelle il avait trouvé accueil et faveur, il imitait David, ou célébrait en belles strophes, élégantes et artificielles, les événements publics du jour. Quand l'heure de l'orgie sonnait, il arrivait, ayant en poche quelque bonne épigramme rimée richement, et où ni la décence, ni quelquefois les choses saintes n'étaient assez épargnées, et ces ouvrages d'un caractère si différent profitaient, chacun pour sa part, à sa renommée. Car, si les odes sacrées ou profanes étaient tournées avec cette versification savante et dans ce style étudié et pur qui passait alors pour la vraie poésie, on ne peut nier que les épigrammes les plus répréhensibles ne fussent écrites avec une verve et une fermeté de langage où trouvaient l'excuse apparente d'une admiration toujours un peu suspecte ceux-là mêmes qui, par caractère ou par position, auraient dû se montrer sévères. Il en résulta que bien que Rousseau n'eût encore donné au public aucun recueil de ses œuvres, à plus de quarante ans, il était cependant, de l'aveu de tous, rangé au nombre des écrivains pouvant, sans outrecuidance, briguer, en 1710, une place à l'Académie, en compétition avec Lamotte qui, l'année précédente, avait publié le premier recueil de ses odes. D'ailleurs, si Rousseau n'avait pas réuni ses vers, on a vu que le *Mercure* ne se faisait pas faute de les imprimer, sauf à les défigurer, et qu'il en courait assez de copies pour qu'en Hollande des libraires eussent la pensée d'en faire une édition en deux volumes. Pour les poésies sérieuses le poëte n'avait à craindre que ces fautes de copiste qui désolent un auteur, si elles n'empêchent pas l'effet d'une belle composition. Mais autre et bien autrement grave était le péril, en ce qui touchait aux épigrammes. Il en était comme des couplets; à ce bagage déjà assez compromettant chacun ajoutait quelque chose, soit pour donner à des vers médiocres l'autorité d'un nom qui commençait à devenir célèbre, soit pour éloigner le danger de lui-même. C'est pourquoi Jean-Baptiste Rousseau passa pour bien plus irréligieux et plus immoral qu'il ne l'était en réalité, et eut pour ennemis nombre de gens auxquels il n'avait pensé de sa vie, mais dont le nom s'était trouvé glissé par d'autres dans des vers qu'on lui attribuait, et qu'il désavouait.

Après avoir établi que la fin du xviie siècle et le commencement du xviiie n'étaient nullement favorables à la poésie lyrique, et que partant un vrai poëte lyrique ne pouvait naître à cette époque, reconnaissons du moins les qualités secondaires et encore fort estimables par lesquelles J. B. Rousseau parvint à déguiser l'absence d'une inspiration qui devait trop souvent faire défaut. Où l'eût-il trouvée, cette inspiration, lui qui écrit, non plus cette fois dans une lettre à un ami, mais dans une préface adressée au public, « que toute sa vie il a regardé l'exercice de la poésie plutôt comme une ressource innocente contre l'ennui et la solitude, que comme un métier et une occupation suivie? » C'était presque parler comme Malherbe, quand il prétendait qu'un bon poëte était aussi utile à l'État qu'un bon joueur de quilles.

Vingt-cinq ans plus tard, le 11 janvier 1737, parlant à Brossette d'une ode qui lui a été adressée de Paris, il croit en faire un grand éloge en disant qu'on l'y a trouvée très-sage et très-sensée. Nous voilà loin même de ce *beau désordre* de Boileau, que Boileau n'a permis, il est vrai, que parce qu'il est un *effet de l'art*.

Dix ans auparavant, le 28 mai 1729, Rousseau avait écrit à du Tillet : « J'ai écrit dans les commencements pour passer ma fantaisie, et depuis, pour faire voir au public la différence qu'il y a de mon style à celui des coquins qui m'ont attribué le leur. »

L'œuvre lyrique de Rousseau se divise en trois parties distinctes :

Les *odes sacrées* que dans le titre de l'édition de Soleure il appelle aussi des *cantiques,* et dont plusieurs, il est vrai, furent mises en chant. Je lis même dans sa correspondance qu'en 1739, il en avait fait faire une édition à part pour complaire à l'archiduchesse, gouvernante des Pays-Bas. En réunissant pour la première fois, dans le recueil de Soleure, ce qu'il y en avait alors, il se défend d'avoir voulu faire soit une traduction, soit une paraphrase des livres saints. Le mot *odes* lui a paru tenir le milieu entre ces deux extrêmes. Rousseau sentait la sublimité des saintes Écritures, il avait respiré l'air du siècle de Bossuet et de Fénelon; mais ce siècle était celui des bienséances, et nul alors n'eût osé traduire la Bible dans l'énergique crudité de sa langue, et quand Racine avait hésité, Rousseau pouvait-il oser? A Bossuet seul dans la brutalité sublime de son génie, il avait été donné de parler cette langue familière et terrible. Rousseau en mit à peu près dans ses vers ce que les contemporains en pouvaient supporter. C'est peu encore sans doute, mais alors c'était hardi, et sous ce rapport, si l'œuvre a pâli avec le temps, reportons-nous en arrière pour lui rendre la justice qui lui revient.

Nous dirons sur les odes profanes quelque chose d'à peu près semblable. On leur reproche aujourd'hui, non sans raison, une froideur qui tient surtout à l'abus des figures mythologiques. Mais à l'époque où écrivait Rousseau, cette couleur n'avait rien de déplaisant. Un vrai poëte, mais nous avons vu qu'il n'était pas possible, eût commencé par secouer cette défroque surannée, et substitué à ce langage artificiel le cri énergique et spontané de la passion; mais cela revient à dire que l'époque de Jean-Baptiste n'était rien moins que passionnée. Ce qu'elle demandait au poëte lyrique, c'étaient des idées raisonnables, des paraphrases ingénieuses, des traits sagement imprévus, des tours hardis avec mesure, des mouvements réglés, une impétuosité savante, une élégance convenue, des rhythmes harmonieux et variés, et tout cela, elle croyait de bonne foi le trouver dans Rousseau. Voilà pourquoi il était alors notre grand lyrique. Beaucoup l'appelaient ainsi de bonne foi, beaucoup aussi pour faire pièce à Voltaire, comme au théâtre ils grandissaient Crébillon pour le lui opposer.

Mais après les cantiques et à côté des odes, il est un autre genre de poésie lyrique dont il importe de parler ici, et qui semble plus particulièrement du domaine de Jean-Baptiste: c'est la cantate. Rousseau était très-fier de l'avoir importée d'Italie en France, et dans sa préface il en donne une théorie qui nous dispense de nous y arrêter longuement. La cantate est, comme on sait, un petit poëme où le chant est associé au récitatif, une sorte d'opéra en miniature, dans lequel une fable résumée en quelques traits est agréablement entremêlée de courtes stances. Rousseau mit ce genre à la mode. Il est peu de recueils de poésie, à cette époque, où ne se rencontrent quelques cantates. Il fallait avoir fait sa cantate, comme, juste un siècle plus tard, on se piquait d'avoir fait sa romance. *Circé* est le chef-d'œuvre du genre, et il n'est pas le seul qui se trouve dans Rousseau; la plupart de ses cantates ont de la verve, et souvent une certaine mollesse qui lui était restée sans doute de son commerce avec l'Opéra. Le rhythme en est savamment étudié, choisi avec goût. Dans ces rapides compositions, la mythologie elle-même n'a rien de froid et de suranné. Le poëte y puise avec un sobre discernement, et les sujets qu'il lui emprunte, il les anime d'un souffle heureux : relisez *les forges de Lemnos*, petite scène piquante, née d'une odelette d'Anacréon.

Dans l'épigramme, Jean-Baptiste Rousseau est sans rival. C'était généralement avant lui un petit assemblage de vers négligés où tout était bon, pourvu que le trait de la fin fût bien amené, et le coup bien assené. Il a su en faire un petit poëme dont chaque vers a sa valeur distincte et concourt à aiguiser le mot qui achève et résume l'idée. Chaque vers, tendu comme la corde de l'arc, semble ne retenir la flèche que pour assurer mieux sa direction et la porter plus droit au but. Tantôt c'est une anecdote plaisamment contée, tantôt un portrait qui met en relief le trait caractéristique du modèle; souvent c'est un arrêt rendu avec force et précision, le juste châtiment d'une méchante action, d'un mauvais livre; parfois, et c'est où Rousseau excelle, une pensée morale mise en pleine lumière et qui brille comme un diamant bien taillé et bien monté. Rousseau n'eût fait que les trois premiers livres de ses épigrammes, je laisse le quatrième dans l'ombre où il l'a confiné lui-même, qu'il faudrait encore lui laisser sa place parmi les maîtres de notre littérature.

C'est pour n'être pas tenté de la lui contester que nous ne dirons qu'un mot de ses épîtres et de ses allégories, et que nous les écartons sans hésiter du recueil que nous offrons ici au public, de même que ses opéras et ses comédies. Moins mauvaises que les allégories, les épîtres laissent paraître, de loin en loin, quelques vers heureux, quelques tirades vivement tournées, mais ce n'est pas assez pour racheter la langueur et l'insipidité de l'ensemble. Elles sont d'ailleurs remplies d'allusions aujourd'hui sans intérêt et qui ne sauraient être comprises qu'à l'aide d'un commentaire perpétuel.

On nous approuvera donc, nous l'espérons, d'avoir réduit l'œuvre de Rousseau à ses odes de tout genre, à ses cantates, aux trois premiers livres de ses épigrammes et à quelques poésies diverses qui ne sont pas sans mérite.

Avant de quitter le recueil de Soleure, une réflexion se présente à nous : un trop grand nombre d'épigrammes de la jeunesse de Rousseau témoignent de ses écarts en morale. On aimerait mieux apprendre qu'il se fût emporté en littérature, et on se demande si cela ne lui était jamais arrivé; il n'alla jamais si loin. Mais à un certain moment, il eut, à ce qu'il paraît, une velléité d'indépendance littéraire, l'instinct de je ne sais quoi de nouveau. C'est peu de chose, mais il le faut noter. Rousseau, en composant son édition de Soleure, eut grand soin d'en écarter quelques stances, moitié ode, moitié satire, que dans sa première jeunesse, il avait, on le croit, adressées aux jeux floraux, et qui sous le Rousseau que nous avons, en laissent, pour ainsi dire, apercevoir un autre qui pouvait venir et qui ne vint jamais. Louis Racine, qui avait conservé ce morceau, l'envoya à Brossette, un an après la mort de Rousseau, non comme beau, disait-il, mais comme curieux. Il y reconnaissait bien le futur lyrique à quelques expressions plus vives, mais Louis Racine et Brossette furent d'abord et surtout frappés de l'insuffisance de la rime; ni l'un ni l'autre ne pouvait y voir ce qui aujourd'hui frapperait le premier venu, savoir une liberté d'allure et une franchise d'expression que le poëte ne devait jamais retrouver dans l'ode. En relisant cette petite pièce on regrette plus d'une fois que l'élève de Boileau se soit sitôt rangé, et qu'il n'ait gardé que dans l'épigramme ce ton franc et hardi qui, dans l'ode, eût donné à son style un mouvement et un imprévu qui lui ont trop manqué depuis. Rousseau connaissait-il déjà Despréaux, lorsqu'il écrivait ces stances où il commence par invoquer saint Amand? il est permis de douter qu'il les ait jamais lues à Auteuil, ou, s'il osa le faire, il dut s'apercevoir, dès le premier vers, à certain froncement de sourcil olympien, qu'il faisait fausse route, et que, s'il voulait revenir, il fallait changer de langage. Il en changea en effet, et peut-être ne faut-il voir dans cette unique tentative qu'une boutade sans conséquence dont un mouvement d'humeur sincère avait été toute l'inspiration.

Mais revenons à Soleure et essayons de nous faire une idée de la vie que Rousseau y menait. Il y resta près de quatre ans, ne recevant de M. le comte du Luc que la table et le logement. Il n'avait jamais voulu lui avoir d'autres obligations, malgré les offres pressantes de l'ambassadeur. Il subvenait à son entretien d'abord avec ce qu'il avait emporté de Paris, plus tard avec la gratification, renouvelée à plusieurs reprises, de M. le duc d'Orléans. Mais chaque fois en la recevant, il se promettait de renoncer aux bontés du prince, dès que par son travail il pourrait se suffire à lui-même. « Comme il ne seroit ni beau, ni honnête, écrit-il de Vienne à Boutet, le 30 janvier 1717, de manger à deux râteliers, je profiterai encore de la gratification de M. le duc d'Orléans, puisqu'on me mande qu'elle est déjà payée; mais ce sera la dernière fois... Opulent, comme je le suis, ajoute-t-il dans la même lettre, je ne toucherai pas aux cent pistoles que vous avez bien voulu m'envoyer, et je les remettrai à M. votre fils, s'il vient, comme il le promet, faire un tour dans quelques mois à Bruxelles. »

Vingt ans plus tard, Rousseau, ruiné par une faillite, se vit dans la nécessité d'accepter les secours de son ami. Mais voici ce que de Bruxelles, le 9 août 1737, il écrit au fils de Boutet qui, voyant son père mourant, avait fait dire à Rousseau de compter sur lui comme sur son père : « J'espère d'être en état de m'acquitter, un jour, au moins du matériel de mes obligations; en attendant, j'ai un nombre de tableaux d'un grand prix que ma fortune, dans le temps qu'elle étoit plus florissante, m'a donné le moyen d'acquérir, et qui vous sont destinés au même titre que vous m'avez destiné le secours que vous m'offrez, c'est-à-dire d'amitié; je vous en envoie la liste. »

A peine son volume lancé, Rousseau se remit au travail. Mais de tous les ouvrages de cette époque, nous ne pouvons signaler avec certitude que l'ode à Malherbe et l'épître au comte du Luc, que ce seigneur eut la longanimité d'entendre lire et relire. « Il l'a déjà entendue trois fois, » dit Rousseau. Ce *déjà* donne le frisson, et ferait croire que Rousseau la lut peut-être une quatrième fois à son patient et généreux hôte. Il espérait pouvoir, avant un an, donner de son livre une édition augmentée de près de moitié. Ce beau feu ne paraît pas s'être soutenu; car il a écrit quelque part qu'il travaillait peu à Soleure. Il faisait, on l'a vu, quelques petits voyages, accompagnait l'ambassadeur à Aarau ou à Bade, recevait de France les nouveautés littéraires, entretenait quelques correspondances. Dans ce qui nous en reste, une seule a quelque étendue, celle qu'il eut avec Crousaz, chose étrange! un parent de Saurin. On ne sait guère aujourd'hui que Jean-Pierre de Crousaz, né à Lausanne en 1663 et mort en 1750, fut un des écrivains philosophiques et moraux les plus féconds du siècle dernier. L'édition de Rousseau avait été le prétexte de leurs relations, et avait amené entre eux un commerce de lettres qui ne sont pas toujours sans intérêt. Le philosophe de Lausanne envoyait ses ouvrages au poëte, qui les examinait avec complaisance et disait volontiers son mot, à l'occasion, sur les matières métaphysiques ou sociales que traitait habituellement Crousaz. Professeur et recteur de l'Université, il va sans dire que Crousaz était protestant; mais c'était un de ces réformés qui de bon cœur eussent accepté un terrain intermédiaire où catholiques et protestants se fussent rencontrés, et, venu plus tôt, il eût, sans se faire prier, pris un rôle dans ces négociations entre Bossuet et Leibnitz qui, un moment, donnèrent l'espoir d'une heureuse réconciliation. Rousseau, de son côté, n'était pas un converti fougueux, et son christianisme, sincère d'ailleurs et sans arrière-pensée, n'alla guère longtemps au delà de ce qui faisait l'*honnête homme* au xviie siècle.

C'est dans sa correspondance avec Crousaz qu'il faut chercher le Rousseau de cette époque, le Rousseau contemporain de l'édition de Soleure. Nous l'avons lue deux fois avec une sévère attention. Elle va de 1712 à 1721 et de Soleure ou de Vienne à Lausanne. On y découvre un esprit judicieux, mais on y surprend une âme un peu sèche. Qu'on en juge par le passage suivant, écrit sur un ton qui est toute une profession de foi : « Dieu qui n'a point fait les hommes aimables, ne les a point faits pour aimer. » (Aarau, 10 juin 1712.) De pareilles maximes ne préparent point le lecteur à espérer de Rousseau une religion tendre. Aussi, tout en parlant avec un peu d'affectation de sa parfaite soumission à l'Église, laisse-t-il entendre que, dans le fond, ses principes diffèrent peu de ceux de son ami. Sa politique n'est guère moins dure. « Les hommes sont nés pour obéir, écrit-il de Soleure, le 21 février 1774, et la liberté après laquelle ils soupirent tous est de tous les fardeaux celui qui les embarrasse le plus. » Il est vrai qu'il écrivait ceci dans une république. Le jour où il quitta la France, peut-être parlait-il autrement de la liberté.

Rousseau, dans cette correspondance où il parle un peu de tout, ne rencontre aucune occasion de dire son opinion sur les arts. Disons-la ici en passant et pour n'y plus revenir. Il aimait la musique et, je crois, la cultivait un peu. Mais il va sans dire qu'il était pour Lully contre Rameau. Il s'en explique nettement dans une lettre à Louis Racine. Je ne sais s'il goûta beaucoup la Camargo, mais Sallé était pour lui, il l'a écrit, l'incomparable muse de la danse. Voltaire du moins hésitait, et on se souvient du charmant madrigal :

> Les grâces dansent comme vous
> Mais les nymphes sautent comme elle.

Rousseau ne fut jamais de ceux qui sautent ou qui aiment à voir sauter; il était décidément en tout de l'autre siècle, du siècle grave et compassé de Louis.

On a le ton de cette correspondance avec Crousaz, froide, sérieuse, un peu gourmée. Elle se déride pourtant de fois à autre; tel est ce joli passage. C'est à la fin de toute une lettre sur le bal, datée de Soleure, le 17 février 1714, qui ne manque pas d'agrément, et où il se rencontre une supérieure de certain couvent de la Visitation pour dire que saint François de Sales trouvait la danse une bonne chose, pourvu qu'on n'en corrompît point l'usage. Rousseau termine par ce trait charmant emprunté des *Géorgiques,* mais heureusement détourné de sa signification virgilienne : « Nous voici en carême, et tous ces mouvements viennent d'être apaisés avec un peu de cendre sur le front :

> Hi motus animorum, atque hæc certamina tanta
> Pulveris exigui jactu compressa quiescunt. »

Cependant le comte du Luc fut nommé à l'ambassade de Vienne, au mois de décembre 1714. Il ne s'y rendit qu'au mois de juillet suivant. Rousseau devait l'y accompagner, et par le fait il l'y précéda. Le comte attendait son intendant qu'il avait envoyé à Paris et qui n'en revenait pas. Quand on doit quitter un lieu, on ne sait plus qu'y faire. « L'ennui, écrit Rousseau, le 25 mai 1715, s'est emparé de mon esprit d'une manière invincible, et cet ennui seul m'a inspiré l'envie de faire des vers pour tâcher de le dissiper. J'ai achevé hier une ode très-longue, et, si je ne me trompe, très-pindarique, où je fronde un peu vivement les détracteurs d'Homère. » C'était l'ode à Malherbe et le seul contingent qu'ait fourni Rousseau à la querelle renaissante sur le mérite comparé des anciens et des modernes. Le moins pindarique des poëtes, après Lamotte cependant, aimait, on le voit, à se croire et à se dire un disciple de Pindare qu'il n'avait lu, nous le craignons fort, que dans quelque traduction française, et on sait comme à cette époque on traduisait encore les anciens. L'ode est belle, après tout.

Enfin le comte du Luc partit pour Vienne où Jean-Baptiste arriva quelques jours avant lui. A la vie relativement solitaire et recueillie de Soleure succéda une existence agitée et mondaine. « Pour moi, écrit le poëte à Boutet, le 15 juillet 1715, je me trouve à cette cour, au bout de douze jours, comme je me suis trouvé à celle de France au bout de douze ans, avec la différence que je n'y ai pas d'ennemis ; tous les princes et tous les seigneurs parlent notre langue, et la plupart en connoissent les agréments mieux que nous-mêmes ; en sorte que je m'y suis trouvé à la mode, avant que j'y fusse arrivé, et que tout ce qu'il y a de plus distingué a montré de l'empressement à me voir. M. le prince Eugène m'a montré des bontés extraordinaires, et sa première conversation avec M. l'ambassadeur n'a roulé que sur moi. » Rousseau ne dit pas ici, mais il ne l'oublia jamais et dans l'occasion il fit de son mieux pour s'en montrer reconnaissant, que c'était au comte de Bonneval qu'il avait dû de se voir en si bonne posture auprès du prince Eugène.

On lit encore dans une autre lettre en date du 1er septembre 1715 : « La dissipation où je me trouve ici est bien différente de l'état de quiétude où je m'étois accoutumé en Suisse. Je continue d'y vivre comme je vivois à Paris, et même un peu mieux, du moins selon mon goût qui a toujours été plus porté pour la qualité des amis que pour le nombre. Le prince continue à me combler d'amitiés et de caresses, je suis très-souvent de ses dîners publics et particuliers, où je le trouve encore plus héros qu'il ne l'est à la tête des armées, n'ayant jamais vu dans le même homme tant de grandeur jointe à tant de simplicité. »

Voilà donc Rousseau établi à Vienne, dans l'hôtel du comte du Luc, au faubourg d'Italie, mais disputé à l'ambassadeur de France par tout le corps diplomatique et bienvenu de tout ce qui passe à Vienne de personnages distingués. Le prince Eugène, dont le palais se fait remarquer par un luxe de bon goût qui rappelle quelque peu Versailles même, l'invite à souper dans ses jardins, et il ne dépendra que de lui de le suivre à l'armée et de faire campagne en Hongrie. Quelle bonne fortune pour un poëte !

Une seule chose troublait son bonheur, à cette brillante époque de sa vie, c'était la santé chancelante du comte du Luc : « Ses fréquentes incommodités, dit Rousseau dans la dernière lettre que j'ai citée de lui, empoisonnent toute la joie que je pourrois goûter en ce pays-ci. » Ce fut à l'occasion de l'une de ces attaques qui finirent par emporter le comte du Luc, mais bien des années plus tard, que Rousseau composa son chef-d'œuvre. C'est l'honneur de sa vie que son plus bel ouvrage soit celui où il a le plus mis de son cœur.

Ainsi se passa l'hiver de 1715 à 1716, au milieu de fêtes entremêlées d'alarmes. On a invoqué comme un argument de plus en faveur de l'innocence de Rousseau le bon accueil qu'il reçut à Vienne et qu'il retrouva à Bruxelles qui était alors une des villes brillantes de l'empire. Cet argument serait à nos yeux plus spécieux que décisif. Sous ce rapport nous serions plus touché de la fidélité que lui gardèrent, en France, la plupart des honnêtes gens, que de tout cet empressement de la société étrangère. Alors commençait sur l'Europe cet ascendant de l'esprit français qui depuis ne fit que grandir, et qui, en changeant de terrain, de motifs ou de formes, semble s'accroître encore. Les lettres françaises étaient alors l'enchantement universel et les diverses capitales avaient aisément des couronnes pour les illustres représentants de cette grande littérature qui daignaient les visiter. Heureuses et flattées de recevoir de tels hôtes, elles ne prenaient guère la peine de s'enquérir comment étaient sortis de France ceux qui leur arrivaient. Dans leur gloire présente disparaissaient aisément, à cette distance, les ennemis qui de loin les poursuivaient encore. En ce qui concerne Rousseau, par exemple, et au murmure harmonieux de ses beaux vers répétés de bouche en bouche, qui pouvait se souvenir d'un Saurin, d'un Boindin, même d'un Lamotte ? Misérables querelles dont le bruit se perdait en chemin. La vanité étrangère se sentait chatouillée de l'idée de faire meilleure justice que la France elle-même à ses génies méconnus. Qui se fût permis d'ailleurs de chercher un coupable dans un homme qui arrivait avec le comte du Luc, vivant sous son toit, présenté par lui? il était couvert, pour ainsi dire, de l'immunité de l'ambassadeur, et la persécution ne faisait qu'ajouter un dernier rayon à sa gloire.

Cependant Louis XIV étant mort, le moment parut favorable aux amis de Rousseau pour solliciter en sa faveur des lettres de rappel. Tout semble facile à l'aurore d'un nouveau règne. Nous verrons Rousseau, jusqu'au dernier jour de sa vie, saisir toutes les occasions de protester contre l'arrêt qui le condamne, mais nulle part il ne se montre pressé d'obtenir son rappel. Ce qu'il poursuit uniquement, c'est la confusion de ses ennemis, c'est un contre-arrêt qui les déclare infâmes et calomniateurs; à ce prix il restera volontiers dans son exil. La Suisse, l'Allemagne lui sont comme un piédestal où il se sent grandir. A Paris, sa voix se perdait dans le bruit. A Soleure, à Vienne, à Bruxelles, s'élevant isolée, elle s'entend mieux et porte plus loin.

Depuis sa sortie de France, il ne perd pas un moment ses ennemis de vue. Il écrivait en 1710, en arrivant à Soleure : « Vous savez que je ressemble assez à la Panthère de Phèdre, c'est-à-dire que je n'oublie ni le bien, ni le mal qu'on me fait.» C'est à Soleure qu'il rédigea contre Saurin ce vigoureux mémoire qu'il se promettait de publier en même temps que ses poésies.

On peut lire ce mémoire dans ses œuvres, auxquelles on l'a joint, mais sans les preuves à l'appui qu'il avait rassemblées avec la patience d'une haine irréconciliable; il a l'accent de la conviction et de la vérité. Saurin y répondit adroitement, mais en laissant de côté les points essentiels, moins préoccupé, il en a tout l'air, de réfuter Rousseau sur le point en litige que de justifier sa propre conversion et sa vie entière. C'est tout un roman qui ne manque pas d'intérêt, mais dont les circonstances avaient laissé contre Saurin, en Suisse, des préventions que Jean-Baptiste y retrouvait dans toute leur ardeur, et que Jean-

Jacques, on l'a vu, devait à son tour y retrouver vivantes. Quel étrange catéchumène avait eu là Bossuet!

Vingt ans plus tard, Rousseau écrivant de Bruxelles à l'abbé d'Olivet, le 4 janvier 1731, revient longuement sur son affaire. Il voudrait que le gouvernement contraignît Saurin à se reconnaître coupable; il ne demande pas qu'il soit châtié, mais qu'il avoue. Il y a dans cette lettre et dans la suivante une énergie de haine qui fait frémir, et on serait tenté de dire que le poëte hait encore plus Saurin qu'il n'aime son innocence.

Enfin quatre ans après, lorsque Saurin est mort, la haine de Rousseau le poursuit jusque dans son fils, et il voudrait que l'on arrachât de celui-ci l'aveu que l'on n'a pu obtenir du père.

Tous ces détails expliquent la mauvaise humeur avec laquelle Rousseau reçut à Vienne la nouvelle que le comte de Breteuil et ses autres amis avaient obtenu de Louis XV des lettres de rappel en sa faveur.

Ces lettres sont de février 1716. Il fallait que Rousseau eût un sentiment bien profond de son innocence, pour s'être refusé, comme il le fit, à accepter les termes de ces lettres. Ce ne sont pas précisément des lettres de grâce, mais une sorte de cassation indirecte de l'arrêt de 1712, qui le condamnait à un bannissement perpétuel, « sous prétexte, disent les lettres, de quelques vers impies et scandaleux qui s'étoient répandus dans le public et dont on l'auroit accusé d'être l'auteur auprès de notre procureur général; et quoiqu'une pareille accusation ne soit que l'effet de la mauvaise volonté de ses ennemis, et qu'il ne lui soit pas difficile de s'en justifier, s'il se mettoit en état de pouvoir purger sa contumace; néanmoins, pour éviter la longueur des procédures ordinaires en pareil cas, et en même temps pour s'épargner le séjour de la prison, etc. » Tout cela paraît fort doux aujourd'hui, et le duc d'Orléans, maintenant régent du royaume, devait être pour quelque chose et dans la faveur et dans les termes. L'État ne pouvait cependant pas donner un soufflet à la justice. Si Rousseau tenait tant à confondre ses ennemis, que ne les traînait-il devant leurs juges naturels?

Rousseau marqua sa reconnaissance à ses amis, mais sans consentir à s'avouer de moitié dans leurs démarches.

« Il ne s'agit point pour moi, écrit-il de Vienne à Boutet, le 30 mars 1716, de retourner en France, mais de confondre l'imposture qui m'a noirci, et de me mettre en état de paroître devant les hommes, comme je paroîtrai un jour devant Dieu. »

Son langage au comte de Breteuil n'est ni moins vif, ni moins fier, et Dieu nous pardonne, c'est le comte qui se justifie. C'est la seconde fois, comme on voit, qu'il lui faut reculer devant cette humeur intraitable. Vainement il cherche à la désarmer en écrivant que la chose a été tenue parfaitement secrète, et peut être étouffée sans laisser de trace.

Tout en prenant d'avance son parti de ce que Rousseau en déciderait, M. de Breteuil crut devoir l'avertir qu'il n'avait qu'un an pour faire enregistrer les lettres au Parlement et cinq pour purger sa contumace.

Rousseau demeure inébranlable. « Il ne sera tranquille, dit-il, que quand ses amis auront fait supprimer ces lettres, obtenues sans son aveu, et contrairement à tout ce qu'il n'a cessé d'écrire depuis cinq ans. »

« Puisque ma patrie n'a pas voulu de moi, ajoutait-il dans sa lettre à Boutet, on ne doit point trouver mauvais que je m'en fasse une nouvelle pour le reste de mes jours. »

On s'étonnerait fort aujourd'hui de voir un homme faire si bon marché de sa patrie, et nous aimons à croire qu'il ne se trouverait plus personne pour tenir un pareil langage. Le niveau des sentiments s'est élevé chez tous; mais au commencement du dernier siècle, on n'y regardait pas de si près, et Rousseau lui-même, proportion gardée, se comparait peut-être à ses nouveaux amis, à ces grands expatriés, le prince Eugène et le comte de Bonneval.

Voyons où en étaient de ce côté ses espérances d'avenir.

Si décidé qu'il fût à rester fidèle à la fortune du comte du Luc, Rousseau prévoyait cependant le moment prochain où il pourrait lui être enlevé. Sans répondre ouvertement aux avances qui lui étaient faites, il se gardait bien de les repousser. Au commencement de l'année 1717, le comte du Luc fit une nouvelle maladie, après laquelle il quitta le service et retourna à Paris. Brossette s'étonnait que Rousseau ne l'y suivît pas. Mais son ami le trouva aussi intraitable qu'il l'avait été, l'année d'avant, aux conseils du comte de Breteuil. « Quand je vivrois autant que les patriarches, répondait-il à Brossette, le 19 avril 1717, jamais je ne mettrai le pied dans le royaume que je n'aie obtenu des réparations et des satisfactions proportionnées aux injures et aux injustices qui m'y ont été faites. » Ajoutons qu'il comptait de plus en plus sur une place brillante que lui promettait le prince Eugène.

Il s'agissait d'un emploi dans les Pays-Bas, et par provision Rousseau recevait sur ses appointements futurs un à-compte de mille écus. Déjà, l'année d'avant et deux jours avant la bataille de Péterwaradin, le prince Eugène lui avait envoyé un diamant de quatre mille livres avec lequel il s'était bien gardé de battre monnaie. Il aimait mieux se parer, en le portant, d'une amitié si honorable. « Je le porte actuellement au doigt, écrivait-il, et je tâcherai de le conserver toute ma vie. » En attendant, il acquittait sa dette en monnaie de sa façon et à son image, par sa belle ode sur la bataille de Péterwaradin :

>Ainsi le glaive fidèle
>De l'ange exterminateur, etc...

L'emploi se faisant attendre, Rousseau eut la pensée de préparer une nouvelle édition de ses œuvres : elle devait former trois petits volumes ou un seul in-quarto. Le manuscrit était prêt depuis longtemps et, le 2 juillet 1720, il écrivait à Brossette qu'il n'y avait rien ajouté. « Je crois, disait-il, que tout honnête homme, dans son état, doit se regarder comme tributaire du public ; mais quand on lui a donné une partie de sa vie, il peut-être permis de garder l'autre pour soi. » Cependant il avait à cœur cette édition nouvelle, et s'était décidé à la faire à Londres : il s'y rendit sur la fin de 1722 ou au commen-

cement de 1726. Mais n'oublions pas que nous ne sommes
encore qu'en 1618.

Le prince Eugène se proposait de partir pour Bruxelles vers
le mois d'octobre de cette année, et il était convenu que Rousseau l'y accompagnerait. Convaincu que le départ ne pouvait
être retardé beaucoup, il envoya toutes ses hardes à Bruxelles.
Dix-huit mois plus tard, elles l'y attendaient encore. Enfin le
voyage du prince Eugène se trouvant indéfiniment ajourné,
Rousseau partit seul, au mois de février 1722.

Il y fut reçu comme six ans auparavant il l'avait été à
Vienne. On lui donne un logement au palais qu'il fait accommoder pour aller s'y établir, dès qu'il sera en mesure d'augmenter
son petit domestique. Il n'avait alors qu'un seul valet, le fidèle
Parmentier, qui devait, seul, dix-huit ans plus tard, le ramener mourant de La Haye. Il aura la table du marquis de Piré
qui ne lui permet pas non plus de chercher un carrosse ailleurs
que chez lui, et, pour comble de félicité, « si les mesures que
prennent ses amis réussissent, la nouvelle édition de ses ouvrages sera imprimée magnifiquement, honorablement. »

C'est à Bruxelles qu'il eut occasion de revoir Voltaire qui,
au mois de septembre, y passa quelques jours. Ils avaient eu
déjà quelques relations. Elles remontaient à l'époque où Voltaire, encore sous la férule du père Porée, préludait par des
espiègleries de collège à celles du reste de sa vie. Il faut entendre ici Rousseau lui-même. C'est le début d'une longue
lettre écrite le 12 mai 1736, et dans laquelle, poussé à bout, il
raconte à sa façon ses rapports avec Voltaire, récit exagéré sans
doute, inexact en plus d'un détail, mais où on sent, sous le
langage de la colère, l'accent de la vérité :

« Des dames de ma connoissance m'avoient mené voir une
tragédie des jésuites, au mois d'août de l'an 1710. A la distribution des prix qui se fait ordinairement après la représentation, je
remarquai qu'on appela deux fois le même écolier et je demandai au père Tarteron, qui faisoit les honneurs de la chambre où nous étions, qui étoit ce jeune homme si distingué

parmi ses camarades. Il me dit que c'étoit un petit garçon qui avoit des dispositions surprenantes pour la poésie et me proposa de me l'amener, à quoi je consentis. Il me l'alla chercher et je le vis revenir, un moment après, avec un jeune écolier qui me parut avoir seize ou dix-sept ans, d'assez mauvaise physionomie, mais d'un regard vif et éveillé, et qui vint m'embrasser de fort bonne grâce. Je n'en appris plus rien depuis ce moment, sinon environ deux ans après que, me trouvant à Soleure, j'en reçus une lettre de compliment, accompagnée d'une ode qu'il avoit composée pour le prix de l'Académie et sur laquelle il me demandoit mon sentiment, que je lui marquai avec toute la sincérité qu'on doit à la confiance d'un jeune homme qu'on aime. J'appris pourtant que l'Académie avoit mis cette ode au rebut et que, l'année d'après, une seconde ode qu'il avoit faite à dessein de prendre sa revanche avoit eu le même sort. Il continuoit cependant à m'écrire de temps en temps, toujours dans des termes exagérés, m'appelant son maître et son modèle, et m'envoyoit quelquefois de petites pièces de sa façon, où son génie mordant et amer commençoit à se développer. »

Une lettre adressée à Boutet le 1ᵉʳ juin 1712 vient à l'appui de ce qui précède : « J'ai reçu, y est-il dit, une fort jolie lettre du jeune M. Arouet, accompagnée d'une ode dans laquelle il y a beaucoup d'esprit. Je vous prie de lui témoigner l'estime que je fais de sa personne et de son mérite. » On a la note des deux époques.

De Vienne, le 15 juillet, il écrivait à Boutet : « Vous me ferez plaisir de m'envoyer les vers de M. Arouet; c'est un jeune homme qui a bien de l'esprit, et il en peut faire un bon usage s'il veut suivre les avis que je lui ai donnés, toutes les fois qu'il me les a demandés. »

Trois ans après, Arouet donne son *OEdipe,* et Rousseau écrivait de Vienne, toujours à Boutet : « Il y a longtemps que j'entends dire merveille de l'*OEdipe* du petit Arouet. J'ai fort bonne opinion de ce jeune homme; mais je meurs de peur qu'il n'ait affoibli le terrible de ce grand sujet, en y mêlant de l'amour. »

Jusqu'ici tout va bien. Mais l'année suivante, Rousseau plaisante agréablement sur le désir qu'aurait manifesté le roi de Suède d'avoir auprès de lui le petit Arouet. C'est encore et toujours le petit Arouet. Rousseau alors était loin de se douter que Voltaire serait un jour non pas le courtisan, mais le très-amusant historien de ce héros singulier. Rousseau, du reste, ne comprit jamais le héros de la Suède. Dès ses premières aventures, il en parlait avec un dédain qui n'était pas d'un poëte. Depuis qu'il eût à se plaindre de Voltaire, il se ravisa, s'exprima sur Charles XII avec admiration et son dédain passa à l'historien et à son livre. Mais nous n'en sommes encore qu'à la lune de miel de la liaison.

Le 24 mars 1719, Rousseau avait reçu à Vienne un exemplaire de l'*Œdipe* et, dès le lendemain, il en remerciait l'auteur par une lettre très-longue, très-belle, très-louangeuse, et qu'il faut croire sincère, car, écrivant à Brossette, cinq semaines après, le 29 avril 1719, il répétait les mêmes éloges, à peine tempérés par quelques légères critiques. On sent que le jeune poëte a grandi dans l'estime de son confrère, qui termine sa lettre en exprimant l'espoir de voir un jour l'auteur d'*Œdipe* à Bruxelles.

Le malheur de ces deux hommes faits pour s'entendre sous bien des rapports fut peut-être de s'être rencontrés. Au milieu des tendresses des premiers jours, l'inimitié se forma et finit par se déclarer. A Bruxelles, Arouet, qui était devenu Voltaire, parut d'abord rechercher les avis de l'illustre proscrit : « M. de Voltaire, écrit Rousseau le 22 septembre 1722, a passé ici onze jours pendant lesquels nous ne nous sommes guère quittés. J'ai été charmé de voir un jeune homme d'une si grande espérance. Il a eu la bonté de me confier son poëme (la *Henriade*, qui n'était encore que la *Ligue*) pendant cinq ou six jours. Je puis vous assurer qu'il fera un très-grand honneur à l'auteur. Notre nation avoit besoin d'un poëme comme celui-là. L'économie en est admirable et les vers parfaitement beaux. A quelques endroits près, sur lesquels il est entré dans ma pensée, je n'y ai rien trouvé qui puisse être critiqué raisonnablement. »

A en croire Rousseau, c'est à Bruxelles même que la dissidence commença. Nul n'aura, je crois, la simplicité de croire que Voltaire y fût venu pour consulter Rousseau sur cette première forme et les premiers chants de la *Henriade*. Il accompagnait Mme de Rupelmonde que des intérêts de famille appelaient en Hollande. Rousseau aurait été averti de l'arrivée de son dangereux ami par le scandale qu'il fit dans une église, et qui faillit lui attirer une correction populaire. Jean-Baptiste fit semblant de ne rien savoir de ce compromettant début et présenta Voltaire dans les meilleures compagnies, non sans avoir eu, si on l'en croit, à souffrir plus d'une fois des excentricités de son jeune ami. Ce premier séjour s'acheva tant bien que mal. Voltaire partit pour la Hollande, à la suite de Mme de Rupelmonde. A son retour, il repassa par Bruxelles où les deux poëtes recommencèrent à se réciter leurs vers inédits, en apparence au grand contentement de l'un et de l'autre.

Un jour cependant qu'ils étaient sortis en carrosse pour se promener aux alentours de Bruxelles, Voltaire, qui crut avoir retrouvé, on ne sait à quel signe, le Rousseau des anciennes épigrammes, lui récita une épître imprimée plus tard sous ce titre : *Le pour et le contre*. Cette épître adressée à Mme de Rupelmonde pourrait être regardée comme la déclaration de guerre de Voltaire au christianisme. Telle qu'elle était alors, de moins zélés que Rousseau ne l'eussent pas écoutée froidement. Si on l'en croit, il se récria, et Voltaire ayant insisté, il le menaça de faire arrêter le carrosse et de descendre. « Voltaire se tut alors, continue Rousseau, et me pria seulement de ne point parler de cette pièce ; je le lui promis et je lui tins parole. » D'autres, à ce qu'il paraît, furent moins discrets.

On comprend dans quels sentiments réciproques les deux amis se séparèrent. Voltaire n'eut pas plutôt quitté Bruxelles, que tout le long de la route il diffama Rousseau. Il était trop bon tacticien pour ne pas prendre ses avantages, en portant les premiers coups. A toutes les tables où il prenait place, il attaquait l'ennemi. Tant qu'il fut sur le territoire de l'Empire, il trouva des convives peu disposés à le tolérer; mais une fois rentré en France, il ne garda plus de mesures. Rousseau qui, dans l'intervalle, était parti pour l'Angleterre, informé de tout à son retour, ne demeura pas en reste.

En 1724, Voltaire avait donné sa *Mariamne* qui, on le sait, eut un succès médiocre. Rousseau en parla avec peu de ménagement dans une lettre. La lettre courut. Voltaire la vit et s'en plaignit à Rousseau lui-même qui lui fit une réponse en douze lignes. Il est fâcheux que nous n'ayons ni la lettre de Voltaire, ni la réponse de Rousseau. Quoi qu'il en soit de leurs relations, elles n'en devinrent pas plus amicales. Rousseau eut alors l'idée d'exhumer la *Mariamne* du vieux poëte Tristan et de faire pour elle ce que Marmontel et Lekain firent plus tard pour le *Venceslas* de Rotrou. « Je vous dirai que depuis votre départ, écrit-il de Bruxelles à d'Olivet, le 8 décembre 1724, à l'aide de soixante ou quatre-vingts vers corrigés, d'un pareil nombre retranchés et de vingt ou trente au plus suppléés, je viens de rendre cette tragédie le plus beau morceau de poésie dramatique qui soit peut-être dans notre langue. C'est un prodige de voir une pièce plus ancienne que le *Cid*, conduite avec autant de régularité qu'une pièce de Racine. Pas une scène qui ne soit placée où elle doit être; pas un personnage inutile; unité parfaite dans l'action, vérité dans les caractères, intérêt, sentiment, passion, et enfin tout ce qui peut exciter, remuer et entraîner l'âme au plus haut degré de force où vous l'ayez jamais vue. Je vous en demande le secret; mais je la veux faire imprimer et ensuite représenter ici, l'année prochaine. » Et tout cela (la fin de la lettre le dit avec une transparence limpide), pour donner une leçon à Voltaire.

Certes, il avait raison d'en demander le secret à d'Olivet, et le châtiment de ces vilains tours est dans la honte de les avoir imaginés. La *Mariamne* de Voltaire n'est pas un chef-d'œuvre, d'autre part la pièce de Tristan ne manque assurément pas d'un certain mérite. On y relèverait encore plus d'un trait de passion remarquable. Le 14 janvier suivant, Rousseau envoyait son travail à d'Olivet qui s'était chargé de le faire imprimer. « Je ne suis point du tout fâché, lui écrivait-il encore, le 3 février 1725, d'être deviné pour l'auteur de la correction de *Mariamne*; il n'y a qu'à ne parler de rien et laisser deviner. » Il ajoute : « Je crois que vous serez content de la préface. Il en falloit une, et il falloit éviter de choquer les vivants. » Tout le venin de la préface est dans ce pluriel perfide. Voltaire, en effet, y semble personnellement épargné, mais parce qu'il y est confondu, ce qui est pire que d'être attaqué, avec un autre *vivant*, l'abbé Nadal, auteur d'une troisième *Mariamne* qui venait aussi d'être jouée. Mais d'ingénieux efforts ne pouvaient cependant rendre la vie à un cadavre, et si morte que semble elle-même la *Mariamne* de Voltaire, le charme du style la fait lire encore.

Rousseau garda de cette tentative impuissante un certain goût pour ces restaurations poétiques; et quatre ans plus tard, il s'avisait de remanier le *Cid*. Le sentiment délicat de la critique moderne s'est soulevé contre ces mutilations peu scrupuleuses qu'on ne se permet après tout qu'en vue de la scène. C'est encore trop; mais que dirait-on, si on voyait représenter à Londres les chefs-d'œuvre de Shakspeare, et à Madrid ceux de Lope de Vega, tels que le public les tolère? En Espagne en particulier, ce ne sont plus des arrangements, mais de complètes traductions où souvent du texte original a disparu jusqu'au rhythme.

Mais pendant que Rousseau travaillait, comme nous l'avons dit, à remettre sur pied cet engin vermoulu de guerre, emprunté au vieux Tristan, Voltaire remaniait sa *Mariamne* et tentait de nouveau l'épreuve de la scène, en cette même année 1725. Rousseau écrivit au sujet de la nouvelle *Mariamne* une lettre où elle est jugée avec la dernière injustice. A dater de ce moment, il ne faut attendre de modération ni d'un côté ni de l'autre. Le 1ᵉʳ septembre 1726, nouvelle lettre de Rousseau, adressée comme la précédente à un personnage anonyme, et où Voltaire est traité de *petit auteur* dont la vogue ne peut être que passagère.

Trois ans après, en apprenant que Voltaire se propose d'écrire l'histoire, il s'écrie (à Boutet le 20 décembre 1729) : « On me mande que M***, va se rejeter dans l'histoire.

> Nil intentatum nostri liquere poetæ,
> Nec minimum meruere decus, vestigia Græca
> Ausi deserere... »

et on a vu plus haut le peu d'estime qu'il fait d'avance de la *Vie de Charles XII*.

Mais de son côté Voltaire ne s'endort pas, et lorsqu'en 1733 il écrit le *Temple du goût*, peu s'en faut d'abord qu'il n'en ferme la porte au lyrique, il a grand'peine à la lui entr'ouvrir. C'est là que se produisent ces vers malins, si souvent répétés qu'ils en sont devenus proverbes; mais avec son goût si juste, Voltaire comprenait que l'auteur de tant de belles odes ne pouvait à perpétuité être banni du *Temple du goût*, comme du royaume, et à chaque réimpression de son petit ouvrage, il remaniait la virulente tirade qui aboutit à ces vers trop charmants; et finalement dans l'édition de 1735, la moquerie est plus courte et moins amère. La première avait paru en 1733; Voltaire l'envoya à Brossette qui prit noblement fait et cause pour son ami, feignit de croire que Voltaire était aux regrets de cette nouvelle attaque, et offrit ses services pour amener un rapprochement.

Achevons, puisque nous l'avons commencée, l'histoire de cette triste querelle.

En 1739, Louis Racine exhortait son ami à se réconcilier avec Voltaire. Rousseau lui répond : « Je crois que le mieux pour l'un et pour l'autre est de rester comme nous sommes. Je sais ce qu'il m'en a coûté, pour m'être autrefois réconcilié avec Lamotte. »

Ce qu'il y a de certain, c'est que Voltaire continua à écrire en vers et en prose contre lui, et essaya même de le commettre avec un fripon et de le mêler à une affaire scandaleuse qui occupa Bruxelles pendant quelques jours. Mais en fait de désintéressement, la réputation de Jean-Baptiste n'était plus à faire.

Il nous faut reprendre le récit de sa vie au moment où il attendait encore, à Bruxelles, l'emploi que lui faisait toujours espérer le prince Eugène.

C'était, nous l'avons dit, un emploi de finances auquel était attaché un traitement d'environ 7,000 livres qui, avec les 500 qu'il attendait de son édition de Londres, lui assurait un revenu suffisant, disait-il, « pour une ambition aussi bornée que la sienne. » Mais c'était à Vienne que l'affaire devait se résoudre en dernier ressort. Elle avait été déjà décidée à Bruxelles, où le conseil des finances s'était tout d'une voix prononcé pour Rousseau. Le conseil d'État ne lui avait pas été moins favorable. Mais quoique ces deux décisions eussent été prises à Bruxelles dès le mois de janvier 1724, à Vienne, au mois de novembre 1725, rien n'était terminé encore. Rousseau y avait fait un voyage au mois de mai, sans rien finir; mais le soin de ses intérêts n'était pas la principale cause qui l'y avait attiré. Il ne s'agissait de rien moins pour lui que d'amener une réconciliation entre le prince Eugène et le comte de Bonneval; entre un ami et un protecteur la position était des plus délicates.

Le comte de Bonneval, en quittant la France, n'avait pas perdu cette fierté d'humeur qui l'avait obligé à quitter le service du roi, et qui, après avoir fait de lui un général de l'Empire sous le prince Eugène, autre transfuge de la patrie commune, devait en faire, sur la fin de ses jours, un pacha chez les Turcs. A Bruxelles, il prit querelle avec un autre dignitaire de l'Empire. L'affaire fut portée à Vienne, et Bonneval se flatta d'y être soutenu par son général. Celui-ci s'y refusa, et entre le prince Eugène et le comte de Bonneval la querelle ne tarda pas à devenir personnelle. Rousseau qui, à Bruxelles, avait pris chaudement parti pour Bonneval, au risque de perdre une illustre amitié, ne pouvait l'abandonner à Vienne, et pendant six mois il n'eut d'autre souci. « L'affaire malheureuse d'un ami, écrit-il à Boutet, le 1er avril 1725, plus illustre par son mérite que par sa naissance et ses dignités, ne m'a pas permis de m'occuper d'autres soins que de ceux de le servir, et le péril presque inévitable qu'il y avoit à soutenir ses intérêts demandoit toute l'attention dont je pouvois être capable, pour accorder ma sûreté avec les devoirs de l'amitié. J'ai eu le bonheur d'en être venu à bout. » Mais si cette noble attitude, si ces généreuses démarches, si cette lutte de quatre mois où il eut à déployer tout ce qu'il pouvait avoir appris de diplomatie dans le cabinet du comte du Luc, firent grand honneur à Rousseau dans le public et auprès des honnêtes gens, cette gloire avança peu ses affaires. Le prince Eugène resta pour lui le même en apparence; mais Rousseau ne s'y trompa point : « A l'égard de ma situation avec M. le prince Eugène, écrit-il encore à Boutet, le 20 octobre 1725, de Bruxelles où il était revenu, je vais vous la dire naturellement. Je suis parti de Vienne aussi bien avec lui que jamais; depuis que je suis ici, je lui ai écrit, et il m'a fait réponse à l'ordinaire; mais je ne me flatte point que, quelque discrète qu'ait été ma conduite dans l'affaire de M. le comte de Bonneval, mon amitié pour l'un n'ait pas fait quelque brèche à l'autre. Il faudroit ne pas connoître les hommes pour en juger autrement. »

Les relations étaient donc restées à peu près les mêmes entre le poëte et le grand capitaine, mais on ne parla plus de l'emploi. Je me trompe, il en fut reparlé, de celui-là ou d'un autre, et c'est Rousseau qui cette fois aurait refusé. « On m'a offert, écrivait-il à Brossette, le 3 février 1728, une place très-honorable à la cour. J'en avois les patentes munies de l'approbation de tous les conseils. Je me suis excusé de l'accepter, parce qu'après avoir fait mon compte, j'ai trouvé qu'outre l'engagement de ma liberté, elle m'obligeroit à une augmentation de dépense qui iroit au delà du revenu qui y étoit attaché. Ainsi je suis devenu homme privé, parfaitement libre, ayant de

d

quoi vivre comme j'ai toujours vécu, sans autre maître que Dieu et les lois. »

Sur quoi comptait Rousseau pour mettre à si haut prix son indépendance? il avait environ 3,000 francs de revenus, y compris les produits de l'édition de Londres.

L'effet des promesses du prince Eugène tirant en longueur, Rousseau s'était repris de plus belle à cette réimpression de ses œuvres. Il y fallait son intervention personnelle. Mais quand un Parisien a pu quitter Paris, il irait volontiers au bout du monde. Jean-Baptiste n'hésita donc pas à passer le détroit : c'était au commencement de 1723. Il y fut sans doute précédé de bonnes recommandations, car sa renommée de poëte ne suffirait pas à expliquer comme il y fut accueilli. Il écrit à Boutet, le 20 février 1723 : « Je suis si accablé de devoirs, d'affaires, d'amusements incroyables, que je n'ai le loisir d'écrire à personne, et j'ai prié tous mes amis de m'excuser jusqu'au mois de mai que je compte être de retour à Bruxelles. » Et plus loin : « Le roi, les princes et les princesses m'ont honoré d'un accueil plus favorable que je n'aurois pu l'attendre, et je passe ma vie à Londres comme à Vienne avec les principaux seigneurs de la cour. » Mais au milieu de ces plaisirs il ne perdait pas de vue l'objet de son voyage. Il faisait exécuter en trois volumes in-4° cette édition qui, tirée seulement à cinq cents exemplaires (enlevée, dit-il, avant que l'impression ait été achevée), allait être pour lui la base d'une petite fortune. Plus tard on y joignit un supplément imprimé sans la participation de l'auteur. « Une personne d'un rang auquel on ne peut rien refuser, écrivait-il à ce sujet, exigea de moi, à Londres, cette confession de mes folies passées sur un manuscrit qu'elle me présenta. Tout s'est trouvé imprimé après mon départ. » Rousseau du moins ne permit pas que ce supplément fût donné dans le même format que l'édition, comme pour maintenir, autant qu'il le pouvait encore, le désaveu et la désapprobation de cette partie regrettable de ses œuvres.

N'ayant plus rien à faire à Londres, et s'apercevant que,

malgré tous les honneurs qui lui étaient rendus, quelquefois même à cause de ces mêmes honneurs, un séjour de près de six mois en Angleterre avait épuisé sa bourse, il se hâta de revenir à Bruxelles. A son retour, il plaça le produit de son édition sur la compagnie d'Ostende, qui avait alors toutes les apparences d'un établissement solide. Il se flattait que, même en renonçant, s'il le fallait un jour, à cet accroissement de revenus, son avenir était assuré. « Je m'aperçois tous les jours, écrivait-il à Boutet le 12 mai 1728, que le *far niente* est un électuaire souverain pour la santé des gens de mon âge, et que le meilleur axiome est celui de notre ami maître François : *Dos au feu, ventre à table et écuelle profonde.* » L'ami de Chaulieu et du grand prieur de Vendôme se retrouve toujours par quelque endroit.

Au mois de septembre 1730, il n'avait déjà plus sa confiance première sur la solidité de sa petite fortune. La compagnie d'Ostende était sérieusement menacée, et par cette seule menace, Rousseau allait se trouver réduit de ce côté à un revenu précaire de 1,500 florins. Boutet ne lui manqua pas plus dans cette occasion que dans les autres, mais Jean-Baptiste se crut encore assez riche pour refuser noblement des offres faites avec délicatesse. Bientôt pourtant il se vit réduit à vivre presque uniquement de la libéralité de ses amis, ce qui ne l'empêcha pas de renvoyer sans hésiter à M. le duc d'Aremberg la pension qu'il en recevait, le jour où ce grand seigneur parut ne vouloir plus être compté parmi ses amis. « Je n'étois flatté de la recevoir qu'à titre d'ami, écrivait alors Rousseau; puisque j'ai eu le malheur de perdre son amitié, je ne dois plus avoir de part à ses bienfaits. »

Il entrait ainsi par la ruine dans les dix dernières années de sa vie. Quels furent, pendant ces années attristées, les ouvrages dont il occupa ses loisirs?

Le mirage du théâtre l'attirait toujours; mais tout besogneux qu'il fût, ce qu'il y cherchait, c'était moins le profit que l'honneur, et les obstacles que son absence apportait à la représentation de ses *Aïeux chimériques* paraissant avoir disparu devant les offres obligeantes de l'acteur Quinaut, au mois de mai 1732, le manuscrit fut envoyé à l'abbé d'Olivet.

Avant son exil, Jean-Baptiste Rousseau avait eu peu de relations avec le savant abbé, lorsqu'au mois d'octobre 1730, éprouvant le besoin de se distraire de ses études et de prendre l'air en Europe, celui-ci fit un voyage de cinquante jours qu'il raconte très-agréablement, comme la plupart de ceux qui, peu accoutumés à voyager, éprouvent, quand par hasard cela leur arrive, une vivacité d'impressions qui aisément se communique à leur récit : « Jusqu'alors, dit l'abbé d'Olivet, dans une lettre heureusement conservée, mes relations avec M. Rousseau n'avoient rien eu de particulier. Avant sa sortie du royaume, nous ne nous étions vus que rarement et chez des amis communs. Il est vrai que nous avions toujours continué à nous écrire de loin à loin, mais lettres de pur compliment ou de littérature. Ainsi son âme ne pouvant m'être connue, j'avois résolu d'aller bride en main avec lui, quand je serois à Bruxelles. »

Ainsi voilà l'abbé d'Olivet qui arrive, lui aussi, avec cette défiance dont nous verrons plus tard Louis Racine ne pouvoir lui-même se défendre. Quant à l'insignifiance antérieure de leurs relations et au caractère uniquement littéraire qu'aurait eu leur correspondance, l'abbé d'Olivet n'est pas tout à fait dans le vrai. Nous avons cette correspondance qui ne tient pas moins de cent pages. Douze lettres sont antérieures au voyage de l'abbé, et parmi elles plusieurs sont sur le ton d'une certaine intimité, à telles enseignes que lorsque Rousseau fait à Voltaire la malice d'exhumer la *Mariamne* de Tristan, c'est d'Olivet qui, un des premiers, le premier peut-être, en reçoit la confidence. Rousseau lui envoie son travail, et le charge de faire imprimer ce qu'il appelle *notre Mariamne*, et le remercie d'y donner ses soins.

Service pour service. Plus tard, en 1729, lorsque l'abbé d'Olivet aura traduit le *Traité de l'amitié et des devoirs*, et de moitié avec le président Bouhier, les *Tusculanes* de Cicéron, c'est à Rousseau qu'il demandera de corriger et même de refaire la traduction des vers cités dans ces ouvrages, travail dont le poëte, pour le remarquer en passant, s'acquitte parfois avec un rare bonheur. Ce fut l'année suivante que l'abbé d'Olivet, se rendant en Hollande, s'arrêta à Bruxelles. Reprenons son récit :

« A une lieue de la ville, la voiture publique, où je tenois gravement mon coin, fut abordée par un carrosse bourgeois où étoit un homme seul qui me demanda. Aussitôt de part et d'autre nous descendîmes; et il m'embrassa, mais avec une ardeur que je rendois mal, ne sachant qui c'étoit. « Vous ne me « remettez pas, me dit-il, le pauvre Rousseau ! » A ces mots, jugez s'il fut embrassé à son tour. Une prairie bordoit le chemin; nous y passâmes, et là, pendant une demi-heure de promenade, nous donnâmes l'essor à nos sentiments réciproques. Après quoi nous nous rendîmes chez M. le duc d'Aremberg qu'il avoit prévenu sur mon arrivée. Je trouvai chez ce seigneur, dont le grand nom et le mérite personnel vous sont connus, la plus haute noblesse du pays, hommes et femmes. J'y soupai, et mes yeux, mes oreilles ne tardèrent pas à démêler tout ce qui se débite ici sur le compte de M. Rousseau...

« Je fus agréablement surpris d'y voir (à Bruxelles) les plus honnêtes gens et ceux à qui le bel esprit n'impose point empressés à lui donner des marques d'amitié. Qu'on ne dise pas que c'est qu'il est habile à se masquer ; car la conduite dans Bruxelles est bientôt percée à jour; et je doute que la noblesse de Flandre, délicate au point qu'elle l'est sur l'honneur, goûtât longtemps un homme équivoque. Mais ces fameux couplets? Vous m'attendiez là. »

De Bruxelles, l'abbé d'Olivet pousse jusqu'en Hollande. A son retour, il retrouve Rousseau qui, l'enlevant au tourbillon de la capitale, l'emmène pour quatre ou cinq jours en tête-à-tête, aux environs de Louvain, dans un château du duc d'Aremberg, où il lui lit trois odes sacrées qu'il venait d'achever. Il faut encore entendre ici l'abbé d'Olivet; il témoigne devant l'histoire : « Pendant que nous avons été à la campagne, aussi seuls que s'il n'y avoit eu que lui et moi sur la terre, nous parlant du matin au soir et faisant passer en revue toutes ses anciennes connoissances de Paris, je ne lui ai pas vu la moindre aigreur contre les personnes attaquées dans les couplets, excepté M. Saurin et un autre qu'il est inutile de nommer. Bien que je ne sois pas des plus fins, j'aurois dévoilé par quelque petit coin, surtout à la longue, une âme fausse. Mais non, il a toujours cette sorte d'ingénuité qui n'est point rare dans les Parisiens, et il a enté là-dessus une franchise tudesque, bien éloignée du caractère qu'on lui attribue. En un mot, sa conversation m'a beaucoup instruit, car il sait beaucoup, et je l'ai trouvé, au fond, le meilleur homme du monde, pourvu qu'on ne réveille point l'idée de son exil. » Malgré cette réserve, et justement à cause de cette réserve, le témoignage de d'Olivet est ici décisif.

Mais ce n'était pas seulement un auditeur attentif et complaisant que le poëte avait voulu se ménager. Voici ce qu'il attendait encore de celui que la Providence semblait lui avoir envoyé, et pourquoi l'ayant emmené dans ce château solitaire, il l'y tenait, pour ainsi dire, au secret. Il avait commencé par lui faire lire un bref exposé de la vie de Saurin et de sa querelle avec lui ; puis il avait mis sous ses yeux, en original ou en copie certifiée, tous les papiers qui confirmaient ses dires.

Ce mémoire et ces pièces justificatives, il voudrait les voir déposés entre les mains du ministre qui désignerait une personne d'autorité, laquelle appellerait Saurin à l'improviste, le forcerait de lire tous les documents rassemblés et lui demanderait, en échange de sa grâce et du silence du gouvernement, l'aveu du fait, des circonstances et des complices de l'affaire des chansons, à faute de quoi, dans le moment, et avant que de sortir de la « chambre, il seroit chassé et diffamé comme voleur convaincu. » Cet aveu suffisait à Rousseau qui « sera content, pourvu que le gouvernement soit convaincu de son innocence et de l'injustice qui lui a été faite. »

« Au cas que ma proposition soit goûtée, ajoute Rousseau, parlant cette fois à la première personne, je me rendrai à Lille avant l'exécution, sous prétexte d'y voir quelques amis. Le commandant aura un ordre secret de me consigner aux portes ; et si l'événement fait juger que j'ai eu dessein de compromettre le ministre, on saura où me prendre pour me punir, comme le plus indigne et le plus scélérat de tous les fourbes. »

L'abbé d'Olivet accepta la mission de faire parvenir cette proposition, mais il en attendait peu de succès ; il reculait, dans son for intérieur, comme nous l'avons fait nous-même, devant ces deux formidables syllogismes de la haine : Saurin est un fourbe, donc il a fait les couplets. Saurin les a envoyés au café Laurent, donc il en est l'auteur. Disons tout de suite, pour n'y plus revenir, que l'abbé d'Olivet fit de son mieux pour servir son ami, mais sans rien obtenir, et Saurin mourut en emportant son secret dans la tombe.

C'était un peu plus d'un an après cette entrevue, au mois de février 1732, que Jean-Baptiste envoyait à l'abbé d'Olivet le manuscrit des *Aïeux chimériques,* réclamant d'abord ses avis et en second lieu ses bons offices. D'Olivet, en homme de goût et en ami courageux qui a fait ses preuves et donné des gages, répondit par une critique assez sévère de la pièce. Rousseau le remercia, lui redemanda son manuscrit et ne parut pas lui avoir gardé rancune ; car juste dix ans après, en février 1734, il lui envoyait l'*Hypocondre,* tiré d'un original anglais, que Quinault s'était également offert à mettre sur la scène. On ne sait ce qui cette fois encore fit manquer la représentation.

Le théâtre heureusement n'absorbait pas tous les loisirs de notre poëte ; car de cette dernière époque de sa vie datent encore quelques odes qui, sans compter parmi les meilleures du recueil, ont une certaine valeur.

A plusieurs reprises, il eut le dessein d'écrire des mémoires de sa vie, mais il y renonça, peut-être par la difficulté qu'il ne pouvait manquer d'y trouver, peut-être simplement par paresse. Rousseau croyait même, et on verra que dans cette édition nous l'avons pris au mot, que c'était faire un méchant tour à un auteur que de publier tout ce qu'il avait écrit. « Je souffre, écrivait-il à Boutet, le 5 avril 1726, à propos d'une édition des œuvres posthumes de La Fontaine, toutes les fois que je vois dans les ouvrages d'un grand homme quelque chose qui n'est pas digne de lui. C'est trahir les auteurs et le public que de publier indistinctement tout ce qu'ils ont fait. »

Du reste, il ne devait pas être en peine du sort de ses ouvrages : car il posait devant Brossette, et il n'eût pas fallu sans doute pousser beaucoup cet honnête commentateur de Boileau et de Régnier pour qu'il commentât aussi Jean-Baptiste. Il va même au-devant, en écrivant à Rousseau (25 décembre 1736) qu'il a soigneusement recopié ses lettres avec les siennes en regard, et en ajoutant que ses épîtres, qu'il admire beaucoup, gagneraient fort à être éditées avec des notes qui éclairciraient ce qu'il y a laissé d'obscur. Rousseau se récrie, mais il est charmé. Cette correspondance a son côté intéressant, chacun des interlocuteurs s'attachant à tirer de l'autre les souvenirs qu'il a notés. C'est là surtout que l'on saisit les idées et les opinions littéraires de Rousseau. Ce commerce épistolaire avait commencé de bonne heure, dès l'année 1715, et Boileau en fut le trait d'union. Quand on voit Jean-Baptiste se donner pour le disciple de Despréaux, se vanter des conseils qu'il en a reçus; quand on l'entend dire, comme dans cette lettre du 9 juillet 1711 à M. du Lignon : « Quant à la pièce de M. Despréaux (l'*Équivoque,* je crois), je la connoissois déjà par cinq ou six lectures que ce grand homme, qui étoit fort de mes amis, m'en avoit faites avant sa mort; » quand on l'entend se rendre un tel témoignage, on est bien aise de lire dans une lettre de Brossette du 24 avril 1715 : « C'est dans la conversation de ce grand homme et par la préférence qu'il donnoit à vos talents que j'ai commencé à vous connoître. »

A Soleure, Rousseau se tenait un peu à l'écart des affaires du Parnasse. Il n'était pas fâché toutefois d'avoir, à l'occasion,

les nouvelles de ce qu'on appelait alors la république des
lettres. Et quelle plus grosse nouvelle que la querelle renaissante sur les anciens et les modernes? Il était naturellement
du parti des anciens; il y fût entré en haine de Lamotte et
lors même que sa première éducation, ses anciennes relations
avec Boileau, son tempérament, on n'ose aller jusqu'à dire un
sentiment délicat de l'art, n'eussent pas fait d'avance de lui un
partisan de l'antiquité; on dirait volontiers son âge, oubliant
qu'alors il était jeune encore, car dans cette seconde phase de
la lutte, n'était-ce pas toujours cette éternelle querelle de la
vieillesse et de la jeunesse qui s'agitait entre les deux camps?
« M. de La Monnoye me mande, écrivait Brossette, le 24 avril
1715, que toute la jeunesse est déclarée contre le divin poëte. »
Rousseau, on l'a vu, ne prit part à la guerre que par sa belle
ode à Malherbe; il est piquant que le seul monument poétique qui ait mérité de rester de cet épisode de notre histoire
littéraire soit une ode de Rousseau.

Les diverses péripéties de la lutte ramenèrent souvent entre
les deux correspondants le nom et le souvenir de Boileau. C'est
là que se trouve le mot si dur sur *Rhadamiste*; et si Boileau
n'écouta en effet que le premier acte du chef-d'œuvre de Crébillon, il doit lui être pardonné. Mais comment le satirique
qui avait un sentiment si juste du naturel et du vrai comique
se montrait-il à ce point insensible au mérite du *Diable boiteux*?
« Je me souviens, écrit un jour Rousseau à Brossette, le 29
mars 1716, que l'ayant un jour attrapé (le *Diable boiteux*)
entre les mains de son laquais Atis (notez en passant ce nom
du laquais de Boileau), il le menaça en ma présence de le
chasser si ce livre couchoit dans sa maison. » Rousseau lui-
même ne manque jamais de citer le *Diable boiteux*, quand il a à
parler d'un mauvais livre en général. Il le fait dans cette lettre
même que nous venons de citer, quand déjà avait paru la première partie de *Gil-Blas*. Mais *Turcaret* aussi avait paru dès
1707, et le succès qui l'accueillit avait pu éveiller le dépit
jaloux de l'auteur dédaigné du *Flatteur* et du *Capricieux*. Chez

Boileau c'était l'humeur naturelle aux vieillards pour tout ce qui recommence quand ils sont près de finir. De la part de Rousseau, ce ne pouvait être qu'ignorance, il n'avait pas lu le *Diable boiteux*. Rien ne prouve mieux combien, en plein xviiie siècle, il était resté du xviie, que cet acquiescement aux jugements de Boileau, surtout à celui qui leur est commun sur une scène de l'*Andromaque*. « Je suis entièrement, écrit Rousseau à Brossette le 30 septembre 1716, du sentiment de M. Despréaux sur la dernière scène de l'*Andromaque*, et j'ai toujours condamné cette scène en l'admirant, parce que, quelque belle qu'elle soit, elle est plutôt dans le genre comique ennobli que dans le genre tragique. » Après l'avoir relue nous-même, nous n'avons qu'un regret, c'est de trouver si rarement dans Racine de ces scènes écrites avec une noble familiarité. Mais après cela, explique qui pourra l'indulgence de Boileau et l'admiration de Rousseau pour Régnier que le lyrique (mais Régnier était aussi un satirique) appelle un poëte excellent et ailleurs un des plus beaux ornements de notre langue. « Nous n'avons rien dans notre poésie, écrivait-il le 24 décembre 1718 à Brossette, qui soit plus digne de la postérité. » Il avait donc gardé sous la noblesse un peu affectée de son talent un dernier reste d'inspiration gauloise. Ceci apparaîtra mieux encore dans une circonstance que nous allons rapporter.

Au commencement de 1731, M. de Chauvelin, maître des requêtes et inspecteur de la librairie, écrivit à Brossette qu'une société de libraires se proposait de donner une édition in-4º des œuvres de Molière avec figures, et qu'ayant appris que Brossette avait réuni sur l'ami de Boileau un grand nombre de notes, il lui demandait ces notes pour l'édition nouvelle. Brossette, de son côté, écrivait à Rousseau que ces notes étaient des souvenirs sur la vie de Molière recueillis par lui dans les conversations de Boileau et un travail sur les originaux où Molière avait puisé. Mais en entrant dans la pensée de Chauvelin, il se souvient que Rousseau lui écrivait à lui-même qu'il avait, lui aussi, ouï raconter à feu M. Despréaux bien des particularités sur Molière; il a eu le malheur de les oublier, mais il a toujours eu la pensée de réunir dans une dissertation ses réflexions sur les comédies de Molière, et Brossette lui demande cette dissertation. Chauvelin lui-même, qui avait dans l'édition projetée une part plus grande qu'il ne voulait le paraître, écrit directement à Jean-Baptiste pour obtenir de lui que cette dissertation serve de préface à l'édition nouvelle, et réclamer deux farces encore inédites que le poëte aurait recueillies, on ne sait où, comme une curiosité. Rousseau se contenta de répondre à Chauvelin par une lettre qui, à la rigueur, pouvait tenir lieu de la dissertation qu'il ne devait jamais écrire, mais il lui refusait les deux farces qu'il jugeait indignes du génie de Molière.

Quant à ces deux farces[1], c'étaient, dans l'opinion de Rousseau qui ne pensait pas que Molière les eût jamais écrites, deux de ces canevas sur lesquels, dans sa vie errante, Molière improvisait. Disons, pour en finir, que Brossette ne put remettre la main sur ses notes, que Rousseau n'écrivit pas sa dissertation, et que l'édition projetée se fit sans eux.

C'est par Brossette que Jean-Baptiste Rousseau fut rapproché de Louis Racine. Il avait pu le rencontrer tout jeune chez Despréaux, pour lequel le second fils de Racine avait un respect filial. Mais il dit n'avoir connu que l'aîné. La poésie de Louis Racine, écho lointain et très-affaibli de celle de l'auteur d'*Athalie*, devait être du goût de Rousseau, qui eût volontiers admiré jusqu'au poëme de la *Grâce*, froid prélude de celui de la *Religion*. Louis Racine accueillit d'abord avec une réserve dont il lui resta toujours quelque chose les avances de Rousseau; il admirait sincèrement le poëte, mais il gardait d'anciennes préventions contre l'homme. Cependant, comment ne

---

1. C'étaient *le Médecin volant* et *la Jalousie du Barbouillé* qui ne furent imprimées qu'en 1819 par le libraire Desoër, mais qui depuis ont été recueillies dans toutes les bonnes éditions de Molière. Voir celle de la présente collection.

pas répondre avec une politesse empressée à quelqu'un qui proclamait Jean Racine le plus grand homme qu'ait eu la France, et qui se trouvant à Londres à l'époque où l'on y imprimait une édition du tragique, avait été sur le point d'y faire comprendre le poëme de la *Grâce?* Ce ne fut cependant que huit ans après la mort de Rousseau que Louis Racine, chargé par les héritiers de Brossette d'examiner le recueil de sa correspondance avec le poëte, trouva dans cette correspondance « une candeur et une franchise qui, dit-il (1ᵉʳ février 1749), m'ont fait connoître le cœur d'un homme dont j'avois toujours admiré l'esprit et ont dissipé entièrement mes anciens préjugés. »

Mais avant même cette révélation posthume, Louis Racine était disposé à recevoir des impressions meilleures. Il lui en coûtait d'en garder de défavorables contre un homme qui avait eu Boileau pour parrain; qui avait *appris à lire* dans les œuvres de son père, et écrivait lui-même de si beaux vers chrétiens, lesquels sont comme le lien un peu lâche qui rattache aux chœurs d'*Athalie* le poëme de la *Religion*. Il s'était mis en quête auprès de ceux qui, ayant bien connu Rousseau, pouvaient en parler avec autorité, et il avait été heureux de leur entendre affirmer « que Rousseau n'avoit jamais rougi de sa naissance; qu'il répétoit toujours qu'il étoit né comme Horace, et qu'il n'a jamais coûté de larmes à son père, que des larmes de joie. Que Rousseau ne fut jamais l'auteur d'une pièce de vers très-impie dont on doit oublier jusqu'au titre, et qui lui fut attribuée, parce qu'on lui attribuoit alors tous les vers scandaleux et qu'il y avoit donné lieu, ce qu'il a toujours avoué en rougissant. »

Voilà le témoignage de Louis Racine et on peut dire du monde honorable et éclairé où il vivait; mais il n'en était pas encore là, quand il eut avec Rousseau ces premières relations par lettres dont quelques pages intéressantes sont venues jusqu'à nous. Ces lettres roulaient habituellement sur le poëme de la *Religion,* que Rousseau presse Racine de publier, et que ce dernier ne devait jamais avoir la joie de voir imprimé. L'innocent Racine avait des attaches du côté de Port-Royal, et des vers sérieusement composés par lui sur des matières religieuses étaient plus sévèrement examinés que les impiétés mêmes de Voltaire.

Un peu plus qu'indulgent envers le poëme de Louis Racine, Jean-Baptiste Rousseau n'est que juste pour Gresset dont il goûte la muse ingénieuse et piquante; les lettres qu'il écrivit à M. de Lasseré et au père Brumoy au sujet de la *Chartreuse* et du *Vert-vert*, qu'il ne craint pas d'appeler des phénomènes littéraires, ont été ajoutées depuis à toutes les éditions de l'aimable poëte. Le maître lui reprochera sans doute plus tard d'avoir trop bien suivi les conseils qu'il lui fait donner, lorsque Gresset, changeant de héros, oubliera les perroquets pour les rois, et écrira sa froide tragédie d'*Édouard III*.

Très-sensible à l'amitié de Sénecé et à son talent délicat, il parle des chansons de Vergier en homme qui a été du Temple, mais qui redoute aujourd'hui de se souvenir de ses contes.

Écrivain de demi-teinte lui-même, il ne hait pas La Chaussée, et il y a un moment où il ne voit plus que l'auteur de l'épître à *Clio* qui fasse des vers à sa fantaisie, sans trop le surfaire toutefois : « Il n'a point encore frappé à la porte de la comédie, » écrivait-il à Desfontaines, le 4 août 1737, après l'*École des amis*.

Il est sévère pour Destouches, un peu tiède pour le père Ducerceau, malgré son amitié pour le père Tournemine ; il sent médiocrement le mérite des fables de Lamotte, la douceur assez racinienne d'*Inez*, et ne veut voir dans le succès d'un vieil ennemi que le triomphe d'un ancien ami, de l'acteur Baron qui, « comme le cygne du Méandre, chante son agonie très-mélodieusement. » Il prenait plus en patience la mort de Palaprat que les succès de Lamotte. « J'ai appris la mort de Palaprat, écrivait-il le 20 janvier 1721. Je l'ai regretté comme un bel esprit. J'aurois fort souhaité le pouvoir regretter comme un ami solide. » Cette courte et froide oraison funèbre nous aide à reconnaître Palaprat dans ce passage d'une lettre écrite à Boutet trois ans auparavant, le 24 août 1718 : « A l'égard de P., à Dieu ne plaise que je le regarde comme mon ennemi ; mais je le regarderai toujours comme un homme qui veut être l'ami du genre humain et qui fait plus de cas de la réputation d'ami fidèle que de la fidélité. »

Une place à part, dans la correspondance de Rousseau, est due à une longue lettre adressée à l'acteur Riccoboni qui lui avait envoyé ses réflexions historiques et critiques sur les théâtres de l'Europe et ses pensées sur la déclamation. Cette lettre pleine de sens fait regretter que Rousseau n'ait pu prendre sur sa paresse d'écrire cette dissertation sur Molière. La réponse est digne de la lettre de Rousseau. Lélio ne se méprit pas sur l'intention secrète du poëte, lorsqu'il lui demanda la permission de rendre sa lettre publique. Ce sont de ces choses qu'un auteur écrit toujours pour être imprimées, et qui vont au public par-dessus la tête du correspondant. Rousseau, qui n'avait pas eu au théâtre un seul succès véritable, n'était pas fâché sans doute de montrer à ses critiques qu'il avait beaucoup réfléchi sur l'art dramatique. Riccoboni avait, dans son ouvrage, attaqué les *Confidents*. Rousseau, sans trop prendre leur défense, montre cependant que sur la scène grecque ils avaient leur raison d'être, leur côté vrai, naturel, intéressant ; le tout serait de n'en pas faire abus. Relevons aussi cette fine et juste remarque sur l'unité de lieu : « Il en naît, à mon avis, deux très-grands inconvénients pour la tragédie : l'un qu'il est presque impossible que la plupart des scènes ne soient tirées aux cheveux pour les amener dans une seule chambre, l'autre que cette séduction fait d'une action qui doit être publique une action privée, où tout se passe, pour ainsi dire, sous la cheminée, ce qui ôte à la tragédie beaucoup de sa majesté ; ou bien que si la scène étoit publique, comme chez les anciens, les acteurs s'y introduiroient plus naturellement. Mais il faudroit pour cela, ajoute-t-il, et ce mot date la lettre, bannir à perpétuité les spectateurs du théâtre. »

Cependant Jean-Baptiste Rousseau sentait peu à peu la

vieillesse venir et avec elle les infirmités. En 1738, il avait soixante-neuf ans. Dans les derniers jours de janvier, il éprouva une première attaque. Voici comment il la raconte lui-même, dans une lettre adressée de Bruxelles à Boutet le fils, le 16 février 1738 : « Il y a aujourd'hui trois semaines que, me trouvant à table chez notre gouverneur, je m'aperçus tout d'un coup que mon corps penchoit considérablement du côté gauche. Le prince de Latour, sur qui j'étois près de tomber, fut effrayé, et m'obligea de prendre un carrosse pour aller chez moi, où je fus d'abord saigné. Le lendemain, on me fit prendre l'émétique et on me trouva dans un état si dangereux, qu'on me proposa les sacrements, que j'eus le bonheur de recevoir. » Ajoutons ce que Rousseau ne croit pas devoir dire ici, que, dans cette occasion solennelle, il protesta de nouveau de son innocence. Trois semaines plus tard, il allait mieux, mais la paralysie persistait et il fallait, c'est lui qui le dit, le soigner comme un enfant.

Tout ce qu'il y avait de plus distingué à Bruxelles s'empressa autour du malade et se succéda dans sa chambre. Il avait gardé la pleine possession de son intelligence, et rien ne le prouve mieux qu'une ode qu'il adressa alors au comte de Lannoy, le gouverneur de la province, chez qui la paralysie était venue le surprendre : « Elle est le fruit, dit-il en parlant de cette ode, dans une autre lettre à Boutet, datée du 13 juillet 1738, d'une insomnie opiniâtre, causée par un mal dont je n'ai pu dissiper l'ennui que par la peinture des symptômes qui l'accompagnoient. » Il y a dans cette ode d'heureuses strophes et des images vigoureuses qui font penser au premier des Vernet se faisant attacher au mât d'un navire pour peindre la tempête.

Ce fut, on a lieu de le croire, pendant cette convalescence, entourée de tant de soins et d'empressements, que le peintre Aved fit le portrait de Jean-Baptiste. L'amitié l'avait, des premiers sans doute, amené au chevet du convalescent, et le trouvant si cruellement frappé, il craignit que la mort ne l'enlevât avant qu'il n'eût le temps de conserver de lui une image digne de son talent et de la renommée de l'un et de l'autre.

Rousseau ne haïssait pas de voir répandre son image. Dès 1716, Brossette lui avait demandé son portrait et l'avait obtenu pour un ami, M. Mazard, occupé de former à Lyon une galerie de personnages célèbres.

En 1728, on le voit remercier chaleureusement du Tillet de l'avoir mis sur son *Parnasse,* et discuter la ressemblance de son médaillon. Il a beau dire que son meilleur portrait est dans ses vers, il n'en a pas moins écrit à du Tillet, le 28 août 1728 : « Quant à la ressemblance dont je ne suis pas en état de juger, plusieurs personnes de goût qui me sont venues voir ce matin m'ont assuré qu'elle étoit infiniment plus juste sur votre bronze que sur l'original, dont la bouche que vous avez fort judicieusement changée étoit ridicule. Le dessinateur, pour son excuse, disoit que son dessein étoit de me représenter en homme qui parle, et je l'avois laissé faire. » Il ajoute un peu plus bas : « On a seulement trouvé le nez si peu que rien trop long; mais ce peu de trop est presque insensible. »

En 1737, c'est encore du Tillet qui lui demande son portrait. Rousseau profite du passage à Bruxelles d'un peintre en miniature appelé Odièvre, pour satisfaire à la fois du Tillet et Boutet de Monthéry qui avait bien droit aussi à cette marque de souvenir.

Mais le vrai portrait de Rousseau, c'est Aved qui le fera, ou, pour mieux dire, qui l'a fait. Ce portrait le représente entouré de livres, assis devant une table, tenant un manuscrit dans la main gauche, et dans la main droite une plume. C'est bien le poëte lyrique de cabinet. La physionomie est ouverte, le regard assuré, la lèvre inférieure un peu sensuelle et légèrement affaissée, un reste de la paralysie. « Je suis de ceux, écrivait-il à Brossette, quelque vingt-cinq ans auparavant, qui attendent l'inspiration et qui ne la cherchent pas. » Le peintre le saisit sans doute, un jour où il venait de faire quelque aveu de ce genre. Cependant, fidèle à son ancienne pensée, le poëte le prie de mettre au bas de l'estampe qui devait être faite de son tableau, et qui fut exécutée en 1740, ce vers de Martial dont la dernière stance de l'ode à la *Postérité* n'est que la périphrase :

Certior in nostro carmine vultus erit.[1]

Cependant la robuste constitution de Jean-Baptiste avait assez rapidement pris le dessus, et six semaines après ce sévère avertissement de la vieillesse et de la mort, le poëte avait repris ses habitudes mondaines et dînait en ville.

Cette première et redoutable atteinte dut stimuler chez lui le secret désir qu'il nourrissait depuis quelque temps de revoir la France. L'image de la patrie absente était venue le visiter et n'avait plus retrouvé en lui cette hautaine indifférence qui n'était sans doute, au début de l'exil, qu'un déguisement de la rancune et du d´pit. Dès 1736, il avait eu la pensée de solliciter un sauf-conduit pour se rendre à Paris. Le refroidissement du duc d'Aremberg avait achevé de lui rendre pénible le séjour de Bruxelles. Le sauf-conduit ne venant pas, il s'humanisa jusqu'à vouloir profiter de ces anciennes lettres de rappel si fièrement repoussées en 1716. Mais le comte de Breteuil était mort, et nul ne savait ce que les lettres étaient devenues. Rousseau eût permis alors que ses amis en sollicitassent de nouvelles. « J'en passerai, écrit-il le 15 décembre 1736, par tout ce que nos amis jugeront à propos de faire pour moi. » L'affaire traîna, et dans l'intervalle il obtint un sauf-conduit pour aller lui-même, s'il le pouvait encore, arranger son affaire. Dans les derniers jours de novembre 1738, il se mit en route pour Paris sous un nom supposé, et descendit chez le peintre Aved, dont l'amitié était encore un des bienfaits du comte du Luc. De retour à Bruxelles, il écrivait à son hôte (10 mai 1739) : « Vous êtes le seul, monsieur, qui m'ayez détrompé d'une opinion que j'ai toujours eue, et que l'expérience confirme tous les jours, qui est qu'il n'y a point d'amitié qui tienne contre deux mois de séjour passés sous le même toit. Vous ne vous êtes pas ennuyé de moi qui m'étois ennuyeux à moi-même. »

1. Livre VII, ép. LXXXIII.

Le comte du Luc était lui-même à Paris, à cette époque, et c'était sur lui que Rousseau avait principalement compté pour lever les derniers obstacles. Il ne paraît pas qu'il ait répondu à tout ce que Rousseau attendait de son ancienne bienveillance. D'autres amis ne lui prêtaient pas non plus un appui bien chaud. « Je n'ai trouvé qu'en vous, écrivait-il de Paris même à Boutet e fils, le 29 janvier 1739, ce qui s'appelle réalité, tout le reste n'a été qu'illusion dont mes amis se sont bercés et qu'ils ne m'ont que trop facilement communiquée. Le songe a duré trop longtemps. Je suis bien éveillé, quoique tard, et il est juste que je communique mon réveil à mes véritables amis ; je me dispose au départ. »

C'est dans ces sentiments que le pauvre Rousseau reprenait, au commencement de février, le chemin de Bruxelles. Un séjour de deux mois à Paris avait suffi pour lui ouvrir les yeux sur l'impuissance de sa dernière tentative. En quittant Paris, il laissait à Boutet, qui l'avait généreusement assisté dans sa maladie, ces tableaux dont il lui avait parlé, à une autre époque : il commençait à régler ses derniers comptes.

Pendant ce séjour en France, il avait eu occasion de voir Rollin qui fit même pour lui quelques démarches. Déjà en 1732, le bon recteur lui avait offert un volume de ses débonnaires histoires, et Rousseau l'en remercia par une lettre grave, sincère, et où il l'exhortait vivement, contrairement à d'autres avis dont Rollin s'était senti troublé dans son humilité, à ne rien retrancher des sages réflexions que le doux historien mêle partout à son récit. L'année suivante, c'était Rollin qui, à son tour, le pressait de ne pas se borner à la vie de l'honnête homme et à pousser jusqu'à l'austérité de la vie vraiment chrétienne ; et Rousseau répondait en homme digne d'être pressé ainsi. Plus tard encore, et à l'occasion de son ode sur la Paix, Rousseau avait à se justifier auprès de Rollin et de son ami, cet abbé d'Asfeldt en qui M. Villemain découvrait un jour un si charmant écrivain, d'avoir introduit dans ses vers les divinités de la Fable. Rousseau se défend par le précepte et par l'exemple de l'ancien et illustre ami de Rollin, de M. Despréaux. Tout ce qui précède expliquera comment il se fit que Rousseau, arrivant à Paris, y chercha Rollin. Celui-ci n'eut pas assez de crédit auprès des puissants du jour pour obtenir le rappel de son ami; mais il en eut assez auprès de son ami lui-même pour en obtenir un acte qui l'honore et qui prouve que les conseils de 1733 avaient porté leurs fruits. Le fait est certain, et Louis Racine, qui nous l'apprend, le tenait de Rollin lui-même. « Il vit plus d'une fois M. Rollin, dit Louis Racine, et lui montra un jour son testament. Le testament d'un homme qui ne possède rien n'est pas long. En faisant le sien, le principal objet de Rousseau avoit été d'y déclarer son innocence. Il y répétoit ce qu'il avoit dit à Bruxelles, aux approches de la mort; mais il y ajoutoit le nom de l'auteur des couplets. M. Rollin, de qui j'ai appris cette particularité, lui représenta que s'il étoit innocent, il avoit raison de mettre tout en œuvre pour faire connoître son innocence; mais que la religion ne lui permettoit pas de nommer le coupable, quand même il seroit sûr de ne pas se tromper. Rousseau, docile à cette remontrance, supprima son testament. » Il faut lire ici évidemment cette partie de son testament, car il en fit un.

A cette anecdote Louis Racine en ajoute une autre non moins curieuse. Les préventions que nous avons trouvées jusque dans l'âme confiante de Racine avaient gagné même ses hôtes de Paris, ou peut-être M. et Mme Aved cherchaient-ils, par des arguments irrésistibles, à détruire ces préventions chez les autres. Ils observèrent de près, disons le mot, ils épièrent leur hôte. Plusieurs fois, quand il se croyait bien seul dans sa chambre, ils voulurent l'y surprendre et l'y trouvèrent en prière. Il faut se réjouir du résultat de l'enquête. Mais fallait-il que les préventions fussent fortes et générales pour que l'honnête Aved dût recourir envers un hôte à de tels moyens, afin de convaincre les autres et peut-être se convaincre un peu lui-même!

De retour à Bruxelles, Rousseau n'y rencontra plus les mêmes agréments: il avait entrevu Paris! et, malgré la corruption croissante qu'il y avait remarquée, malgré la vie à demi cachée qu'il y avait menée, il en avait emporté une image qui lui décolorait Bruxelles. Et puis cette mort qui n'avait fait que l'avertir lui-même avait frappé de rudes coups autour de lui et dans le groupe de ses amis les plus chers. Je ne parle pas du prince Eugène, qui n'en était plus, et qui était parti le premier, dès 1737. Mais au mois d'août de cette année, il eut à déplorer la perte de M. Boutet, et pour croire que Rousseau fût insensible, il faudrait n'avoir pas lu les lettres, n'avoir pas entendu le cri de détresse que lui arracha d'abord la nouvelle de la dernière maladie, ensuite celle de la mort de son vieil ami. Il ne veut pas que le fils même de Boutet soit plus désespéré que lui de la perte d'un tel père. Relevons encore dans les lettres de cette époque et sur le même sujet cette charmante parole qu'on n'eût guère attendue de lui : « Il y a longtemps que j'ai prouvé en vers que les trois quarts de l'esprit sont dans le cœur. » L'avait-il bien prouvé en effet ? Beaucoup en douteront, et nous serions tenté nous-même d'en douter, même après la longue et attentive révision que nous venons de faire de toutes ses œuvres. Mais cette preuve qu'on a peine à découvrir sous les artifices de la versification et du style, ce mot nous la fournit et il s'en faut contenter.

L'année suivante, Jean-Baptiste perdait encore un ami, le prince de Latour « chez qui, écrit-il à Racine, le 17 novembre 1739, je passois les plus agréables heures de ma vie. »

Il lui restait un dernier coup à recevoir. Au mois de juillet 1740, il apprenait la mort du comte du Luc qui, d'attaque en attaque, avait poussé jusqu'à sa quatre-vingt-septième année. Rousseau le pleura sincèrement comme un bienfaiteur constant qui, le premier, lui avait fait retrouver la France à l'étranger, et lui avait adouci la première, la plus amère des heures de l'exil.

La nouvelle de cette mort lui arriva à La Haye, où il était allé, pour essayer de combattre le mortel ennui où le plongeait un isolement auquel il n'était plus accoutumé. On se demande quelles ressources la Hollande pouvait lui fournir à cette époque. Aussi, dès la fin de septembre, il se rembarquait, rapportant, écrivait-il à Louis Racine, une santé plus déplorable qu'il ne l'avait en partant.

Il avait grand besoin d'être égayé. La Providence, sur laquelle il a écrit une belle page (lettre à Boutet, 20 décembre 1729), lui envoya Piron. Ils s'étaient déjà vus dans un premier voyage que fit à Bruxelles, en 1738, l'auteur de la *Métromanie*. Il faut bien le dire, Piron qui, dans ce premier voyage, avait beaucoup vu Rousseau et qui apportait sa bonne part des préventions de tout le monde, eut bien de la peine à en guérir, si même il en guérit; il le trouvait affaibli par la maladie, et « n'ayant presque plus vaillant du renard [1] que la peau dans laquelle il mourra, et gardant cependant encore, comme il le dit aussi, son masque éternel.[2] »

Il fait de Rousseau la triste description que voici [3] : « Il va et vient partout, s'ajuste encore soigneusement, et, malgré la pesanteur et la caducité visible où l'a jeté son apoplexie, il porte une perruque à cadenettes très-coquette et qui jure parfaitement avec un visage détruit et une tête qui grouille. Il m'a dit que, pour fermer sa carrière, il composoit une ode à la Postérité. Gare que cet écrit *in extremis* n'aille pas à son adresse, où ne soit renvoyé, dans nos fastes littéraires, au chapitre *De frigidis et maleficiatis*. Tout ce latin veut dire en bon françois qu'il y a, je crois, bien de la différence de nous aux cygnes, et que le chant d'un moribond ne va pas loin. »

Voilà donc le véritable original du mot dont on a fait honneur à Voltaire. Juste ou non, Voltaire a pu le dire aussi; ce sont de ces mots qui viennent d'eux-mêmes; mais il est certain que Piron, qui était en fonds, ne le dit pas d'après Voltaire.

Piron continue sur le même ton; à l'entendre, Rousseau ne

---

1. *OEuvres inédites de Piron*, publiées par Honoré Bonhomme, Paris, Poulet-Malassis, 1859, p. 6.
2. *Ibid.*, p. 7.
3. *Ibid.*, p. 7.

le quittait pas, et l'accablait, du matin au soir, disant du mal de tout le monde. Mais Piron qui avait peur, et il en convient, que son tour ne vînt quand il serait parti, ne prend-il pas un peu les devants? Malheureusement encore, il y a une petite raison à toutes ces épigrammes. Je la trouve dans la phrase que voici de la même lettre :

« Il m'a entretenu longtemps de ses trois dernières épîtres d'il y a deux ans, et je lui ai prêté l'attention la plus flatteuse, sans que cela m'ait mérité des représailles quand il a été question de la *Métromanie*. » Ah! poëte, on vous y prend. Certes, la *Métromanie* vaut mieux que toutes les épîtres et surtout que les comédies de Rousseau. Mais la froideur de celui-ci ne devait pas faire oublier à Piron qu'ils avaient été, l'un comme l'autre, victimes de l'injustice ou de la cruauté des hommes, et que s'il s'était vu, lui, fermer les portes de l'Académie pour un tort grave de jeunesse, il y avait trente ans que Rousseau expiait par l'exil une faute beaucoup moins prouvée. Ajoutez que Rousseau s'exprimait partout dans les meilleurs termes sur le compte de Piron. C'est ce dernier qui nous l'apprend.

Quoi qu'il en soit, Rousseau se réjouit fort de le voir revenir : « Je possède ici depuis quelques jours, écrivait-il à Louis Racine, le 24 juillet 1740, un de mes compatriotes du Parnasse, M. Piron, que le ciel semble m'avoir envoyé pour passer le temps agréablement dans un séjour où je ne fais qu'assister tristement aux plus grands repas du monde. M. Piron est un excellent préservatif contre l'ennui; mais il retourne à Paris dans huit jours, et je vais retomber dans mes langueurs. »

Rousseau, avons-nous dit, était cette fois à La Haye, lorsque Piron arriva à Bruxelles, où Voltaire était; ce dernier s'y trouvait encore lorsque Jean-Baptiste revint, car Piron écrit : « Entre autres âmes damnées que la Providence a confinées ici, il y a Rousseau, Voltaire et moi. Ce n'est pas là un trio de baudets, non plus que trois têtes dans un bonnet. Nous logeons tous les trois porte à porte. » Malgré ce voisinage, il est à peu près démontré que Rousseau et Voltaire ne se rencontrèrent pas. Le

Commentaire historique dit cependant le contraire, et raconte comme quoi Rousseau ayant lu à Voltaire son ode à la Postérité, celui-ci lui aurait répondu le mot que Piron raconte comme de lui. C'est probablement pour amener ce mot que Voltaire dit ou laisse dire qu'il a vu Rousseau dans ce second voyage. Mais c'est Voltaire lui-même qui, dans une de ses lettres, dit presque formellement qu'ils ne se virent pas. Pour en revenir à Piron, il assure que « Voltaire se contient beaucoup devant lui sur le chapitre de Rousseau, » et il ajoute que Voltaire ne se refuserait peut-être pas à un accommodement, si les amis de Rousseau le voulaient bien. Que ceux-ci y aient mis peu d'empressement, ou que la dévotion croissante de Rousseau ait été le véritable obstacle, le rapprochement préparé par le hasard ne s'effectua point. Quant à la façon un peu leste dont Piron parle de « l'âme damnée » de Rousseau, il est bon d'opposer à ce qu'il dit ici ce qu'il écrivait lui-même à Mme de Mimeure, à l'époque du premier voyage, que « la piété de Rousseau lui a paru solide et sincère. » On a pu dire, pour affaiblir ce témoignage, que Piron écrivant à une dame très-pieuse elle-même et dont les bontés pour Rousseau ne s'étaient jamais démenties, avait dû le ménager beaucoup, et craindre, s'il en parlait comme à Mlle de Bar, d'enlever à un exilé moribond ses dernières ressources; la brusque et honnête franchise de Piron dément d'avance tous ces calculs et laisse tout le bénéfice de l'aveu à celui que, vingt-cinq ans plus tard, Piron lui-même, dans une lettre à M. Maret, appellera l'immortel Rousseau.

Ce dernier écrivait à Louis Racine, le 25 septembre 1740 : « Ma santé, monsieur, est dans un état de décadence qui ne m'annonce rien de moins qu'une fin prochaine et une fin douloureuse; et, qui pis est, sans aucune ressource pour m'aider à sortir de la vie, comme j'en manque pour y rester. » Il est évident qu'il s'agit ici des secours spirituels. Cette détresse de son âme, dont il se plaint ici à Louis Racine, est vivement exprimée dans quelques lettres adressées à un chanoine d'Anvers, qui n'ont d'intérêt que par ce seul côté, mais il est grand, et par là elles méritaient qu'Amar ne les eût point écartées de son recueil. A défaut d'un confesseur éclairé que Bruxelles ne lui offrait pas, Rousseau lisait La Rue et Bourdaloue. Comme son maître et son devancier, le vieux Malherbe, il avait besoin qu'on lui parlât du paradis en beau langage.

Cependant il était retourné à La Haye, où il vivait plus économiquement, son revenu, il l'a assez dit, ayant diminué. « Je ne dépense rien ici, écrit-il assez plaisamment, le 3 mai 1740, à son ami Boutet de Monthéry, et à Bruxelles peu, grâce aux bontés de M. le comte de Lannoy, chez qui je fais la meilleure chère du monde, en attendant que je devienne assez riche pour la faire mauvaise. » Mais il s'ennuyait fort à Bruxelles, il le dit sur tous les tons; il ne s'amusait guère plus à La Haye. La Providence lui dépêcha Piron une dernière fois : « M. Piron, écrit-il à son ami Aved, le 4 août 1740, vient d'arriver à propos pour faire diversion à l'ennui de ce séjour batavique, insupportable à tout autre qu'un Hollandois. »

Il avait écrit à Racine, que sa prochaine lettre serait datée de Bruxelles. Hélas! il y devait arriver hors d'état d'écrire désormais à personne. On le crut mort pendant le voyage qui eut lieu au mois d'octobre.

« En allant de La Haye à Bruxelles, écrit à Brossette, le 15 janvier 1741, Racine qui tenait ces détails du domestique de Rousseau, le fidèle Parmentier, il tomba en apoplexie. Il fut transporté à Anvers, où il resta dans un lit d'auberge, privé de l'usage de ses membres et même de la parole. Il ne lui restoit qu'une foible connoissance qu'il ne manifestoit que par signes. » Le hasard lui avait donné pour compagnon de voyage le père Berruyer, auteur de l'*Histoire du peuple juif,* dont il avait lu, neuf ans auparavant et avec indignation, le premier volume qu'il traitait de roman. Ce fut ce père pourtant qui le confessa; mais que dut penser le pauvre Rousseau en le reconnaissant, s'il le reconnut, lui si délicat sur le choix de ses confesseurs? Il reçut les sacrements avec toutes les marques d'une vraie piété. L'apoplexie dégénéra en paralysie, et, sans le secours d'un ami, de Boutet sans doute, qui apparaissait toujours au bon moment, la misère eût ajouté ses tristesses à celles de la maladie. Il put, à la longue, être transporté à Bruxelles, où il s'éteignit doucement le 17 mars 1741, âgé de soixante-douze ans. Tout ce qu'il y avait de plus distingué à Bruxelles s'empressa à ses funérailles.

Contrairement à ce qu'ont dit certains biographes, il fut enterré dans l'église des Petits-Carmes, et l'épitaphe suivante fut gravée sur sa tombe :

>HOC IN TUMULO QUIESCIT
>JOHANNES-BAPTISTA ROUSSEAU
>GALLORUM
>UT ET ÆVI NOSTRI VATUM
>MERITO PRINCEPS
>LIVORIS SCOPUS
>CALUMNIÆ VICTIMA
>UTRIUSQUE VICTOR
>VIVERE DESIIT
>NON MORITURUS
>BRIVÆ AD SENULAM XVI CAL. APRILIS
>CIƆIƆXLI.

L'heure du repos n'était pas encore venue pour l'infortuné Rousseau. Près d'un siècle plus tard, l'église des Petits-Carmes fut démolie; mais Bruxelles lui demeura amie après sa mort, comme elle l'avait été de son vivant, et, par l'ordre du roi Léopold, ses restes furent transportés dans l'église des Sablons. La même pierre, je crois, les couvre encore, et une table de marbre placée au-dessus, dans le mur, porte l'inscription que voici :

Ici ont été déposés, par l'ordre de S. M. Léopold Ier et par les soins du Ministre de l'Intérieur J. B. Nothomb, les restes mortels du poète J. B. Rousseau, né a Paris le 6 avril 1670, mort en exil, a Bruxelles, le 17 mars 1741.

Parmi les arrière-petits-fils de ceux qui furent, dans le dernier siècle, les hôtes illustres de J. B. Rousseau, plus d'un a pu, dans le nôtre, continuer l'œuvre hospitalière et appeler sur les restes du grand poëte les regards bienveillants du roi des Belges.

Vers le temps de sa mort, Louis-Racine lui appliquait à lui-même ce vers d'une de ses odes :

Il meurt enfin peu regretté.

Mot bien cruel dans cette bouche, mais que Racine devait racheter, sans l'effacer, hélas! par celui-ci qui exprime, je crois, son opinion finale : « Oui, soyez-en persuadé, Rousseau étoit un honnête homme. »

Mais sa véritable oraison funèbre est dans une lettre de Voltaire à Séguy que Rousseau mourant avait chargé de publier une nouvelle édition de ses œuvres. Cette lettre est du mois de septembre, et il faut la lire dans l'original, l'éditeur de Kell y ayant fait divers changements, inutiles à relever ici.

Nous n'en détacherons que quelques lignes : « J'ai été malheureusement au rang de ses ennemis les plus déclarés. Je vous avouerai même que cette inimitié pesait beaucoup à mon cœur. J'ai toujours pensé, j'ai dit, j'ai écrit que les gens de lettres devraient tous être frères. Ne les persécute-t-on pas assez? faut-il qu'ils se persécutent encore eux-mêmes les uns les autres? Il semblait que la destinée, en me conduisant à la ville où l'illustre et malheureux Rousseau a fini ses jours, me ménageât une réconciliation avec lui.

« L'espèce de maladie dont il était accablé m'a privé de cette consolation que nous avions tous deux également souhaitée. L'amour de la paix l'eût emporté sur tous les sujets d'aigreur qu'on avait semés entre nous. Ses talents, ses malheurs, ce que j'ai ouï dire de son caractère et sa mort, ont banni de mon cœur tout ressentiment et n'ont laissé mes yeux ouverts qu'à ce qu'il avait de mérite. »

Voltaire avait de ces retours magnanimes, mais ils duraient peu. Si son cœur fût toujours resté à la hauteur de cette noble lettre, il eût corrigé dans ce sens le *Temple du goût* et le *Siècle de Louis XIV*. Mais ces deux ouvrages continuèrent à porter jusqu'au bout les marques trop manifestes de cette inimitié que Voltaire semble pourtant regretter ici avec une entière sincérité.

Quant à ce qu'il dit de la maladie de Rousseau qui aurait empêché la réconciliation souhaitée de part et d'autre, il faut citer encore ce passage d'une lettre de Rousseau à Boutet de Monthéry, le 3 janvier 1740 : « Vendredi dernier, M. de Voltaire et Mme la marquise du Châtelet vinrent à la porte de la maison où je passe ordinairement mes soirées : ils demandèrent si j'y étois; on leur dit que oui, ils s'en retournèrent. Je n'en userai pas de même. Je ne dois ni les fuir ni les chercher. Si je les rencontre, je les saluerai s'ils me saluent, et je leur répondrai s'ils me parlent; c'est, je crois, ce qu'il y a de mieux à faire avec des concitoyens de hasard. »

En écrivant cette nouvelle vie de Jean-Baptiste Rousseau, nous avons cherché avant tout à être juste envers le poëte et envers l'homme, n'étant ni de ceux qui, dans le siècle dernier, l'auraient appelé le grand Rousseau, ni de ceux qui, aujourd'hui, cèdent trop aisément à la tentation de le rabaisser. Ce n'est pas, croyons-nous, l'élever trop au-dessus de sa véritable valeur que de dire : A une époque où un poëte lyrique était impossible, il eut la plupart des qualités qui suppléent jusqu'à un certain degré l'inspiration, mais sans la remplacer jamais.

ANTOINE DE LATOUR.

Montmorency, juillet 1868.

APPENDICE.

ODE

DE LEFRANC DE POMPIGNAN

SUR LA

MORT DE J. B. ROUSSEAU.

Quand le premier chantre du monde
Expira sur les bords glacés
Où l'Hèbre effrayé dans son onde
Reçut ses membres dispersés,
Le Thrace, errant sur les montagnes,
Remplit les bois et les campagnes
Du cri perçant de ses douleurs :
Les champs de l'air en retentirent,
Et dans les antres qui gémirent,
Le lion répandit des pleurs.

La France a perdu son Orphée!...
Muses, dans ces moments de deuil,
Élevez le pompeux trophée
Que vous demande son cercueil :
Laissez par de nouveaux prodiges
D'éclatants et dignes vestiges
D'un jour marqué par vos regrets.
Ainsi le tombeau de Virgile
Est couvert du laurier fertile
Qui par vos soins ne meurt jamais.

D'une brillante et triste vie
Rousseau quitte aujourd'hui les fers ;
Et, loin du ciel de sa patrie,
La mort termine ses revers.
D'où ses maux ont-ils pris leur source?
Quelles épines, dans sa course,
Étouffoient les fleurs sous ses pas?
Quels ennuis, quelle vie errante!
Et quelle foule renaissante
D'adversaires et de combats!

Jusques à quand, mortels farouches,
Vivrons-nous de haine et d'aigreur?
Prêterons-nous toujours nos bouches
Au langage de la fureur?
Implacable dans ma colère,
Je m'applaudis de la misère
De mon ennemi terrassé :
Il se relève, je succombe;
Et moi-même à ses pieds je tombe,
Frappé du trait que j'ai lancé.

Songeons que l'imposture habite
Parmi le peuple et chez les grands;
Qu'il n'est dignité ni mérite
A l'abri de ses traits errants;
Que la calomnie écoutée
A la vertu persécutée
Porte souvent un coup mortel,
Et poursuit, sans que rien l'étonne,
Le monarque sous la couronne
Et le pontife sur l'autel.

Du sein des ombres éternelles
S'élevant au trône des dieux,

APPENDICE.

L'Envie offusque de ses ailes
Tout éclat qui frappe ses yeux.
Quel ministre, quel capitaine,
Quel monarque vaincra sa haine
Et les injustices du sort?
Le temps à peine les consomme;
Et jamais le prix du grand homme
N'est bien connu qu'après sa mort.

Oui, la mort seule nous délivre
Des ennemis de nos vertus;
Et notre gloire ne peut vivre
Que lorsque nous ne vivons plus.
Le chantre d'Ulysse et d'Achille,
Sans protecteur et sans asile,
Fut ignoré jusqu'au tombeau.
Il expire : le charme cesse,
Et tous les peuples de la Grèce
Entre eux disputent son berceau.

Le Nil a vu sur ses rivages
De noirs habitants des déserts
Insulter par leurs cris sauvages
L'astre éclatant de l'univers.
Crime impuissant! fureurs bizarres!
Tandis que ces monstres barbares
Poussoient d'insolentes clameurs,
Le dieu, poursuivant sa carrière,
Versoit des torrents de lumière
Sur ses obscurs blasphémateurs.

Souveraine des chants lyriques,
Toi que Rousseau dans nos climats
Appela des jeux Olympiques,
Qui sembloient seuls fixer tes pas,

Par qui ta trompette éclatante,
Secondant ta voix triomphante,
Formera-t-elle des concerts?
Des héros, muse magnanime,
Par quel organe assez sublime
Vas-tu parler à l'univers?

Favoris, élèves dociles
De ce ministre d'Apollon;
Vous à qui ses conseils utiles
Ont ouvert le sacré vallon,
Accourez, troupe désolée!
Déposez sur son mausolée
Votre lyre qu'il inspiroit.
La mort a frappé votre maître,
Et d'un souffle a fait disparoître
Le flambeau qui vous éclairoit.

Et vous, dont sa fière harmonie
Égala les superbes sons;
Qui reviviez dans ce génie
Formé par vos seules leçons;
Mânes d'Alcée et de Pindare,
Que votre suffrage répare
La rigueur de son sort fatal.
Dans la nuit du séjour funèbre,
Consolez son ombre célèbre
Et couronnez votre rival.

PRÉFACE.[1]

Voici enfin une édition fidèle du petit nombre d'ouvrages qui m'ont acquis malgré moi la qualité d'auteur, et qui n'auroient peut-être jamais vu le jour, du moins pendant ma vie, si mes ennemis en avoient toujours fait aussi peu de cas que j'en ai fait moi-même. En effet, sans vouloir faire parade de ma modestie, je puis assurer que, depuis qu'on s'est avisé de parler de mes écrits dans le monde, ni l'approbation de quantité de personnes illustres qui ont souvent souhaité de les entendre, ni même les louanges chagrines de plusieurs beaux esprits qui ne m'ont pas jugé indigne de leur mauvaise humeur, n'ont jamais pu m'inspirer cette bonne opinion si ordinaire aux auteurs qui se font imprimer; et quelque peine que je me sois toujours donnée à travailler mes ouvrages, j'avouerai de bonne foi qu'il m'est rarement arrivé d'en faire quelqu'un dont j'aie été content. Aussi, loin de me faire un mérite d'avoir résisté si longtemps aux instances que mes amis m'ont faites de les publier, je confesserai, si l'on veut, qu'il y a eu dans ma résistance autant de vanité que de modestie, et peut-être, si j'en avois été le maître, n'aurois-je jamais consenti à les mettre au jour, persuadé comme je le suis qu'un écrivain un peu soigneux de sa gloire n'a jamais

---

1. Cette préface est celle qui se trouve en tête de l'édition de Soleure, la première que J. B. Rousseau donna lui-même de ses ouvrages, chez Ursus Heuberger, MDCCXII. Elle offre des détails intéressants, et nous a paru un complément nécessaire de la biographie du poëte.

trop de la moitié de sa vie pour faire un livre, et de l'autre moitié pour le corriger.

Mais ce qui jusqu'ici a peut-être été une modération digne de louange, deviendroit aujourd'hui une insensibilité tout à fait inexcusable, par l'abus qu'une cabale de gens envenimés continue tous les jours de faire de ma retenue et de mon indifférence pour mes écrits; la malice la plus étudiée ne sauroit rien ajouter aux raffinements que leur malheureuse industrie a su mettre en œuvre pour les rendre odieux ou méprisables, tantôt par des applications malignes, tantôt par des titres insolents, le plus souvent en me prêtant leurs propres vers, et toujours en défigurant les miens d'une manière à les rendre aussi ridicules que les leurs. Je ne parle point de toutes les impertinences qui courent depuis dix ans sous mon nom. De tout temps l'ignorance et la crédulité populaire sont en droit de charger les auteurs un peu connus des sottises de ceux qui ne le sont point; et, sans remonter plus haut, je me souviens que M. Despréaux m'a montré plusieurs fois, pour me consoler, des satires de l'abbé Cotin et d'autres écrivains du même ordre, que bien des gens assuroient encore être de M. Despréaux, sur la foi de quantité d'éditions étrangères, où elles se trouvent imprimées pêle-mêle avec ses autres écrits. Ce que je ne rapporte pas pour vouloir me mettre en parallèle avec un aussi grand maître, de qui je tiens à honneur d'avoir appris tout le peu que je sais du métier de la poésie, mais pour faire voir que je n'ai pas été le seul martyr des Cotins de mon siècle, et que les personnes sages ne doivent jamais juger d'un auteur sur ce que le bruit commun lui attribue, mais seulement sur les ouvrages qu'il reconnoît et qu'il publie lui-même.

Ces considérations avoient déjà fort ébranlé la résolution que j'avois faite de laisser reposer mon livre, suivant le précepte d'Horace, ou du moins d'attendre que je pusse l'augmenter de quelques nouvelles Allégories qui sont commencées il y a déjà longtemps. Mais j'avoue que toute ma fermeté a achevé de m'abandonner à la nouvelle de cette impudente édition annoncée, il y a six mois, dans les gazettes de Hollande, et que tout ce qu'il y a dans Paris de poëtes réprouvés regardent d'avance comme le sceau qui doit faire passer leurs mensonges à la postérité. A la vérité, le sieur du Fresny,[1] leur confrère, leur avoit déjà donné un avant-goût de cette joie future. Tout le monde sait à présent que le sieur du Fresny a succédé à M. de Visé dans le glorieux emploi d'auteur du *Mercure galant*, et qu'il a toutes les qualités que les amis du défunt pouvoient désirer pour faire longtemps regretter son prédécesseur. Je fus averti, dès le mois d'avril dernier, que ce galant homme se donnoit la liberté d'imprimer pièce à pièce mes ouvrages habillés à sa mode et au goût des honnêtes gens à qui il vouloit faire plaisir. Je lui écrivis sur cela aussi civilement que j'aurois pu faire à un auteur qui auroit mérité quelques égards. Il ne jugea pas à propos de m'honorer d'une réponse. Au contraire, il recommença de plus belle à user de mes vers comme d'un bien dont il auroit obtenu la confiscation, et il a continué de vivre de sa proie jusqu'à ce qu'elle lui ait manqué tout à fait. En sorte qu'une partie de mes écrits a déjà eu l'honneur de paroître sous les enseignes du sieur du Fresny et de grossir un livre qui, après quarante années de possession, se maintient toujours fièrement dans la place qu'un auteur lui a assignée au-dessous du rien.

C'en étoit bien assez pour déshonorer des ouvrages meilleurs que les miens. Mais il n'étoit pas seulement question de les flétrir pour un temps, il falloit perpétuer en quelque sorte cette flétrissure en les ramassant en un corps et en y joignant toutes les infamies et toutes les grossièretés que mes ennemis ont intérêt de faire passer sous mon nom. Cela ne se pouvoit pas en France, et comme les libraires de Hollande sont tous les jours attrapés aux libelles que ces messieurs leur envoient, il falloit trouver quelqu'un qui eût le front assez large pour se rendre caution de celui-ci en l'état où ils l'ont mis, et pour se vouloir charger, s'il faut ainsi dire, de toutes les ordures et de toutes les iniquités du peuple. Véritablement, ils ne pouvoient jeter les yeux sur un sujet plus propre à cela que celui qu'ils ont choisi, homme accoutumé à ne rougir de rien, et que la bassesse de ses mœurs, aussi bien que de son style, a rendu si méprisable, que personne n'ose l'avouer ni pour ami, ni pour

---

1. Ce du Fresny est bien le célèbre comique qui prit, après Visé, la direction du *Mercure*.

ennemi.[1] Il y a vingt ans qu'il cherche à s'attirer quelque adversaire qui le puisse faire connoître, semblable à cet impertinent dont il est parlé dans Tacite, qui attaquoit les plus honnêtes gens de Rome *ut magnis inimicitiis claresceret,* et il a eu le malheur de n'offenser personne, en déchirant tout le monde. Je ne prétends point le tirer de la foule de ses semblables, et je suis persuadé que c'est faire honneur à des hommes de cette trempe que de parler d'eux, même avec mépris. Il me suffit que le public soit informé du tort qu'on m'a voulu faire, et qu'il puisse être une bonne fois en état de juger de la différence qu'il y a de mon langage à celui que l'imposture m'attribue.

C'est le but que je me propose en donnant cette édition, dans laquelle j'ai ramassé tout le peu de vers dont je suis véritablement l'auteur, à la réserve de quelques psaumes qui sont moins travaillés que le reste, et de trente-deux épigrammes que je trouve moi-même un peu trop libres pour être imprimées avec des pièces plus sérieuses, quoiqu'elles soient infiniment moins hardies que quantité d'ouvrages de cette espèce, qui ont eu pour auteurs des gens d'un mérite et d'une probité hors d'atteinte. Car, si l'on veut parler sans prévention, on conviendra que rien n'est plus téméraire que de vouloir juger des mœurs d'un homme par le plus ou le moins de liberté qu'il se donne quelquefois en écrivant; et quoique la morale chrétienne ait raison de condamner ces sortes de libertés, il est certain que la morale du monde leur a toujours fait grâce, surtout lorsque les auteurs ont pris soin d'éviter les termes grossiers et qui pouvoient choquer la bienséance ordinaire. L'antiquité nous a conservé des épigrammes de Platon qui passeroient aujourd'hui pour très-scandaleuses. Cela n'a pas empêché que Platon n'ait été regardé dans tous les temps comme le plus sage des philosophes; et Virgile n'en a pas moins passé pour le plus modeste de tous les poëtes profanes, quoiqu'il ait fait plusieurs vers extrêmement licencieux. Car, sans parler des amusements poétiques dont ses historiens font mention, que peut-on imaginer de plus libre que le sens naturel de ces vers de la troisième églogue : *Novimus et qui te,* etc., et quantité d'autres endroits des *Bucoli-*

---

1. Gâcon.

ques, qu'on ne fait pourtant nulle difficulté de donner à traduire et apprendre par cœur à la jeunesse, non plus que les satires de Perse, poëte aussi remarquable par la douceur et par la chasteté de ses mœurs que par la hardiesse et la liberté de sa plume? [1]

Que si nous voulons nous rapprocher de notre temps, nous trouverons que la même licence a été poussée encore plus loin parmi les auteurs modernes, sans que leur réputation en ait souffert aucune altération. On se rendroit ridicule si on prétendoit que Boccace et l'Arioste ont été de malhonnêtes gens, parce que leurs plaisanteries passent un peu l'enjouement ordinaire, et si on disoit que Pétrarque est indigne des éloges qu'il a reçus, parce qu'il décrit trop naïvement ses amours avec la belle Laure. Je ne parle point de la hardiesse des images et des expressions du *Roman de la Rose,* quoique les auteurs de ce poëme fussent dans les ordres sacrés et vécussent dans un siècle où la religion étoit sans comparaison plus respectée qu'elle ne l'est aujourd'hui. Mais que dirons-nous d'une princesse qui a fait l'admiration de son siècle, et que la médisance même a été forcée d'estimer, non-seulement comme une très-grande reine, mais comme une femme d'une sagesse accomplie? Je parle de la reine de Navarre, sœur de François Ier, dont l'*Heptameron* est encore entre les mains de tout le monde. C'est un recueil de contes qui roulent la plupart, aussi bien que ceux du duc de Bourgogne, sur les bons tours des moines, et qui sont écrits avec autant de liberté pour le moins que tous ceux de Boccace. Cependant la vertu de cette princesse n'en a pas paru pour cela moins digne des éloges de tous les hommes, et en particulier de M. de Thou, le plus sage de nos historiens. Que dirons-nous encore d'un des plus galants hommes du siècle passé, je veux dire M. de La Mothe le Vayer, précepteur de feu Monsieur, frère unique du roi? Il y a certainement peu d'ouvrages dans notre langue aussi hardis que son *Hexameron rustique* et ses *Entretiens d'Orasius*

---

1. Rousseau parle ici en poëte parfois trop peu scrupuleux dans ses vers. Il se peut, j'en doute cependant, qu'à l'époque où il vivait, les choses se passaient ainsi. Mais j'affirme qu'aujourd'hui on ne trouverait pas dans l'Université de France un seul professeur qui ne mette le plus grand soin à écarter des yeux et de la mémoire de ses élèves les passages signalés ici. Que dut penser, en lisant cette préface de son ami, le bon et honnête Rollin?

Tubero, qui non-seulement sont écrits avec une liberté plus que cynique, mais où le pyrrhonisme se produit avec une franchise tout à fait extraordinaire. On ne voit pourtant point que ces deux livres aient fait tort ni à sa réputation ni à sa fortune, puisqu'au contraire une reine illustre par sa vertu et par son courage, et un cardinal célèbre par ses grandes lumières, et surtout par le talent de connoître les hommes, ne craignirent point de lui confier l'éducation d'un jeune prince, que l'on pouvoit appeler en ce temps-là *Magnæ spes altera Romæ*.

D'où vient donc que ces auteurs et une infinité d'autres que je passe sous silence n'ont point encouru la censure des honnêtes gens, malgré toute la licence de leurs écrits? C'est que les véritables gens de bien ont toujours regardé ces écrits comme de simples jeux de l'imagination, dont l'effet se fait uniquement sentir à l'esprit, sans jamais pénétrer jusqu'au cœur. Et c'est la raison pour laquelle ces divins oracles de la religion, ces hommes envoyés de Dieu pour l'instruction et pour l'édification de son Église, un saint Jérôme, un saint Chrysostome, dans le temps qu'ils prêchoient avec un zèle si saint contre la dépravation des mœurs, ne croyoient pas que la pureté leur défendît de se délasser quelquefois dans la lecture de Plaute et d'Aristophane, ni que le style libre de ces deux poëtes fût capable d'allumer dans l'âme ces passions et ces ravages qu'y excitent quantité de livres qu'on ne fait aucun scrupule de lire. En effet, si on veut examiner sainement les choses, on ne trouvera point que ni les épigrammes de Marot, ni même celles de Mainard, ni toutes les pièces qui portent un caractère de plaisanterie, puissent jamais produire que l'un de ces deux effets : ou de rebuter l'esprit, si elles sont grossières, ou de le réjouir, si elles sont finement tournées, parce que, dans toutes ces bagatelles, ce n'est point la chose en elle-même qui saisit le lecteur, mais seulement la manière de l'exprimer. Ce qu'on ne peut pas dire des ouvrages où le cœur est pris par la chose même, et qui attachent indépendamment des grâces du style, comme sont nos romans et tous ces écrits que l'usage autorise, où l'amour est représenté comme la première vertu des belles âmes, où les maximes de gens vertueux sont traitées de contes de vieille, où on établit pour principe que la raison ni la sagesse ne sont point faites pour le bel âge, et où les passions, au lieu d'être peintes comme elles sont, et d'une manière propre à en faire sentir le ridicule ou l'horreur, y sont partout déguisées et revêtues de tous les charmes qui peuvent les insinuer dans le cœur d'une personne sans expérience, et la faire tomber dans cette mélancolie funeste et dans ces rêveries contagieuses qui sont la source la plus ordinaire de la corruption.

C'est pourquoi, sans vouloir faire l'apologie de La Fontaine, je ne craindrai point d'avancer que ses contes, quelque licencieux qu'ils puissent être, sont incomparablement moins dangereux que les élégies d'Ovide et les opéras de Quinault. Ce n'est pas à dire que je prétende approuver les contes de La Fontaine, ni même disculper entièrement mes épigrammes, quoique je sois à cet égard dans un cas bien plus favorable que tous les auteurs qui m'ont jamais précédé. Car il y a une grande différence entre un homme qui fait de propos délibéré un livre en forme, qui y donne un temps considérable de sa vie, et qui le fait ensuite imprimer lui-même sous son nom, ou celui qui, dans le cours de son âge, se trouve avoir fait, en badinant et sans dessein, une trentaine d'épigrammes qui toutes ensemble ne font pas deux cent cinquante vers, et dont la plus longue ne lui a pas coûté une demi-heure d'application. Dira-t-on que j'ai voulu faire la base de ma réputation d'un travail de quinze ou seize heures répandues sur toute ma vie, pendant que telle de mes odes sacrées m'a coûté des semaines entières à tourner et à polir? Certainement cette idée n'entrera jamais dans l'esprit d'un homme raisonnable. D'ailleurs tout ouvrage, de quelque nature qu'il soit, n'est jamais censé public que lorsqu'il est imprimé. On n'auroit guère d'obligation à Quintilien de ses admirables *Institutions*, si elles étoient demeurées ensevelies dans l'oubli, et si le Pogge, au bout de plusieurs siècles, n'avoit déterré un trésor qui jusque-là n'avoit été que fort imparfaitement connu. Il en est de même d'un mauvais livre. Lorsqu'il devient public, ce n'est pas seulement à l'auteur qu'on s'en doit prendre, c'est à celui qui en rassemble les parties, qui le rédige en corps, qui y ajoute du sien, qui y fait des commentaires à sa mode, qui en distribue des copies, enfin qui le fait imprimer.

On peut dire la même chose en général de tout ce qui s'appelle satire. Celui qui la rend publique n'est pas moins criminel que celui qui l'a composée; et c'est pour cela que la loi de Valens et de Valentinien impose à celui qui fait courir un libelle la même peine qu'à son auteur. Mais si, au contraire, cette satire n'est autre chose qu'un portrait général ou allégorique, où personne ne soit nommé, on ne peut pas dire que celui qui en est l'auteur soit coupable, mais bien le lecteur qui en fait une application maligne, qui y donne un titre de sa façon, ou qui y cherche des sens et des rapports injurieux à telle ou telle personne. Car enfin qu'est-ce qui caractérise la satire? Ce n'est autre chose que le nom de ceux qu'on y attaque. Tout portrait, quelque ressemblant qu'il puisse être, n'a jamais mérité le nom de satire, lorsque personne n'y est attaqué nommément; autrement il faudroit traiter de libelles les comédies les plus innocentes qui n'ont de mérite qu'à proportion de la ressemblance des portraits avec les originaux. Il seroit ridicule de faire un crime à La Bruyère des portraits qui sont en foule dans son livre. Mais ceux qui en ont fait la clef prétendue mériteroient sans doute un châtiment exemplaire, s'ils étoient connus. Et si quelqu'un avoit l'impudence de faire un voyage exprès en Hollande pour faire imprimer cette clef, et s'en vantoit publiquement dans les gazettes, il auroit beau dire : Je n'en suis pas l'auteur, on lui demanderoit de quel droit il s'avise de publier un libelle de cette nature, et il encourroit à bon droit la peine des calomniateurs; à plus forte raison si ce même homme avoit eu l'insolence d'attribuer ce libelle à un auteur qui en seroit innocent.

Il y auroit beaucoup d'autres choses à dire sur cette matière; mais tous ces éclaircissements et beaucoup d'autres trouveront leur place dans quelque autre écrit. Je me contenterai de dire un mot sur ce qui regarde les pièces comprises dans cette édition. Elle seroit beaucoup plus ample, si mon intention avoit été de faire un livre, et si je n'avois toute ma vie regardé l'exercice de la poésie plutôt comme une ressource innocente contre l'ennui et la solitude que comme un métier et une occupation suivie. En effet, tous mes amis savent que, loin d'être tyrannisé par la passion de rimer, j'ai souvent passé des années entières sans songer à faire un seul vers, et eux-mêmes m'en ont fait plusieurs fois la guerre. Cependant, comme la bonté d'un ouvrage ne se mesure point à sa grosseur, et qu'au contraire un grand livre est souvent un grand mal, je ne désespérerois pas que celui-ci ne pût mériter l'approbation des honnêtes gens, si j'avois été aussi heureux à profiter des règles que nos anciens maîtres nous ont laissées, que j'ai été soigneux de les étudier.

Car j'avoue ingénument que je ne suis point de ceux qui, mesurant l'étendue d'un art à l'étendue de leurs connoissances, pensent qu'un auteur doit être lui-même son législateur et son modèle; et, se faisant un mérite de leur ignorance, traitent de stérilité le soin qu'un écrivain a pris de s'enrichir des découvertes de ceux qui l'ont précédé. Ces messieurs croient qu'il n'y a qu'à écrire à bon compte, persuadés qu'ils feront toujours bien, pourvu qu'il fassent autrement que ceux qui ont déjà réussi, et qu'au pis aller, ils en seront quittes pour coudre à leurs ouvrages quelque nouveau système de poésie tiré de leur imagination et accommodé à leur façon d'écrire, sans songer que cette conduite est le principe de cette rebutante uniformité qui règne dans leurs écrits; que le petit fonds dans lequel ils se renferment ne peut leur fournir assez d'idées pour donner à leurs ouvrages cette variété qui soutient l'attention d'un lecteur, et que dans la crainte de passer pour plagiaires des anciens, ils deviennent eux-mêmes leurs propres plagiaires, c'est-à-dire les copistes souvent d'un très-mauvais original.

Loin de me piquer comme eux de ne devoir rien qu'à moi-même, j'ai toujours cru avec Longin que l'un des plus sûrs chemins pour arriver au sublime étoit l'imitation des écrivains illustres qui ont vécu avant nous, puisqu'en effet rien n'est si propre à nous élever l'âme et à la remplir de cette chaleur qui produit les grandes choses, que l'admiration dont nous nous sentons saisis à la vue des ouvrages de ces grands hommes. C'est pourquoi, si je n'ai pas réussi dans les odes que j'ai tirées de David, je ne dois en accuser que la foiblesse de mon génie, car je suis obligé d'avouer que si j'ai jamais senti ce que c'est qu'enthousiasme, ç'a été principalement en travaillant à ces mêmes cantiques, que je donne ici à la tête de mes ouvrages.

Je leur ai donné le titre d'*Odes sacrées*, à l'exemple de Racan, celui de traduction ne me paroissant pas convenir à une imitation aussi libre que la mienne qui, d'un autre côté, ne s'écarte pas assez de son original, pour mériter le nom de paraphrase. Et d'ailleurs, si on a de l'ode l'idée qu'on en doit avoir, et si on la considère, non pas comme un assemblage de jolies pensées rédigées par chapitres, mais comme le véritable champ du sublime et du pathétique, qui sont les deux grands ressorts de la poésie, il faut convenir que nul ouvrage ne mérite si bien le nom d'odes que les psaumes de David ; car où peut-on trouver ailleurs rien de plus divin, ni où l'inspiration se fasse mieux sentir ; rien, dis-je, de plus propre à enlever l'esprit et en même temps à remuer le cœur? Quelle abondance d'images! quelle variété de figures! quelle hauteur d'expression ! quelle foule de grandes choses, dites, s'il se peut, d'une manière encore plus grande! Ce n'est donc pas sans raison que tous les hommes ont admiré ces précieux restes de l'antiquité profane, où on entrevoit quelques traits de cette lumière et de cette majesté qui éclate dans les cantiques sacrés, et, quelques beaux raisonnements qu'on puisse étaler, on ne détruira pas cette admiration, tant qu'on n'aura à leur opposer que les amplifications de collége, jetées toutes, pour ainsi dire, dans le même moule, et où tout se ressemble, parce que tout y est dit du même ton et exprimé de la même manière : semblables à ces figures qui ont un nom particulier parmi les peintres, et qui n'étant touchées qu'avec une seule couleur, ne peuvent jamais avoir une véritable beauté, parce que l'âme de la peinture leur manque, je veux dire le coloris.

Je me suis attaché sur toutes choses à éviter cette monotonie dans mes Odes du second livre, que j'ai variées à l'exemple d'Horace, sur lequel j'ai tâché de me former, comme lui-même s'étoit formé sur les anciens lyriques. Ce second livre est suivi d'une autre espèce d'odes toutes nouvelles parmi nous, mais dont il seroit aisé de trouver des exemples dans l'antiquité. Les Italiens les nomment *Cantates*, parce qu'elles sont particulièrement affectées au chant. Ils ont coutume de les partager en trois récits coupés par autant d'airs de mouvement, ce qui les oblige à diversifier les mesures de leurs strophes, dont les vers sont tantôt plus longs et tantôt plus courts, comme dans les chœurs des anciennes tragédies et dans la plupart des odes de Pindare. J'avois entendu quelques-unes de ces *Cantates*, et cela me donna envie d'essayer si on ne pourroit point, à l'imitation des Grecs, réconcilier l'ode avec le chant. Mais comme je n'avois point d'autre modèle que les Italiens, à qui il arrive souvent, aussi bien qu'à nous autres Français, de sacrifier la raison à la commodité des musiciens, je m'aperçus, après en avoir fait quelques-unes, que je perdois du côté des vers ce que je gagnois du côté de la musique, et que je ne ferois rien qui vaille, tant que je me contenterois d'entasser des phrases poétiques, sans dessein ni sans liaison. C'est ce qui me fit venir la pensée de donner une forme à ces petits poëmes, en les renfermant dans une allégorie exacte, dont les récits fissent le corps, et les airs chantants l'âme ou l'application. Je choisis parmi les fables anciennes celles que je crus le plus propres à mon dessein, car toute histoire fabuleuse n'est pas propre à être allégoriée, et cette manière me réussit assez pour donner envie à plusieurs auteurs de travailler sur le même plan. De savoir si ce plan est le meilleur que j'eusse pu choisir, c'est ce qu'il ne me convient pas de décider, parce qu'en matière de nouveauté, rien n'est si trompeur qu'une première vogue, et qu'il n'y a jamais que le temps qui puisse apprécier leur mérite, et le réduire à sa juste valeur.

Quant à mes Épîtres, je les ai travaillées avec la même application que mes autres ouvrages, et j'y ai même donné d'autant plus de soin, qu'ayant à y parler de moi en plusieurs endroits, il falloit relever en quelque sorte la petitesse de la matière par les agréments de la diction. On pourra voir, par quelques-unes de ces pièces, qui sont faites il y a plusieurs années, que ce n'est pas d'aujourd'hui que je suis en butte aux noirceurs de ces honnêtes messieurs dont je parle au commencement de cette préface, et que je sais, il y a longtemps, de quoi ils sont capables. Du reste, je me suis assujetti dans ces Épîtres, aussi bien que dans les Allégories et les Épigrammes qui suivent, à une mesure de vers qui avoit été assez négligée pendant tout le siècle passé, et qui est pourtant la plus convenable de toutes au style naïf et à la narration, ce qu'il me seroit aisé de prouver, si je ne craignois d'ennuyer le lecteur par un détail d'observations dont il n'a que faire. Ce n'est pas que je prétende par là que toutes les grâces de ce style dont Marot nous a laissé un si excellent modèle soient uniquement renfermées dans la mesure de ses vers et dans le langage de son temps. Ce seroit rendre très-aisée une chose très-difficile. Mais il est certain qu'avec le génie qui ne s'acquiert point, cette espèce de mécanique dont l'usage est facile à acquérir contribue fort à l'élégance d'un ouvrage, et que c'est souvent la contrainte apparente de la mesure et de l'arrangement des rimes qui donne au style cet air de liberté que n'ont point les vers les plus libres et les plus faciles à faire.

Voilà ce que j'avois à dire en général sur les ouvrages qui composent cette édition. J'y ai ajouté à la fin quelques poésies de différents caractères qui n'ont pu trouver leur place dans le rang des autres, et qui, toutes ensemble, font un recueil complet de tout ce que j'ai jamais fait de vers un peu supportables, pendant que je m'en suis mêlé. J'en excepte toujours ceux que j'ai dits, aussi bien qu'une petite allégorie qui a eu le sort des autres pièces que je n'ai point données, c'est-à-dire de courir le monde malgré moi, et toute différente de ce que je l'ai faite, il y a plus de quinze ans. Je l'avois intitulée *Le Masque de Laverne*, qui est le seul titre qu'elle puisse avoir, et je proteste ici que celui qu'on a substitué à la place n'est point de mon invention, et n'a été imaginé que par les ennemis d'une personne avec qui j'étois brouillé en ce temps-là, et qui certainement ne ressemble en aucune façon au fantôme qui y est dépeint. C'est la seule raison qui m'empêche de la faire imprimer, quelque intérêt que je pusse avoir à la faire paroître comme elle est effectivement. Mais je croirois me faire tort, si je laissois échapper cette occasion de rendre justice au mérite d'un homme qui, depuis dix ans, m'a non-seulement donné toutes les marques d'une réconciliation parfaite, mais qui, dans un temps où la plupart de ceux qui se disoient mes amis ont cru qu'il étoit du bon air de se liguer contre moi, s'est comporté à mon égard d'une manière si noble, si ferme et si généreuse, que je me sens obligé de le regarder toute ma vie non pas simplement comme un très-galant homme, mais comme un des plus rares et des plus vertueux amis qu'il y ait au monde. *Qui enim utraque in re, gravem, constantem, stabilem se in amicitia præstiterit, hunc ex maxime raro hominum genere judicare debemus, et pæne divino.*[1]

---

1. Cicéron, *De Amicitiâ*.

POÉSIES LYRIQUES

ODES ET CANTATES

ODES

LIVRE PREMIER.

ODES SACRÉES.

ODE I

TIRÉE DU PSAUME XIV.

Domine, quis habitabit, etc.

CARACTÈRE DE L'HOMME JUSTE.

Seigneur, dans ta gloire adorable*
Quel mortel est digne d'entrer?
Qui pourra, grand Dieu, pénétrer
Ce sanctuaire impénétrable,
Où tes saints inclinés, d'un œil respectueux,
Contemplent de ton front l'éclat majestueux?

Ce sera celui qui du vice
Évite le sentier impur;
Qui marche d'un pas ferme et sûr
Dans le chemin de la justice;

* VARIANTE. *Seigneur, dans ton temple adorable.*

Attentif et fidèle à distinguer sa voix,
Intrépide et sévère à maintenir ses lois.*

 Ce sera celui dont la bouche
 Rend hommage à la vérité :
 Qui sous un air d'humanité
 Ne cache point un cœur farouche,
Et qui, par des discours faux et calomnieux,
Jamais à la vertu n'a fait baisser les yeux :

 Celui devant qui le superbe,
 Enflé d'une vaine splendeur,
 Paroît plus bas, dans sa grandeur,
 Que l'insecte caché sous l'herbe ;
Qui, bravant du méchant le faste couronné,
Honore la vertu du juste infortuné :

 Celui, dis-je, dont les promesses
 Sont un gage toujours certain :
 Celui qui d'un infâme gain
 Ne sait point grossir ses richesses :
Celui qui, sur les dons du coupable puissant,
N'a jamais décidé du sort de l'innocent.

 Qui marchera dans cette voie,
 Comblé d'un éternel bonheur,
 Un jour, des élus du Seigneur
 Partagera la sainte joie ;
Et les frémissements de l'enfer irrité
Ne pourront faire obstacle à sa félicité.

 * Var. *à pratiquer ses lois.*

ODE II

TIRÉE DU PSAUME XVIII.

Cœli enarrant gloriam Dei, etc.

MOUVEMENTS D'UNE AME QUI S'ÉLÈVE A LA CONNOISSANCE
DE DIEU PAR LA CONTEMPLATION DE SES OUVRAGES.

Les cieux instruisent la terre
A révérer leur auteur :
Tout ce que leur globe enserre[1]
Célèbre un Dieu créateur.
Quel plus sublime cantique
Que ce concert magnifique
De tous les célestes corps?
Quelle grandeur infinie!
Quelle divine harmonie
Résulte[2] de leurs accords!

De sa puissance immortelle
Tout parle, tout nous instruit:
Le jour au jour la révèle,[3]

---

1. *Enserre*, ce vieux mot, évidemment mis pour la rime, n'est pas assez élégant pour le style lyrique. « C'est, dit Le Brun, et il a raison, la prose de ce que devait dire la poésie. »
2. Ce mot *résulte* n'est pas davantage de la langue poétique.
3. Racine avait dit, *Athalie*, acte I, scène IV :

    Le jour annonce au jour sa gloire et sa puissance.

La nuit l'annonce à la nuit.
Ce grand et superbe ouvrage
N'est point pour l'homme un langage
Obscur et mystérieux :
Son admirable structure
Est la voix de la nature,
Qui se fait entendre aux yeux.

Dans une éclatante voûte
Il a placé, de ses mains,
Ce soleil qui dans sa route
Éclaire tous les humains.
Environné de lumière,
Cet astre ouvre sa carrière
Comme un époux glorieux
Qui, dès l'aube matinale,
De sa couche nuptiale
Sort brillant et radieux.

L'univers, à sa présence,
Semble sortir du néant.
Il prend sa course, il s'avance [1]
Comme un superbe géant.
Bientôt sa marche féconde
Embrasse le tour du monde
Dans le cercle qu'il décrit;
Et, par sa chaleur puissante,

---

1. Le texte dit : il *bondit*. Nous nous servons dans nos comparaisons de l'original sacré avec la paraphrase de Rousseau de la traduction énergique et serrée, publiée, il y a vingt ans, par l'abbé Latouche, chanoine d'Angers.

La nature languissante
Se ranime et se nourrit.

O que tes œuvres sont belles,
Grand Dieu! quels sont tes bienfaits!
Que ceux qui te sont fidèles
Sous ton joug trouvent d'attraits!
Ta crainte inspire la joie;
Elle assure notre voie;
Elle nous rend triomphants :
Elle éclaire la jeunesse,
Et fait briller la sagesse
Dans les plus foibles enfants.

Soutiens ma foi chancelante,
Dieu puissant; inspire-moi
Cette crainte vigilante
Qui fait pratiquer ta loi.
Loi sainte, loi désirable,
Ta richesse est préférable
A la richesse de l'or;
Et ta douceur est pareille
Au miel dont la jeune abeille
Compose son cher trésor [1].

Mais sans tes clartés sacrées,
Qui peut connoître, Seigneur,
Les foiblesses égarées

---

1. Le Brun n'aime pas ce *cher trésor*. Je crois que le lecteur n'y prendrait pas garde, si le vers était plus harmonieux. C'est la nécessité où l'on est de s'arrêter, en lisant, sur la dernière syllabe de *compose* qui rend le vers gêné.

Dans les replis de son cœur?
Prête-moi tes feux propices :
Viens m'aider à fuir les vices
Qui s'attachent à mes pas ;
Viens consumer par ta flamme
Ceux que je vois dans mon âme,
Et ceux que je n'y vois pas.

Si de leur cruel empire
Tu veux dégager mes sens ;
Si tu daignes me sourire,*
Mes jours seront innocents.
J'irai puiser sur ta trace
Dans les sources de ta grâce ;
Et, de ses eaux abreuvé,
Ma gloire fera connoître
Que le Dieu qui m'a fait naître
Est le Dieu qui m'a sauvé.

* VAR. *Si de leur triste esclavage*
Tu viens dégager mes sens,
Si tu détruis leur ouvrage.

ODE III

TIRÉE DU PSAUME XLVIII.

Audite hæc, omnes gentes, etc.

SUR L'AVEUGLEMENT DES HOMMES DU SIÈCLE.

Qu'aux accents de ma voix la terre se réveille !
Rois, soyez attentifs ; peuples, ouvrez l'oreille ![1]
Que l'univers se taise et m'écoute parler !
Mes chants vont seconder les accords de ma lyre :[2]
L'Esprit-Saint me pénètre, il m'échauffe ; il m'inspire
Les grandes vérités que je vais révéler.

L'homme en sa propre force a mis sa confiance :
Ivre de ses grandeurs et de son opulence,
L'éclat de sa fortune enfle sa vanité.
Mais, ô moment terrible, ô jour épouvantable !

---

1. Comment ne pas se souvenir ici du beau passage de Racine, *Athalie*, acte III, scène VII :

> Cieux, écoutez ma voix ! terre, prête l'oreille !

et dans le même endroit :

> Mais d'où vient que mon cœur frémit d'un saint effroi ?
> Est-ce l'Esprit divin qui s'empare de moi ?
> C'est lui-même ; il m'échauffe, il parle, mes yeux s'ouvrent,
> Et les siècles obscurs devant moi se découvrent.

2. Ce mot *lyre* n'est pas heureux et donne un air païen à ce magnifique début ; le texte dit *canour*.

Où la mort saisira ce fortuné coupable,
Tout chargé des liens de son iniquité!

Que deviendront alors, répondez, grands du monde,
Que deviendront ces biens où votre espoir se fonde,
Et dont vous étalez l'orgueilleuse moisson?
Sujets, amis, parents, tout deviendra stérile;
Et, dans ce jour fatal, l'homme à l'homme inutile
Ne payera point à Dieu le prix de sa rançon.

Vous avez vu tomber les plus illustres têtes;
Et vous pourriez encore, insensés que vous êtes,
Ignorer le tribut que l'on doit à la mort!
Non, non, tout doit franchir ce terrible passage :
Le riche et l'indigent, l'imprudent et le sage,
Sujets à même loi, subissent même sort.

D'avides étrangers, transportés d'allégresse,
Engloutissent déjà toute cette richesse,
Ces terres, ces palais de vos noms ennoblis.
Et que vous reste-t-il en ces moments suprêmes?
Un sépulcre funèbre, où vos noms, où vous-mêmes
Dans l'éternelle nuit serez ensevelis.

Les hommes, éblouis de leurs honneurs frivoles,
Et de leurs vains flatteurs écoutant les paroles,
Ont de ces vérités perdu le souvenir :
Pareils aux animaux farouches et stupides,
Les lois de leur instinct sont leurs uniques guides,
Et pour eux le présent paroît sans avenir.

Un précipice affreux devant eux se présente;
Mais toujours leur raison, soumise et complaisante,

Au-devant de leurs yeux met un voile imposteur.
Sous leurs pas cependant s'ouvrent les noirs abîmes,
Où la cruelle mort, les prenant pour victimes,
Frappe ces vils troupeaux dont elle est le pasteur.

Là s'anéantiront ces titres magnifiques,
Ce pouvoir usurpé, ces ressorts politiques
Dont le juste autrefois sentit le poids fatal :
Ce qui fit leur bonheur deviendra leur torture :
Et Dieu, de sa justice apaisant le murmure,
Livrera ces méchants au pouvoir infernal.[1]

Justes, ne craignez point le vain pouvoir des hommes ;
Quelque élevés qu'ils soient, ils sont ce que nous sommes :
Si vous êtes mortels, ils le sont comme vous.
Nous avons beau vanter nos grandeurs passagères,
Il faut mêler sa cendre aux cendres de ses pères,
Et c'est le même Dieu qui nous jugera tous.[2]

---

1. Young, nourri, comme Milton, de la sainte Écriture, et qui aimait à y puiser des images, s'est emparé de celle-ci, mais en lui donnant une couleur tout anglaise :

« Je vois la chasse ardente de l'ambition, je vois une meute nombreuse et tournoyante d'hommes brisant les barrières de la loi, franchissant les remparts du droit, tantôt poursuivant, tantôt poursuivis, et tour à tour la proie l'un de l'autre, comme les loups acharnés à la rapine, le renard à ses ruses, jusqu'à ce que le trépas, ce puissant chasseur, les couvre tous de la même terre. »

> Eager ambitious fiery chase y see ;
> Y see the circling hunt of noisy men
> Burst law's enclosure, leap the mounds of right,
> Pursuing and pursued, each the other's prey ;
> As wolves for rapine, as the fox for wiles,
> Till deats, that mighty hunter, earths them all.
> (YOUNG, *Night*, IV.)

Nous empruntons au commentaire d'Amar, mais en le complétant, cet ingénieux rapprochement.

2. Cette fin est belle, mais il y a dans le texte une répétition du verset 12 qui eût été, croyons-nous, d'un plus grand effet.

ODE IV

TIRÉE DU PSAUME LVII.

Si vere utique justitiam loquimini, etc.

CONTRE LES HYPOCRITES.

Si la loi du Seigneur vous touche,
Si le mensonge vous fait peur,
Si la justice en votre cœur
Règne aussi bien qu'en votre bouche,
Parlez, fils des hommes, pourquoi
Faut-il qu'une haine farouche
Préside aux jugements que vous lancez sur moi?

C'est vous de qui les mains impures
Trament le tissu détesté
Qui fait trébucher l'équité
Dans le piége des impostures;
Lâches, aux cabales vendus,
Artisans de fourbes obscures,
Habiles seulement à noircir les vertus.

L'hypocrite, en fraudes fertile,
Dès l'enfance est pétri de fard :
Il sait colorer avec art

Le fiel que sa bouche distille ;
Et la morsure du serpent
Est moins aiguë et moins subtile
Que le venin caché que sa langue répand.

En vain le sage les conseille,
Ils sont inflexibles et sourds :
Leur cœur s'assoupit aux discours
De l'équité qui les réveille :
Plus insensibles et plus froids
Que l'aspic qui ferme l'oreille
Aux sons mélodieux d'une touchante voix.

Mais de ces langues diffamantes
Dieu saura venger l'innocent.
Je le verrai, ce Dieu puissant,
Foudroyer leurs têtes fumantes.
Il vaincra ces lions ardents,
Et dans leurs gueules écumantes
Il plongera sa main, et brisera leurs dents.

Ainsi que la vague rapide
D'un torrent qui roule à grand bruit
Se dissipe et s'évanouit
Dans le sein de la terre humide ;
Ou comme l'airain enflammé
Fait fondre la cire fluide
Qui bouillonne à l'aspect du brasier allumé :

Ainsi leurs grandeurs éclipsées
S'anéantiront à nos yeux ;
Ainsi la justice des cieux

Confondra leurs lâches pensées.
Leurs dards deviendront impuissants,
Et de leurs pointes émoussées
Ne pénétreront plus le sein des innocents.

Avant que leurs tiges célèbres
Puissent pousser des rejetons,
Eux-mêmes, tristes avortons,
Seront cachés dans les ténèbres;
Et leur sort deviendra pareil
Au sort de ces oiseaux funèbres
Qui n'osent soutenir les regards du soleil.

C'est alors que de leur disgrâce
Les justes riront à leur tour :
C'est alors que viendra le jour
De punir leur superbe audace;
Et que, sans paroître inhumains,
Nous pourrons extirper leur race,
Et laver dans leur sang nos innocentes mains.[1]

Ceux qui verront cette vengeance
Pourront dire avec vérité
Que l'injustice et l'équité
Tour à tour ont leur récompense;
Et qu'il est un Dieu dans les cieux
Dont le bras soutient l'innocence,
Et confond des méchants l'orgueil ambitieux.

---

1. Le texte dit plus énergiquement : « Le juste lavera ses pieds dans le sang du pécheur. »

ODE V

TIRÉE DU PSAUME LXXI.

Deus, judicium tuum regi da, etc.[1]

IDÉE DE LA VÉRITABLE GRANDEUR DES ROIS.

O Dieu, qui, par un choix propice,
Daignâtes élire entre tous
Un homme qui fût parmi nous
L'oracle de votre justice,
Inspirez à ce jeune roi,
Avec l'amour de votre loi
Et l'horreur de la violence,
Cette clairvoyante équité
Qui de la fausse vraisemblance
Sait discerner la vérité !

Que par des jugements sévères
Sa voix assure l'innocent :
Que de son peuple gémissant

---

1. En choisissant ce psaume, J. B. Rousseau a dû se souvenir de Louis XV enfant, de même que Racine, en écrivant le discours du grand prêtre à Joas, pensait sans doute à cet admirable psaume, dont toutes les idées se retrouvent dans la belle scène d'*Athalie*. Mais comme on sent que Racine était mieux inspiré, et que c'était son cœur qui puisait à cette source sacrée !

Sa main soulage les misères :
Que jamais le mensonge obscur
Des pas de l'homme libre et pur
N'ose à ses yeux souiller la trace:
Et que le vice fastueux
Ne soit point assis à la place
Du mérite humble et vertueux.

Ainsi du plus haut des montagnes
La paix et tous les dons des cieux,
Comme un fleuve délicieux,
Viendront arroser nos campagnes.
Son règne à ses peuples chéris
Sera ce qu'aux champs défleuris
Est l'eau que le ciel leur envoie:
Et, tant que luira le soleil,
L'homme, plein d'une sainte joie,
Le bénira dès son réveil.

Son trône deviendra l'asile
De l'orphelin persécuté :
Son équitable austérité
Soutiendra le foible pupille.
Le pauvre, sous ce défenseur,
Ne craindra plus que l'oppresseur
Lui ravisse son héritage :
Et le champ qu'il aura semé
Ne deviendra plus le partage
De l'usurpateur affamé.

Ses dons, versés avec justice,
Du pâle calomniateur
Ni du servile adulateur

Ne nourriront point l'avarice;
Pour eux son front sera glacé.
Le zèle désintéressé,
Seul digne de sa confidence,
Fera renaître pour jamais
Les délices et l'abondance,
Inséparables de la paix.

Alors sa juste renommée,
Répandue au delà des mers,
Jusqu'aux deux bouts de l'univers
Avec éclat sera semée :
Ses ennemis humiliés
Mettront leur orgueil à ses pieds;
Et, des plus éloignés rivages,
Les rois, frappés de sa grandeur,
Viendront par de riches hommages
Briguer sa puissante faveur.

Ils diront : Voilà le modèle
Que doivent suivre tous les rois;
C'est de la sainteté des lois
Le protecteur le plus fidèle.
L'ambitieux immodéré,
Et des eaux du siècle enivré,
N'ose paroître en sa présence :
Mais l'humble ressent son appui;
Et les larmes de l'innocence,
Sont précieuses devant lui.[1]

---

1. Tout ici, le vers lui-même, a été emprunté de Racine, qui avait dit (chœurs d'*Esther*, acte III, scène III) :

> Et les larmes du juste implorant son appui
> Sont précieuses devant lui.

De ses triomphantes années
Le temps respectera le cours ;
Et d'un long ordre d'heureux jours
Ses vertus seront couronnées.
Ses vaisseaux, par les vents poussés,
Vogueront des climats glacés
Aux bords de l'ardente Libye :
La mer enrichira ses ports ;
Et pour lui l'heureuse Arabie
Épuisera tous ses trésors.

Tel qu'on voit la tête chenue
D'un chêne,[1] autrefois arbrisseau,
Égaler le plus haut rameau
Du cèdre caché dans la nue :
Tel, croissant toujours en grandeur,
Il égalera la splendeur
Du potentat le plus superbe ;
Et ses redoutables sujets
Se multiplieront comme l'herbe
Autour des humides marais.

Qu'il vive, et que dans leur mémoire
Les rois lui dressent des autels !
Que les cœurs de tous les mortels
Soient les monuments de sa gloire !

---

1. *Chenue* et *chêne*, rapprochement peu harmonieux. *Chenue* d'ailleurs était bon dans Malherbe, mais au XVIIIe siècle ce mot n'appartient déjà plus à la langue poétique. J. B. Rousseau porte ici et ailleurs la peine de son goût pour la langue surannée de Marot. L'étude de notre vieille langue pouvait être, on l'a vu plus tard, une source de rajeunissement pour la poésie. Mais Rousseau ne le prenait pas par ce côté-là, et ici c'est pure affectation et recherche d'un faux archaïsme.

Et vous, ô maître des humains,
Qui de vos bienfaisantes mains
Formez les monarques célèbres,
Montrez-vous à tout l'univers,
Et daignez chasser les ténèbres
Dont nos foibles yeux sont couverts !

ODE VI

TIRÉE DU PSAUME XC.

Qui habitat in adjutorio Altissimi, etc.

QUE RIEN NE PEUT TROUBLER LA TRANQUILLITÉ
DE CEUX QUI S'ASSURENT EN DIEU.

Celui qui mettra sa vie
Sous la garde du Très-Haut
Repoussera de l'envie
Le plus dangereux assaut.
Il dira : Dieu redoutable,
C'est dans ta force indomptable
Que mon espoir est remis :
Mes jours sont ta propre cause ;
Et c'est toi seul que j'oppose
A mes jaloux ennemis.

Pour moi, dans ce seul asile,
Par ses secours tout-puissants,
Je brave l'orgueil stérile
De mes rivaux frémissants.
En vain leur fureur m'assiége :
Sa justice rompt le piége
De ces chasseurs obstinés ;
Elle confond leur adresse,

Et garantit ma foiblesse
De leurs dards empoisonnés.

O toi, que ces cœurs féroces
Comblent de crainte et d'ennui,
Contre leurs complots atroces
Ne cherche point d'autre appui.
Que sa vérité propice
Soit contre leur artifice
Ton plus invincible mur :
Que son aile tutélaire
Contre leur âpre colère
Soit ton rempart le plus sûr.

Ainsi, méprisant l'atteinte
De leurs traits les plus perçants,
Du froid poison de la crainte
Tu verras tes jours exempts;
Soit que le jour sur la terre
Vienne éclairer de la guerre
Les implacables fureurs;
Ou soit que la nuit obscure
Répande dans la nature
Ses ténébreuses horreurs.

Mais que vois-je? quels abîmes*
S'entr'ouvrent autour de moi!
Quel déluge de victimes
S'offre à mes yeux pleins d'effroi!
Quelle épouvantable image

Var.   *Quels effroyables abîmes.*

De morts, de sang, de carnage,
Frappe mes regards tremblants!
Et quels glaives invisibles
Percent de coups si terribles
Ces corps pâles et sanglants!

Mon cœur, sois en assurance,
Dieu se souvient de ta foi;
Les fléaux de sa vengeance
N'approcheront point de toi.
Le juste est invulnérable :
De son bonheur immuable
Les anges sont les garants;
Et toujours leurs mains propices
A travers les précipices
Conduisent ses pas errants.

Dans les routes ambiguës
Du bois le moins fréquenté,
Parmi les ronces aiguës
Il chemine en liberté;
Nul obstacle ne l'arrête :
Ses pieds écrasent la tête
Du dragon et de l'aspic:
Il affronte avec courage
La dent du lion sauvage,
Et les yeux du basilic.[1]

Si quelques vaines foiblesses
Troublent ses jours triomphants,

---

1. Ces faibles images sont loin de rendre l'énergie de l'original :
Super aspidem et basiliscum ambulabis, et conculcabis leonem et draconem.

Il se souvient des promesses
Que Dieu fait à ses enfants.
A celui qui m'est fidèle,
Dit la Sagesse éternelle,
J'assurerai mes secours;
Je raffermirai sa voie,
Et dans des torrents de joie
Je ferai couler ses jours.

Dans ses fortunes diverses
Je viendrai toujours à lui;
Je serai dans ses traverses
Son inséparable appui :
Je le comblerai d'années[1]
Paisibles et fortunées;
Je bénirai ses desseins :
Il vivra dans ma mémoire,
Et partagera la gloire
Que je réserve à mes saints.

---

1. Ici encore, si on veut rester sensible à l'élégance du poëte, il faut oublier le texte qui dit avec tant de force : *Longitudine dierum replebo eum, Je le rassasierai de longs jours.*

ODE VII

TIRÉE DU PSAUME CXIX.

Ad Dominum, cum tribularer, clamavi, etc.

CONTRE LES CALOMNIATEURS.[1]

Dans ces jours destinés aux larmes,
Où mes ennemis en fureur
Aiguisoient contre moi les armes
De l'imposture et de l'erreur,
Lorsqu'une coupable licence
Empoisonnoit mon innocence,
Le Seigneur fut mon seul recours :
J'implorai sa toute-puissance,
Et sa main vint à mon secours.

O Dieu, qui punis les outrages
Que reçoit l'humble vérité,
Venge-toi, détruis les ouvrages
De ces lèvres d'iniquité ;
Et confonds cet homme parjure
Dont la bouche non moins impure
Publie avec légèreté

---

1. Cette ode est évidemment une de celles où J. B. Rousseau, en paraphrasant le roi David, s'est souvenu de lui-même, des égarements de sa jeunesse, de son exil, de ses ennemis, et on s'étonne que le sentiment de sa situation personnelle ne l'ait pas mieux inspiré encore.

Les mensonges que l'imposture
Invente avec malignité.

Quel rempart, quelle autre barrière
Pourra défendre l'innocent
Contre la fraude meurtrière
De l'impie adroit et puissant?
Sa langue aux feintes préparée
Ressemble à la flèche acérée
Qui part et frappe en un moment :
C'est un feu léger dès l'entrée,
Que suit un long embrasement.

Hélas! dans quel climat sauvage
Ai-je si longtemps habité!
Quel exil! quel affreux rivage!
Quels asiles d'impiété!
Cédar, où la fourbe et l'envie
Contre ma vertu poursuivie
Se déchaînèrent si longtemps,
A quels maux ont livré ma vie
Tes sacriléges habitants!

J'ignorois la trame invisible
De leurs pernicieux forfaits;
Je vivois tranquille et paisible
Chez les ennemis de la paix :
Et lorsque, exempt d'inquiétude,
Je faisois mon unique étude
De ce qui pouvoit les flatter,
Leur détestable ingratitude
S'armoit pour me persécuter.

ODE VIII

TIRÉE DU PSAUME CXLIII.

Benedictus Dominus Deus meus, etc.

IMAGE DU BONHEUR TEMPOREL DES MÉCHANTS.

Béni soit le Dieu des armées
Qui donne la force à mon bras,
Et par qui mes mains sont formées
Dans l'art pénible des combats!
De sa clémence inépuisable
Le secours prompt et favorable
A fini mes oppressions :
En lui j'ai trouvé mon asile,
Et par lui d'un peuple indocile
J'ai dissipé les factions.

Qui suis-je, vile créature!
Qui suis-je, Seigneur! et pourquoi
Le souverain de la nature
S'abaisse-t-il jusques à moi?
L'homme, en sa course passagère,
N'est rien qu'une vapeur légère
Que le soleil fait dissiper :
Sa clarté n'est qu'une nuit sombre,
Et ses jours passent comme une ombre
Que l'œil suit et voit échapper.

Mais quoi ! les périls qui m'obsèdent
Ne sont point encore passés !
De nouveaux ennemis succèdent
A mes ennemis terrassés !
Grand Dieu, c'est toi que je réclame ;
Lève ton bras, lance ta flamme,
Abaisse la hauteur des cieux,
Et viens sur leur voûte enflammée,
D'une main de foudres armée,
Frapper ces monts audacieux.[1]

Objet de mes humbles cantiques,
Seigneur, je t'adresse ma voix,
Toi dont les promesses antiques
Furent toujours l'espoir des rois ;
Toi de qui les secours propices,
A travers tant de précipices,
M'ont toujours garanti d'effroi ;
Conserve aujourd'hui ton ouvrage,
Et daigne détourner l'orage
Qui s'apprête à fondre sur moi.

Arrête cet affreux déluge
Dont les flots vont me submerger ;
Sois mon vengeur, sois mon refuge

---

1. C'est le texte même : *Inclina cœlos tuos et descende.* Racine avait dit dans les chœurs d'*Esther*, acte III, scène IX :

> Et vous, sous sa majesté sainte,
> Cieux, abaissez-vous !

Mais la suite dans Rousseau ne soutient pas ce magnifique commencement et l'original reprend son incomparable supériorité : *Tange montes et fumigabunt.*

Contre les fils de l'étranger :
Venge-toi d'un peuple infidèle
De qui la bouche criminelle
Ne s'ouvre qu'à l'impiété ;
Et dont la main, vouée au crime,
Ne connoît rien de légitime
Que le meurtre et l'iniquité.

Ces hommes, qui n'ont point encore
Éprouvé la main du Seigneur,
Se flattent que Dieu les ignore,
Et s'enivrent de leur bonheur.
Leur postérité florissante,
Ainsi qu'une tige naissante,
Croît et s'élève sous leurs yeux :
Leurs filles couronnent leurs têtes
De tout ce qu'en nos jours de fêtes
Nous portons de plus précieux.

De leurs grains les granges sont pleines,
Leurs celliers regorgent de fruits ;
Leurs troupeaux, tout chargés de laines,
Sont incessamment reproduits :
Pour eux la fertile rosée,
Tombant sur la terre embrasée,
Rafraîchit son sein altéré ;
Et pour eux le flambeau du monde
Nourrit d'une chaleur féconde
Le germe en ses flancs resserré.

Le calme règne dans leurs villes ;
Nul bruit n'interrompt leur sommeil :

On ne voit point leurs toits fragiles
Ouverts aux rayons du soleil.
C'est ainsi qu'ils passent leur âge.
Heureux, disent-ils, le rivage
Où l'on jouit d'un tel bonheur !
Qu'ils restent dans leur rêverie :
Heureuse la seule patrie
Où l'on adore le Seigneur ! [1]

---

1. Rousseau ou a mal compris ou a changé complétement, dans ce psaume, le sens de David. Tout ce qu'il met dans la bouche de l'impie est un hymne de reconnaissance que le roi-prophète adresse au Seigneur. L'ode reste belle néanmoins, et le mouvement qui la termine est admirable et vraiment lyrique.

ODE IX

TIRÉE DU PSAUME CXLV.

Lauda, anima mea, Dominum, etc.

FOIBLESSE DES HOMMES, GRANDEUR DE DIEU.

Mon âme, louez le Seigneur;
Rendez un légitime honneur
A l'objet éternel de vos justes louanges.
Oui, mon Dieu, je veux désormais
Partager la gloire des anges,
Et consacrer ma vie à chanter vos bienfaits.

Renonçons au stérile appui
Des grands qu'on implore aujourd'hui,
Ne fondons point sur eux une espérance folle :
Leur pompe, indigne de nos vœux,
N'est qu'un simulacre frivole,
Et les solides biens ne dépendent pas d'eux.

Comme nous, esclaves du sort,
Comme nous, jouets de la mort,
La terre engloutira leurs grandeurs insensées;

Et périront en même jour
Ces vastes et hautes pensées
Qu'adorent maintenant ceux qui leur font la cour.

Dieu seul doit faire notre espoir,
Dieu, de qui l'immortel pouvoir
Fit sortir du néant le ciel, la terre et l'onde ;
Et qui, tranquille au haut des airs,
Anima d'une voix féconde
Tous les êtres semés dans ce vaste univers.

Heureux qui, du ciel occupé,
Et d'un faux éclat détrompé,
Met de bonne heure en lui toute son espérance !
Il protége la vérité,
Et saura prendre la défense
Du juste que l'impie aura persécuté.

C'est le Seigneur qui nous nourrit,
C'est le Seigneur qui nous guérit ;
Il prévient nos besoins, il adoucit nos gênes ;
Il assure nos pas craintifs,
Il délie, il brise nos chaînes,
Et nos tyrans par lui deviennent nos captifs.

Il offre au timide étranger
Un bras prompt à le protéger,
Et l'orphelin en lui retrouve un second père.
De la veuve il devient l'époux ;
Et par un châtiment sévère
Il confond les pécheurs conjurés contre nous.

Les jours des rois sont dans sa main ;
Leur règne est un règne incertain,
Dont le doigt du Seigneur a marqué les limites :
Mais de son règne illimité
Les bornes ne seront prescrites
Ni par la fin des temps, ni par l'éternité.

ODE X

TIRÉE DU CANTIQUE D'ÉZÉCHIAS.

Isaïe, chap. xxxviii, v. 9 et suiv.

Ego dixi : In dimidio dierum meorum, etc.

POUR UNE PERSONNE CONVALESCENTE.

J'ai vu mes tristes journées
Décliner vers leur penchant;
Au midi de mes années
Je touchois à mon couchant.
La Mort, déployant ses ailes,
Couvroit d'ombres éternelles
La clarté dont je jouis;
Et, dans cette nuit funeste,
Je cherchois en vain le reste
De mes jours évanouis.

Grand Dieu, votre main réclame
Les dons que j'en ai reçus;
Elle vient couper la trame
Des jours qu'elle m'a tissus :
Mon dernier soleil se lève,
Et votre souffle m'enlève

De la terre des vivants,
Comme la feuille séchée,
Qui, de sa tige arrachée,
Devient le jouet des vents.

Comme un tigre impitoyable,
Le mal a brisé mes os :
Et sa rage insatiable
Ne me laisse aucun repos.*
Victime foible et tremblante,
A cette image sanglante,
Je soupire nuit et jour ;
Et, dans ma crainte mortelle,
Je suis comme l'hirondelle
Sous les griffes du vautour.

Ainsi de cris et d'alarmes
Mon mal sembloit se nourrir ;
Et mes yeux, noyés de larmes,
Étoient lassés de s'ouvrir.[1]
Je disois à la nuit sombre :
O nuit, tu vas dans ton ombre
M'ensevelir pour toujours !
Je redisois à l'aurore :

---

* Var. *Comme un lion plein de rage,*
Le mal a brisé mes os ;
Le tombeau m'ouvre un passage
Dans ses lugubres cachots.

Nous avons rétabli ici le texte même de l'édition de Soleure, faite sous les yeux de Rousseau.

1. Lorsque Voltaire attaquait si violemment l'infortuné Rousseau, se souvenait-il de ces deux vers de sa *Sémiramis*, acte I, scène v :

O voiles de la mort ! quand viendrez-vous couvrir
Mes yeux remplis de pleurs et LASSÉS DE S'OUVRIR ?

Le jour que tu fais éclore
Est le dernier de mes jours!

Mon âme est dans les ténèbres,
Mes sens sont glacés d'effroi :
Écoutez mes cris funèbres,
Dieu juste, répondez-moi.
Mais enfin sa main propice
A comblé le précipice
Qui s'entr'ouvroit sous mes pas :
Son secours me fortifie,
Et me fait trouver la vie
Dans les horreurs du trépas.

Seigneur, il faut que la terre
Connoïsse en moi vos bienfaits :
Vous ne m'avez fait la guerre
Que pour me donner la paix.
Heureux l'homme à qui la grâce
Départ ce don efficace,
Puisé dans ses saints trésors;
Et qui, rallumant sa flamme,
Trouve la santé de l'âme
Dans les souffrances du corps!

C'est pour sauver la mémoire
De vos immortels secours,
C'est pour vous, pour votre gloire,
Que vous prolongez nos jours.
Non, non, vos bontés sacrées
Ne seront point célébrées
Dans l'horreur des monuments :
La Mort, aveugle et muette,

Ne sera point l'interprète
De vos saints commandements.

Mais ceux qui de sa menace,
Comme moi, sont rachetés,
Annonceront à leur race
Vos célestes vérités.
J'irai, Seigneur, dans vos temples
Réchauffer par mes exemples
Les mortels les plus glacés,
Et, vous offrant mon hommage,
Leur montrer l'unique usage
Des jours que vous leur laissez.[1]

---

1. « D'Alembert, qui là-dessus n'est pas suspect de prévention, regrette la touchante naïveté du cantique d'Ézéchias, jusque dans cette immortelle imitation. Je crois que d'Alembert avait raison en un sens; mais peut-être ne sentait-il pas assez l'harmonie enchanteresse du cantique français. Elle est telle, qu'on peut la mettre en compensation pour tout le reste, et il faut tenir compte de ces sortes d'équivalents, quand il n'est pas possible de trouver dans sa langue la même espèce de mérite que dans l'original. »

(La Harpe.)

ODE XI

TIRÉE DU PSAUME XLIX.

Deus deorum Dominus locutus est, et vocavit terram, etc.

SUR LES DISPOSITIONS QUE L'HOMME DOIT APPORTER
A LA PRIÈRE.

    Le Roi des cieux et de la terre
    Descend au milieu des éclairs :
    Sa voix, comme un bruyant tonnerre,
    S'est fait entendre dans les airs.
    Dieux mortels, c'est vous qu'il appelle !
    Il tient la balance éternelle
    Qui doit peser tous les humains :
    Dans ses yeux la flamme étincelle,
    Et le glaive brille en ses mains.

    Ministres de ses lois augustes,
    Esprits divins qui le servez,[1]
    Assemblez la troupe des justes
    Que les œuvres ont éprouvés ;
    Et de ces serviteurs utiles
    Séparez les âmes serviles

---

1. J. B. Rousseau, habituellement si soigneux écrivain, a cependant aussi ses négligences. Il a paru inutile de les relever toutes. Mais ici comment ne pas faire remarquer ces répétitions vicieuses de *servez, serviteurs, serviles* dans une même strophe, et *servir* dans la strophe suivante.

Dont le zèle, oisif en sa foi,
Par des holocaustes stériles
A cru satisfaire à la loi.

Allez, saintes Intelligences,
Exécuter ses volontés;
Tandis qu'à servir ses vengeances
Les cieux et la terre invités,
Par des prodiges innombrables,
Apprendront à ces misérables
Que le jour fatal est venu,
Qui fera connoître aux coupables
Le juge qu'ils ont méconnu.

Écoutez ce juge sévère,
Hommes charnels, écoutez tous :
Quand je viendrai dans ma colère
Lancer mes jugements sur vous,
Vous m'alléguerez les victimes
Que sur mes autels légitimes
Chaque jour vous sacrifiez;
Mais ne pensez pas que vos crimes
Par là puissent être expiés.

Que m'importent vos sacrifices,
Vos offrandes et vos troupeaux?
Dieu boit-il le sang des génisses?
Mange-t-il la chair des taureaux?[1]

---

1. Racine traduisait aussi le prophète-roi, quand il disait dans *Athalie*, acte 1, scène 1 :

> Quel fruit me revient-il de tous vos sacrifices?
> Qu'ai-je besoin du sang des boucs et des génisses?

Moins élégante et moins noble, l'imitation de Rousseau est peut-être plus énergique et plus saisissante.

Ignorez-vous que son empire
Embrasse tout ce qui respire
Et sur la terre et dans les mers,
Et que son souffle seul inspire
L'âme à tout ce vaste univers?[1]

Offrez, à l'exemple des anges,
A ce Dieu votre unique appui,
Un sacrifice de louanges,
Le seul qui soit digne de lui.
Chantez, d'une voix ferme et sûre,
De cet auteur de la nature
Les bienfaits toujours renaissants :
Mais sachez qu'une main impure
Peut souiller le plus pur encens.

Il a dit à l'homme profane :
Oses-tu, pécheur criminel,
D'un Dieu dont la loi te condamne
Chanter le pouvoir éternel,
Toi qui, courant à ta ruine,
Fus toujours sourd à ma doctrine,[2]
Et, malgré mes secours puissants,
Rejetant toute discipline,
N'as pris conseil que de tes sens?

Si tu voyois un adultère,
C'étoit lui que tu consultois;

---

1. Vipeream inspirans animam (Virgile, *Énéide*, VII, 351).
    Et encore :
    Mens agitat molem et magno se corpore miscet,
            (Virg., *Én.*, VI, 727.)
2. « Tu jettes derrière toi mes paroles, » dit le texte.

Tu respirois le caractère
Du voleur que tu fréquentois.
Ta bouche abondoit en malice,
Et ton cœur, pétri d'artifice,
Contre ton frère encouragé,
S'applaudissoit du précipice
Où ta fraude l'avoit plongé.

Contre une impiété si noire
Mes foudres furent sans emploi;
Et voilà ce qui t'a fait croire
Que ton Dieu pensoit comme toi :
Mais apprends, homme détestable,
Que ma justice formidable
Ne se laisse point prévenir,
Et n'en est pas moins redoutable,
Pour être tardive à punir.

Pensez-y donc, âmes grossières,
Commencez par régler vos mœurs;
Moins de faste dans vos prières,
Plus d'innocence dans vos cœurs.
Sans une âme légitimée[1]
Par la pratique confirmée
De mes préceptes immortels,
Votre encens n'est qu'une fumée
Qui déshonore mes autels.

---

1. La Harpe qualifie cette expression d'*inintelligible*. Elle n'est peut-être que trop ingénieuse.

ODE XII

TIRÉE DU PSAUME LXXII.

Quam bonus, Israel, Deus his qui recto sunt corde, etc.

INQUIÉTUDES DE L'AME SUR LES VOIES
DE LA PROVIDENCE.

Que la simplicité d'une vertu paisible
Est sûre d'être heureuse en suivant le Seigneur !
Dessillez-vous, mes yeux ; console-toi, mon cœur :
Les voiles sont levés, sa conduite est visible
    Sur le juste et sur le pécheur.

Pardonne, Dieu puissant, pardonne à ma foiblesse !
A l'aspect des méchants, confus, épouvanté,
Le trouble m'a saisi, mes pas ont hésité :
Mon zèle m'a trahi, Seigneur, je le confesse,
    En voyant leur prospérité.

Cette mer d'abondance où leur âme se noie
Ne craint ni les écueils, ni les vents rigoureux :
Ils ne partagent point nos fléaux douloureux ;
Ils marchent sur les fleurs, ils nagent dans la joie ;
    Le sort n'ose changer pour eux.

Voilà donc d'où leur vient cette audace intrépide
Qui n'a jamais connu craintes ni repentirs !

Enveloppés d'orgueil,[1] engraissés de plaisirs,
Enivrés de bonheur, ils ne prennent pour guide
    Que leurs plus insensés désirs.

Leur bouche ne vomit qu'injures, que blasphèmes,
Et leur cœur ne nourrit que pensers vicieux ;
Ils affrontent la terre, ils attaquent les cieux,
Et n'élèvent leur voix que pour vanter eux-mêmes
    Leurs forfaits les plus odieux.

De là, je l'avouerai, naissoit ma défiance.
Si sur tous les mortels Dieu tient les yeux ouverts,
Comment, sans les punir, voit-il ces cœurs pervers ?
Et, s'il ne les voit point, comment peut sa science
    Embrasser tout cet univers ?

Tandis qu'un peuple entier les suit et les adore,
Prêt à sacrifier ses jours mêmes aux leurs,
Accablé de mépris, consumé de douleurs,
Je n'ouvre plus mes yeux aux rayons de l'aurore
    Que pour faire place à mes pleurs.

Ah ! c'est donc vainement qu'à ces âmes parjures
J'ai toujours refusé l'encens que je te doi !
C'est donc en vain, Seigneur, que, m'attachant à toi,
Je n'ai jamais lavé mes mains simples et pures
    Qu'avec ceux qui suivent ta loi !

C'étoit en ces discours que s'exhaloit ma plainte :
Mais, ô coupable erreur ! ô transports indiscrets !
Quand je parlois ainsi, j'ignorois tes secrets.

---

1. Le texte dit plus poétiquement : « L'orgueil est leur collier. »

J'offensois tes élus, et je portois atteinte
    A l'équité de tes décrets.

Je croyois pénétrer tes jugements augustes;
Mais, grand Dieu, mes efforts ont toujours été vains,
Jusqu'à ce qu'éclairé du flambeau de tes saints,
J'ai reconnu la fin qu'à ces hommes injustes
    Réservent tes puissantes mains.

J'ai vu que leurs honneurs, leur gloire, leur richesse,
Ne sont que des filets tendus à leur orgueil;
Que le port n'est pour eux qu'un véritable écueil;
Et que ces lits pompeux où s'endort leur mollesse
    Ne couvrent qu'un affreux cercueil.

Comment tant de grandeur s'est-elle évanouie?
Qu'est devenu l'éclat de ce vaste appareil?
Quoi! leur clarté s'éteint aux clartés du soleil!
Dans un sommeil profond ils ont passé leur vie,
    Et la mort a fait leur réveil!

Insensé que j'étois de ne pas voir leur chute
Dans l'abus criminel de tes dons tout-puissants!
De ma foible raison j'écoutois les accents;
Et ma raison n'étoit que l'instinct d'une brute,
    Qui ne juge que par les sens.

Cependant, ô mon Dieu! soutenu de ta grâce,
Conduit par ta lumière, appuyé sur ton bras,
J'ai conservé ma foi dans ces rudes combats :
Mes pieds ont chancelé; mais enfin de ta trace
    Je n'ai point écarté mes pas.

Puis-je assez exalter l'adorable clémence
Du Dieu qui m'a sauvé d'un si mortel danger?
Sa main contre moi-même a su me protéger;
Et son divin amour m'offre un bonheur immense,
    Pour un mal foible et passager.

Que me reste-t-il donc à chérir sur la terre?
Et qu'ai-je à désirer au céleste séjour?
La nuit qui me couvroit cède aux clartés du jour :
Mon esprit ni mes sens ne me font plus la guerre,
    Tout est absorbé par l'amour.

Car enfin, je le vois, le bras de sa justice,
Quoique lent à frapper, se tient toujours levé
Sur ces hommes charnels dont l'esprit dépravé
Ose à de faux objets offrir le sacrifice
    D'un cœur pour lui seul réservé.

Laissons-les s'abîmer sous leurs propres ruines.
Ne plaçons qu'en Dieu seul nos vœux et notre espoir;
Faisons-nous de l'aimer un éternel devoir;
Et publions partout les merveilles divines
    De son infaillible pouvoir.

ODE XIII

TIRÉE DU PSAUME XCIII.

Deus ultionum Dominus, etc.

QUE LA JUSTICE DIVINE EST PRÉSENTE
A TOUTES NOS ACTIONS.

Paroissez, Roi des rois; venez, Juge suprême,
    Faire éclater votre courroux
    Contre l'orgueil et le blasphème
    De l'impie armé contre vous.
Le Dieu de l'univers est le Dieu des vengeances :
Le pouvoir et le droit de punir les offenses
    N'appartient qu'à ce Dieu jaloux.

Jusques à quand, Seigneur, souffrirez-vous l'ivresse
    De ces superbes criminels,
    De qui la malice transgresse
    Vos ordres les plus solennels,
Et dont l'impiété barbare et tyrannique
Au crime ajoute encor le mépris ironique
    De vos préceptes éternels ?

Ils ont sur votre peuple exercé leur furie;
    Ils n'ont pensé qu'à l'affliger :
    Ils ont semé dans leur patrie
    L'horreur, le trouble et le danger;

Ils ont de l'orphelin envahi l'héritage,
Et leur main sanguinaire a déployé sa rage
    Sur la veuve et sur l'étranger.

Ne songeons, ont-ils dit, quelque prix qu'il en coûte,
    Qu'à nous ménager d'heureux jours :
    Du haut de la céleste voûte
    Dieu n'entendra pas nos discours :
Nos offenses par lui ne seront point punies :
Il ne les verra point, et de nos tyrannies
    Il n'arrêtera pas le cours.

Quel charme vous séduit, quel démon vous conseille,
    Hommes imbéciles et fous?
    Celui qui forma votre oreille
    Sera sans oreilles pour vous!
Celui qui fit vos yeux ne verra point vos crimes!
Et celui qui punit les rois les plus sublimes
    Pour vous seul retiendra ses coups!

Il voit, n'en doutez plus, il entend toute chose,
    Il lit jusqu'au fond de vos cœurs.
    L'artifice en vain se propose
    D'éluder ses arrêts vengeurs;
Rien n'échappe aux regards de ce juge sévère;
Le repentir lui seul peut calmer sa colère,
    Et fléchir ses justes rigueurs.

Ouvrez, ouvrez les yeux, et laissez-vous conduire
    Aux divins rayons de sa foi.
    Heureux celui qu'il daigne instruire
    Dans la science de sa loi!

C'est l'asile du juste, et la simple innocence
Y trouve son repos, tandis que la licence
      N'y trouve qu'un sujet d'effroi.

Qui me garantira des assauts de l'envie?
      Sa fureur n'a pu s'attendrir.
      Si vous n'aviez sauvé ma vie,
      Grand Dieu, j'étois près de périr.
Je vous ai dit : Seigneur, ma mort est infaillible,
Je succombe! Aussitôt votre bras invincible
      S'est armé pour me secourir.

Non, non, c'est vainement qu'une main sacrilége
      Contre moi décoche ses traits;
      Votre trône n'est point un siége
      Souillé par d'injustes décrets ;
Vous ne ressemblez point à ces rois implacables
Qui ne font exercer leurs lois impraticables
      Que pour accabler leurs sujets.

Toujours à vos élus l'envieuse malice
      Tendra ses filets captieux :
      Mais toujours votre loi propice
      Confondra les audacieux.
Vous anéantirez ceux qui nous font la guerre;
Et si l'impiété nous juge sur la terre,
      Vous la jugerez dans les cieux.

ODE XIV

TIRÉE DU PSAUME XCVI

Et appliquée au jugement dernier.[1]

Dominus regnavit, exultet terra, etc.

MISÈRE DES RÉPROUVÉS, FÉLICITÉ DES ÉLUS.

Peuples, élevez vos concerts,[2]
Poussez des cris de joie et des chants de victoire;
Voici le Roi de l'univers
Qui vient faire éclater son triomphe et sa gloire.

La justice et la vérité
Servent de fondements à son trône terrible;
Une profonde obscurité
Aux regards des humains le rend inaccessible.

Les éclairs, les feux dévorants,
Font luire devant lui leur flamme étincelante;

---

1. Pourquoi appliquer cette ode au jugement dernier, si le poëte ne devait pas tirer de ce psaume une peinture plus digne d'un si grand sujet? Le psaume original est court, mais d'une brièveté terrible, et que Rousseau énerve par sa paraphrase. On y remarquera pourtant quelques beaux traits, et on aimera à comparer cette ode à celle de Gilbert, en qui, s'il eût vécu, se fût développé un poëte lyrique égal peut-être au satirique.

2. J. B. Rousseau n'a pas fait preuve ici du goût qu'il apporte habituellement dans le choix du rhythme. Celui-ci a de la grâce et de la mollesse, et il fallait tout autre chose dans un tel sujet.

Et ses ennemis expirants
Tombent de toutes parts sous sa foudre brûlante.

Pleine d'horreur et de respect,
La terre a tressailli sur ses voûtes brisées :
Les monts, fondus à son aspect,
S'écroulent dans le sein des ondes embrasées.

De ses jugements redoutés.
La trompette céleste a porté le message ;
Et dans les airs épouvantés
En ces terribles mots sa voix s'ouvre un passage :

Soyez à jamais confondus,
Adorateurs impurs de profanes idoles,
Vous qui, par des vœux défendus,
Invoquez de vos mains les ouvrages frivoles.

Ministres de mes volontés,
Anges, servez contre eux ma fureur vengeresse ;
Vous, mortels que j'ai rachetés,
Redoublez, à ma voix, vos concerts d'allégresse.

C'est moi qui, du plus haut des cieux,
Du monde que j'ai fait règle les destinées :
C'est moi qui brise ses faux dieux,
Misérables jouets des vents et des années.

Par ma présence raffermis,
Méprisez du méchant la haine et l'artifice :
L'ennemi de vos ennemis
A détourné sur eux les traits de leur malice.

Conduits par mes vives clartés,
Vous n'avez écouté que mes lois adorables :
Jouissez des félicités
Qu'ont mérité pour vous mes bontés secourables.

Venez donc, venez en ce jour
Signaler de vos cœurs l'humble reconnoissance,
Et, par un respect plein d'amour,
Sanctifiez en moi votre réjouissance.

ODE XV

TIRÉE DU PSAUME CXXIX.

De profundis clamavi ad te, Domine, etc. [1]

SENTIMENTS DE PÉNITENCE.

Pressé de l'ennui qui m'accable,
Jusqu'à ton trône redoutable
J'ai porté mes cris gémissants :
Seigneur, entends ma voix plaintive,
Et prête une oreille attentive
Au bruit de mes tristes accents.

Si dans le jour de tes vengeances
Tu considères mes offenses,

---

1. J. B. Rousseau écrivait à Duché le 19 novembre 1696 :

« Il faut que je sois bien hardi pour vous faire part d'une mauvaise imitation que j'ai faite du *De profundis*. Je ne m'excuserai point sur la simplicité de ce psaume, peu susceptible des hardiesses de la poésie, ni sur le peu de temps qui me fut donné pour le faire, n'y ayant employé au plus qu'une demi-heure, non plus que sur le choix des mots qu'il a fallu rendre propres à la musique. J'aurai plus tôt fait de vous demander indulgence plénière pour ce petit ouvrage, que j'aurois pu mieux faire, si on m'avoit donné plus de temps. »

Mais Rousseau, qui, par son admiration pour Molière, eût mérité de faire de meilleures comédies, devait savoir que *le temps ne fait rien à l'affaire*, et il aurait dû retrancher de son recueil cette médiocre paraphrase. Un sentiment de juste défiance l'avait arrêté devant le *Super flumina Babylonis*. Le même scrupule devait le retenir ici. Le *De profundis* n'est pas matière à bouts rimés.

Grand Dieu, quel sera mon appui?
C'est à toi seul que je m'adresse,
Et c'est en ta sainte promesse
Que mon cœur espère aujourd'hui.

Oui, je m'assure en ta clémence.
Si, toujours plein de ta puissance,
Mon zèle a soutenu ta loi,
Dieu juste, sois-moi favorable,
Et jette un regard secourable
Sur ce cœur qui se fie en toi.

Dès que paroîtra la lumière,
Jusqu'au temps où de sa carrière
La nuit recommence le cours,
Plein de l'espoir que tu demandes,
Je t'adresserai mes offrandes,
Et j'implorerai ton secours.

Heureux, puisque de nos souffrances,
Par l'objet de nos espérances,
Nous devons être rachetés,
Et qu'il nous permet de prétendre
Qu'un jour sa bonté doit s'étendre
Sur toutes nos iniquités!

ODE XVI

TIRÉE DU PSAUME LXXV

Et appliquée à la dernière guerre des Turcs.

Notus in Judæa Deus, etc.

Le Seigneur est connu dans nos climats paisibles;[1]
Il habite avec nous, et ses secours visibles
Ont de son peuple heureux prévenu les souhaits.
Ce Dieu, de ses faveurs nous comblant à toute heure,
      A fait de sa demeure
      La demeure de paix.

Du haut de la montagne où sa grandeur réside,
Il a brisé la lance et l'épée homicide
Sur qui l'impiété fondoit son ferme appui.
Le sang des étrangers a fait fumer la terre,
      Et le feu de la guerre
      S'est éteint devant lui.

Une affreuse clarté dans les airs répandue
A jeté la frayeur dans leur troupe éperdue :

---

1. Ce n'est pas ici que nous reprocherons à Jean-Baptiste de n'avoir pas heureusement choisi son rhythme. Aussi La Harpe a-t-il remarqué avec raison combien la strophe de ce genre est « favorable aux peintures fortes, rapides, effrayantes, à tous les effets, en un mot, qui deviennent plus sensibles, quand le rhythme prolongé dans les grands vers doit se briser avec éclat sur deux vers d'une mesure courte et vive. » (*Cours de littérature*, IIe partie, ch. IX.)

Par l'effroi de la mort ils se sont dissipés ;
Et l'éclat foudroyant des lumières célestes
        A dispersé leurs restes
        Aux glaives échappés.

Insensés, qui, remplis d'une vapeur légère,
Ne prenez pour conseil qu'une ombre mensongère
Qui vous peint des trésors chimériques et vains,
Le réveil suit de près vos trompeuses ivresses,
        Et toutes vos richesses
        S'écoulent de vos mains.

L'ambition guidoit vos escadrons rapides ;
Vous dévoriez déjà, dans vos courses avides,
Toutes les régions qu'éclaire le soleil :
Mais le Seigneur se lève ; il parle, et sa menace
        Convertit votre audace
        En un morne sommeil.

O Dieu, que ton pouvoir est grand et redoutable !
Qui pourra se cacher au trait inévitable
Dont tu poursuis l'impie au jour de ta fureur ?
A punir les méchants ta colère fidèle
        Fait marcher devant elle
        La mort et la terreur.

Contre ces inhumains tes jugements augustes
S'élèvent pour sauver les humbles et les justes
Dont le cœur devant toi s'abaisse avec respect.
Ta justice paroît, de feux étincelante,
        Et la terre tremblante
        S'arrête à ton aspect.*

---

   * Var.   *Frémit à ton aspect.*

Mais ceux pour qui ton bras opère ces miracles
N'en cueilleront le fruit qu'en suivant tes oracles,
En bénissant ton nom, en pratiquant ta loi.
Quel encens est plus pur qu'un si saint exercice?
        Quel autre sacrifice
        Seroit digne de toi?

Ce sont là les présents, grand Dieu, que tu demandes.
Peuples, ce ne sont point vos pompeuses offrandes
Qui le peuvent payer de ses dons immortels :
C'est par une humble foi, c'est par un amour tendre,
        Que l'homme peut prétendre
        D'honorer ses autels.

Venez donc adorer le Dieu saint et terrible
Qui vous a délivrés par sa force invincible
Du joug que vous avez redouté tant de fois;
Qui d'un souffle détruit l'orgueilleuse licence,
        Relève l'innocence,
        Et terrasse les rois.

ODE XVII

TIRÉE DU PSAUME XLV.

Deus noster refugium et virtus, etc.

CONFIANCE DE L'HOMME JUSTE DANS LA PROTECTION
DE DIEU.

Puisque notre Dieu favorable
Nous assure de son secours,
Il n'est plus de revers capable
De troubler la paix de nos jours;
Et si la nature fragile
Étoit à ses derniers moments,
Nous la verrions d'un œil tranquille
S'écrouler dans ses fondements.[1]

Par les ravages du tonnerre
Nous verrions nos champs moissonnés,
Et des entrailles de la terre
Les plus hauts monts déracinés;
Nos yeux verroient leur masse aride,

---

1. Rousseau rappelle ici, mais de bien loin, l'admirable passage d'Horace, livre III, ode III :

   Si fractus illabatur orbis,
   Impavidum ferient ruinæ.

Transportée au milieu des airs,
Tomber d'une chute rapide
Dans le vaste gouffre des mers.

Les remparts de la cité sainte
Nous sont un refuge assuré ;
Dieu lui-même dans son enceinte
A marqué son séjour sacré ;
Une onde pure et délectable
Arrose avec légèreté
Le tabernacle redoutable
Où repose sa majesté.

Les nations à main armée
Couvroient nos fertiles sillons ;
On a vu les champs d'Idumée
Inondés de leurs bataillons :
Le Seigneur parle, et l'infidèle
Tremble pour ses propres États ;
Il flotte, il se trouble, il chancelle,
Et la terre fuit sous ses pas.

Venez, nations arrogantes,
Peuples vains et voisins jaloux,
Voir les merveilles éclatantes
Que sa main opère pour nous.
Que pourront vos ligues formées
Contre le bonheur de nos jours,
Quand le bras du Dieu des armées
S'armera pour notre secours ?

Par lui ces troupes infernales,
A qui nos champs furent ouverts,

Iront de leurs flammes fatales
Embraser un autre univers ;
Sa foudre, prompte à nous défendre
Des méchants et de leurs complots,
Mettra leurs boucliers en cendre,
Et brisera leurs javelots.

Arrête, peuple impie, arrête,
Je suis ton Dieu, ton souverain ;
Mon bras est levé sur ta tête ;
Les feux vengeurs sont dans ma main !
Vois le ciel, vois la terre et l'onde
Remplis de mon immensité,
Et, dans tous les climats du monde,
Mon nom des peuples exalté.

Toi, pour qui l'ardente victoire
Marche d'un pas obéissant,
Seigneur, combats pour notre gloire,
Protége ton peuple innocent ;
Et fais que notre humble patrie,
Jouissant d'un calme promis,
Confonde à jamais la furie
De nos superbes ennemis.

CANTIQUE

TIRÉ DU PSAUME XLVII.

Magnus Dominus et laudabilis nimis, etc.

ACTIONS DE GRACES POUR LES BIENFAITS
QU'ON A REÇUS DE DIEU.

La gloire du Seigneur, sa grandeur immortelle,
De l'univers entier doit occuper le zèle :
Mais, sur tous les humains qui vivent sous ses lois,
Le peuple de Sion doit signaler sa voix.

  Sion, montagne auguste et sainte,
  Formidable aux audacieux;
  Sion, séjour délicieux,
  C'est toi, c'est ton heureuse enceinte
Qui renferme le Dieu de la terre et des cieux.
  O murs! ô séjour plein de gloire!
  Mont sacré, notre unique espoir,
  Où Dieu fait régner la victoire,
  Et manifeste son pouvoir!

Cent rois, ligués entre eux pour nous livrer la guerre,
Étoient venus sur nous fondre de toutes parts;
  Ils ont vu nos sacrés remparts :

Leur aspect foudroyant, tel qu'un affreux tonnerre,
Les a précipités au centre de la terre.

Le Seigneur dans leur camp a semé la terreur :
Il parle, et nous voyons leurs trônes mis en poudre,
    Leurs chefs aveuglés par l'erreur,
    Leurs soldats consternés d'horreur,
Leurs vaisseaux submergés ou brisés par la foudre,
Monuments éternels de sa juste fureur.

Rien ne sauroit troubler les lois inviolables
Qui fondent le bonheur de ta sainte cité :
    Seigneur, toi-même en as jeté
    Les fondements inébranlables.
Au pied de tes autels humblement prosternés,
Nos vœux par ta clémence ont été couronnés.

    Des lieux chéris où le jour prend naissance,
    Jusqu'aux climats où finit sa splendeur,
    Tout l'univers révère ta puissance,
    Tous les mortels adorent ta grandeur.

Publions les bienfaits, célébrons la justice
    Du Souverain de l'univers :
Que le bruit de nos chants vole au delà des mers;
    Qu'avec nous la terre s'unisse;
    Que nos voix pénètrent les airs,
Élevons jusqu'à lui nos cœurs et nos concerts.

Vous, filles de Sion, florissante jeunesse,
    Joignez-vous à nos chants sacrés;
    Formez des pas et des sons d'allégresse

Autour de ces murs révérés ;
Venez offrir des vœux pleins de tendresse
Au Seigneur que vous adorez.

Peuple, de qui l'appui sur sa bonté se fonde,
    Allez dans tous les coins du monde
A son nom glorieux élever des autels ;
Les siècles à venir béniront votre zèle,
    Et de ses bienfaits immortels
L'Éternel comblera votre race fidèle.

Marquons-lui notre amour par des vœux éclatants ;
    C'est notre Dieu, c'est notre père,
    C'est le roi que Sion révère ;
De son règne éternel les glorieux instants
Dureront au delà des siècles et des temps.[1]

---

1. Racine avait dit dans les chœurs d'*Esther*, acte III, scène IV :

> Que l'on célèbre ses ouvrages
> Au delà des temps et des âges,
> Au delà de l'éternité.

Et ici Racine, comme J. B. Rousseau, s'autorisait de l'Écriture, où il est dit : (*Exode*, chapitre XV, verset 18) : *Dominus regnabit in æternum et ultra.*

ÉPODE[1]

TIRÉE PRINCIPALEMENT DES LIVRES DE SALOMON

Et en partie de quelques autres endroits de l'Écriture
et des prières de l'Église.

PREMIÈRE PARTIE.

Vains mortels, que du monde endort la folle ivresse,
Écoutez, il est temps, la voix de la sagesse :
Heureux, et seul heureux qui s'attache au Seigneur !
Pour trouver le repos, le bonheur et la joie,
Il n'est qu'un seul chemin, c'est de suivre sa voie
    Dans la simplicité du cœur.

Le temps fuit, dites-vous ; c'est lui qui nous convie
A saisir promptement les douceurs de la vie :[2]
L'avenir est douteux, le présent est certain :

---

1. La critique s'est montrée généralement très-sévère pour ce dernier morceau, qu'elle regarde comme le suprême effort d'une veine qui devait se sentir épuisée. Nous nous permettons d'être d'un autre avis, et nous trouvons, au contraire, dans ce dernier morceau, à côté de grandes faiblesses, une ampleur que n'ont pas toutes les odes antérieures, et une liberté d'imitation qui témoigne que le poëte s'assimilait chaque jour davantage les beautés de l'Écriture.

2. Racine encore avait dit avant Jean-Baptiste, qui avait beaucoup étudié, on le voit, les chœurs d'*Esther* et d'*Athalie* et les *Quatre Cantiques*

> De nos ans passagers le nombre est incertain,
> Hâtons-nous aujourd'hui de jouir de la vie,
>   Qui sait si nous serons demain ?
>   (*Athalie*, acte II, scène IX.)

Dans la rapidité d'une course bornée
Sommes-nous assez sûrs de notre destinée
    Pour la remettre au lendemain?

Notre esprit n'est qu'un souffle, une ombre passagère,
Et le corps qu'il anime, une cendre légère
Dont la mort chaque jour prouve l'infirmité;[1]
Étouffés tôt ou tard dans ses bras invincibles,
Nous serons tous alors, cadavres insensibles,
    Comme n'ayant jamais été.

Songeons donc à jouir de nos belles années :
Les roses d'aujourd'hui demain seront fanées.
Des biens de l'étranger cimentons nos plaisirs;
Et du riche orphelin persécutant l'enfance,
Contentons, aux dépens du vieillard sans défense,
    Nos insatiables désirs.

Guéris de tout remords contraire à nos maximes,
Nous ne connoîtrons plus ni d'excès, ni de crimes;
De tout scrupule vain nous bannirons l'effroi;
Soutenus de puissance, assistés d'artifice,
Notre seul intérêt fera notre justice,
    Et notre force notre loi.

Assiégeons l'innocent, qu'il tremble à notre approche;
Ses regards sont pour nous un éternel reproche,
De sa foiblesse même il se fait un appui:

---

1. Le Brun a critiqué cette expression, à tort, selon nous. *Infirmité* nous paraît ici le mot propre et bien autrement énergique que *fragilité* qu'il propose.

Il traite nos succès de fureur tyrannique :
Dieu, dit-il, est son père et son refuge unique,
      Il ne veut connoître que lui.

Voyons s'il est vraiment celui qu'il se dit être;
S'il est fils de ce Dieu, comme il veut le paroître,
Au secours de son fils ce Dieu doit accourir;
Essayons-en l'effet, consommons notre ouvrage,
Et sachons quelles mains au bord de son naufrage
      Pourront l'empêcher de périr.

Ce sont là les discours, ce sont là les pensées
De ces âmes de chair, victimes insensées
De l'ange séducteur qui leur donne la mort.
Qu'ils combattent sous lui, qu'ils suivent son exemple,
Et qu'à lui seul voués, le zèle de son temple
      Soit l'espoir de leur dernier sort!

DEUXIÈME PARTIE.

    Cependant les âmes qu'excite
    Le ciel à pratiquer sa loi
    Verront triompher le mérite
    De leur constance et de leur foi :
    Dans le sein d'un Dieu favorable,
    Un bonheur à jamais durable
    Sera le prix de leurs combats;
    Et de la mort inexorable
Le fer ensanglanté ne les touchera pas.

Dieu, comme l'or dans la fournaise,
Les éprouva dans les ennuis;
Mais leur patience l'apaise :
Les jours viennent après les nuits.
Il a supputé les années
De ceux dont les mains acharnées
Nous ont si longtemps affligés;
Il règle enfin nos destinées,
Et nos juges par lui sont eux-mêmes jugés.

Justes, qui fîtes ma conquête
Par vos larmes et vos travaux,
Il est temps, dit-il, que j'arrête
L'insolence de vos rivaux;
Parmi les célestes milices
Venez prendre part aux délices
De mes combattants épurés,
Tandis qu'aux éternels supplices
Des soldats du démon les jours seront livrés.

Assez la superbe licence
Arma leur lâche impiété;
Assez j'ai vu votre innocence
En proie à leur férocité :
Vengeons notre propre querelle;
Couvrons cette troupe rebelle
D'horreur et de confusion;
Et que la gloire du fidèle
Consomme le malheur de la rébellion.

Et vous à qui ma voix divine
Dicte ses ordres absolus,

Anges, c'est vous que je destine
Au service de mes élus:
Allez, et dissipant la nue
Qui, malgré leur foi reconnue,
Me dérobe à leurs yeux amis,
Faites-les jouir dans ma vue
Des biens illimités que je leur ai promis.

Voici, voici le jour propice
Où le Dieu pour qui j'ai souffert
Va me tirer du précipice
Que le démon m'avoit ouvert.
De l'imposture et de l'envie,
Contre ma vertu poursuivie,
Les traits ne seront plus lancés;
Et les soins mortels de ma vie
De l'immortalité seront récompensés.

Loin de cette terre funeste,
Transporté sur l'aile des vents,
La main d'un ministre céleste
M'ouvre la terre des vivants.
Près des saints j'y prendrai ma place;
J'y ressentirai de la grâce
L'intarissable écoulement;
Et, voyant mon Dieu face à face,
L'éternité pour moi ne sera qu'un moment.

Qui m'affranchira de l'empire
Du monde où je suis enchaîné?
De la délivrance où j'aspire
Quand viendra le jour fortuné?

Quand pourrai-je, rompant les charmes
Où ce triste vallon de larmes
De ma vie endort les instants,
Trouver la fin de mes alarmes,
Et le commencement du bonheur que j'attends?

Quand pourrai-je dire à l'impie :
Tremble, lâche, frémis d'effroi;
De ton Dieu la haine assoupie
Est prête à s'éveiller sur toi.
Dans ta criminelle carrière
Tu ne mis jamais de barrière
Entre sa crainte et tes fureurs;
Puisse mon heureuse prière
D'un châtiment trop dû t'épargner les horreurs!

Puisse en moi la ferveur extrême
D'une saine compassion
Des offenseurs du Dieu que j'aime
Opérer la conversion!
De ses vengeances redoutables
Puissent mes ardeurs véritables
Adoucir la sévère loi;
Et pour mes ennemis coupables
Obtenir le pardon que j'en obtins pour moi!

Seigneur, ta puissance invincible
N'a rien d'égal que ta bonté;
Le miracle le moins possible
N'est qu'un jeu de ta volonté :
Tu peux de ta lumière auguste
Éclairer les yeux de l'injuste,

Rendre saint un cœur dépravé,
En cèdre transformer l'arbuste,
Et faire un vase élu d'un vase réprouvé.

Grand Dieu, daigne sur ton esclave
Jeter un regard paternel :
Confonds le crime qui te brave,
Mais épargne le criminel;
Et s'il te faut un sacrifice,
Si de ta suprême justice
L'honneur doit être réparé,
Venge-toi seulement du vice
En le chassant des cœurs dont il s'est emparé!

C'est alors que de ma victoire
J'obtiendrai les fruits les plus doux,
En chantant avec eux la gloire
Du Dieu qui nous a sauvés tous.
Agréable et sainte harmonie!
Pour moi quelle joie infinie,
Quelle gloire de voir un jour
Leur troupe avec moi réunie
Dans les mêmes concerts et dans le même amour!

Pendant qu'ils vivent sur la terre,
Prépare du moins leur fierté,
Par la crainte de ton tonnerre,
A ce bien pour eux souhaité;
Et, les retirant des abîmes,
Où, dans des nœuds illégitimes,
Languit leur courage abattu,
Fais que l'image de leurs crimes
Introduise en leurs cœurs celle de la vertu.

TROISIÈME PARTIE.

Tel, après le long orage
Dont un fleuve débordé
A désolé le rivage
Par sa colère inondé,
L'effort des vagues profondes
Engloutissoit dans les ondes
Bergers, cabanes, troupeaux;
Et, submergeant les campagnes,
Sur le sommet des montagnes
Faisoit flotter les vaisseaux.

Mais la planète brillante
Qui perce tout de ses traits,
Dans la nature tremblante
A déjà remis la paix :
L'onde, en son lit écoulée,
A la terre consolée
Rend ses premières couleurs ;
Et d'une fraîcheur utile
Pénétrant son sein fertile
En augmente les chaleurs.

Tel fera dans leurs pensées
Germer un amour constant
De leurs offenses passées
Le souvenir pénitent.
Ils diront : Dieu des fidèles,
Dans nos ténèbres mortelles

Tu nous as fait voir le jour;
Éternise dans nos âmes
Ces sacrés torrents de flammes,
Sources du divin amour.

Ton souffle, qui sut produire
L'âme pour l'éternité,
Peut faire en elle reluire
Sa première pureté.
De rien tu créas le monde,[1]
D'un mot de ta voix féconde
Naquit ce vaste univers;
Tu parlas, il reçut l'être :
Parle, un instant verra naître
Cent autres mondes divers.

Tu donnes à la matière
L'âme et la légèreté;
Tu fais naître la lumière
Du sein de l'obscurité;
Sans toi la puissance humaine
N'est qu'ignorance hautaine,
Trouble et frivole entretien :
En toi seul, cause des causes,
Seigneur, je vois toutes choses;
Hors de toi, je ne vois rien.

---

1. Racine avait dit mieux encore dans son quatrième cantique :

> O sagesse ! ta parole
> Fit éclore l'univers,
> Posa sur un double pôle
> La terre au milieu des airs !
> Tu dis, et les cieux parurent,
> Et tous les astres coururent
> Dans leur ordre se placer, etc.

A quoi vous sert tant d'étude,
Qu'à nourrir le fol orgueil
Où votre béatitude
Trouva son premier écueil?
Grands hommes, sages célèbres,
Vos éclairs dans les ténèbres
Ne font que vous égarer.
Dieu seul connoît ses ouvrages;
L'homme, entouré de nuages,
N'est fait que pour l'honorer.

Curiosité funeste,
C'est ton attrait criminel
Qui du royaume céleste
Chassa le premier mortel.
Non content de son essence,
Et d'avoir en sa puissance
Tout ce qu'il pouvoit avoir,
L'ingrat voulut, dieu lui-même,
Partager du Dieu suprême
La science et le pouvoir.

A ces hautes espérances
Du changement de son sort,
Succédèrent les souffrances,
L'aveuglement et la mort;
Et, pour fermer tout asile
A son espoir indocile,
Bientôt l'ange dans les airs,
Sentinelle vigilante,
De l'épée étincelante
Fit reluire les éclairs.

QUATRIÈME PARTIE.

Mais de cet homme exclu de son premier partage
La gloire est réservée à de plus hauts destins,
Quand son sauveur viendra d'un nouvel héritage
    Lui frayer les chemins.

Dieu, pour lui s'unissant à la nature humaine,
Et partageant sa chair et ses infirmités,
Se chargera pour lui du poids et de la peine
    De ses iniquités.

Ce Dieu médiateur, fils, image du Père,
Le Verbe, descendu de son trône éternel,
Des flancs immaculés d'une immortelle mère
    Voudra naître mortel.

Pécheur, tu trouveras en lui ta délivrance ;
Et sa main, te fermant les portes de l'enfer,
Te fera perdre alors de ta juste souffrance
    Le souvenir amer.

Ève règne à son tour, du dragon triomphante :
L'esclave de la mort produit son Rédempteur ;
Et, fille du Très-Haut, la créature enfante
    Son propre Créateur.

O Vierge, qui du ciel assures la conquête,
Gage sacré des dons que sur terre il répand,

Tes pieds victorieux écraseront la tête
    De l'horrible serpent.

Les saints après ta mort t'ouvriront leurs demeures,
Nouvel astre du jour pour le ciel se levant ;
Que dis-je, après ta mort? se peut-il que tu meures,
    Mère du Dieu vivant?

Non, tu ne mourras point; les régions sublimes
Vivante t'admettront dans ton auguste rang,
Et telle qu'au grand jour où, pour laver nos crimes,
    Ton fils versa son sang.

ans ce séjour de gloire où les divines flammes
Font d'illustres élus de tous les citoyens,
Daigne prier ce fils qu'il délivre nos âmes
    Des terrestres liens.

Obtiens de sa pitié, protectrice immortelle,
Qu'il renouvelle en nous les larmes, les sanglots
De ce roi pénitent dont la douleur fidèle
    S'exhaloit en ces mots :

O monarque éternel, Seigneur, Dieu de nos pères,
Dieu des cieux, de la terre, et de tout l'univers,
Vous dont la voix soumet à ses ordres sévères
    Et les vents et les mers ;

Tout respecte, tout craint votre majesté sainte ;
Vos lois règnent partout, rien n'ose les trahir :

Moi seul j'ai pu, Seigneur, résister à la crainte
    De vous désobéir.

J'ai péché; j'ai suivi la lueur vaine et sombre
Des charmes séduisants du monde et de la chair;
Et mes nombreux forfaits ont surpassé le nombre
    Des sables de la mer.

Mais enfin votre amour, à qui tout amour cède,
Surpasse encor l'excès des désordres humains.
Où le délit abonde, abonde le remède:
    Je l'attends de vos mains.

Quelle que soit, Seigneur, la chaîne déplorable
Où depuis si longtemps je languis arrêté,
Quel espoir ne doit point inspirer au coupable
    Votre immense bonté!

Au bonheur de ses saints elle n'est point bornée
Si vous êtes le Dieu de vos heureux amis,
Vous ne l'êtes pas moins de l'âme infortunée,
    Et des pécheurs soumis.

Vierge, flambeau du ciel, dont les démons farouches
Craignent la sainte flamme et les rayons vainqueurs,
De ces humbles accents fais retentir nos bouches,
    Grave-les dans nos cœurs;

Afin qu'aux légions à ton Dieu consacrées,
Nous puissions, réunis sous ton puissant appui,

Lui présenter un jour, victimes épurées,
    Des vœux dignes de lui. [1]

---

[1]. J. B. Rousseau écrivait à Brossettes, le 20 octobre 1739 : « J'y ai écrit (*Odes sacrées*) une nouvelle ode qui les termine et à laquelle j'ai donné, pour cette raison, le titre d'épode. J'y ai encore exécuté un dessein qui m'avoit souvent passé par la tête, qui étoit de faire une ode composée de strophes de différentes mesures, à l'imitation des chœurs de l'ancienne tragédie grecque. »

FIN DU PREMIER LIVRE ET DES ODES SACRÉES.

LIVRE DEUXIÈME.

ODE I.

SUR LA NAISSANCE DE MONSEIGNEUR
LE DUC DE BRETAGNE.[1]

Descends de la double colline,[2]
Nymphe[3] dont le fils amoureux
Du sombre époux de Proserpine
Sut fléchir le cœur rigoureux :
Viens servir l'ardeur qui m'inspire ;
Déesse, prête-moi ta lyre,
Ou celle de ce Grec vanté[4]
Dont, par le superbe Alexandre,

---

1. Louis, duc de Bretagne, premier fils du duc de Bourgogne, né en 1705, mort en 1712.
2. C'est le début de la quatrième ode du troisième livre d'Horace :

> Descende cœlo, et dic age tibiA
> Regina longum, Calliope, melos.

Cette imitation et la profusion d'images mythologiques et de réminiscences classiques dont cette ode est remplie ne donnaient cependant pas à La Harpe le droit de n'y voir qu'une amplification d'*écolier*. Quel était en France, à cette époque de 1705, le poëte qui pouvait s'élever à cette hauteur, et le maître qui aurait pu en remontrer à cet écolier ?
3. Calliope, mère d'Orphée.
4. Pindare.

Au milieu de Thèbes en cendre,
Le séjour fut seul respecté.*

Quel Dieu propice nous ramène
L'espoir que nous avions perdu?
Un fils de Thétis ou d'Alcmène
Par le ciel nous est-il rendu?
N'en doutons point, le ciel sensible
Veut réparer le coup terrible
Qui nous fit verser tant de pleurs.
Hâtez-vous, ô chaste Lucine!
Jamais plus illustre origine
Ne fut digne de vos faveurs.

Peuples, voici le premier gage
Des biens qui vous sont préparés :
Cet enfant est l'heureux présage
Du repos que vous désirez.
Les premiers instants de sa vie
De la discorde et de l'envie
Verront éteindre le flambeau ;
Il renversera leurs trophées,
Et leurs couleuvres étouffées
Seront les jeux de son berceau.

Ainsi, durant la nuit obscure,
De Vénus l'étoile nous luit ;

---

* VAR.   *Dont l'impitoyable Alexandre,*
             Au milieu de Thèbes en cendre,
             Respecta la postérité.

La variante vaut mieux, les vers en sont plus harmonieux ; mais nous conservons l'autre version comme plus conforme à la tradition historique.

Favorable et brillant augure
De l'éclat du jour qui la suit :
Ainsi, dans le fort des tempêtes,
Nous voyons briller sur nos têtes
Ces feux, amis des matelots,
Présage de la paix profonde
Que le Dieu qui règne sur l'onde
Va rendre à l'empire des flots.

Quel monstre de carnage avide
S'est emparé de l'univers?
Quelle impitoyable Euménide
De ses feux infecte les airs?
Quel Dieu souffle en tous lieux la guerre,
Et semble à dépeupler la terre
Exciter nos sanglantes mains?
Mégère, des enfers bannie,
Est-elle aujourd'hui le génie
Qui préside au sort des humains?

Arrête, furie implacable;
Le ciel veut calmer ses rigueurs :
Les feux d'une haine coupable
N'ont que trop embrasé nos cœurs.
Aimable paix, vierge sacrée,
Descends de la voûte azurée,
Viens voir tes temples relevés,
Et ramène au sein de nos villes
Ces dieux bienfaisants et tranquilles
Que nos crimes ont soulevés.

Mais quel souffle divin m'enflamme?
D'où naît cette soudaine horreur?

Un Dieu vient échauffer mon âme
D'une prophétique fureur.
Loin d'ici, profane vulgaire![1]
Apollon m'inspire et m'éclaire;
C'est lui, je le vois, je le sens;[2]
Mon cœur cède à sa violence :
Mortels, respectez sa présence,
Prêtez l'oreille à mes accents.

Les temps prédits par la sibylle[3]
A leur terme sont parvenus,
Nous touchons au règne tranquille
Du vieux Saturne et de Janus :
Voici la saison désirée
Où Thémis et sa sœur Astrée,
Rétablissant leurs saints autels,
Vont ramener ces jours insignes
Où nos vertus nous rendoient dignes
Du commerce des immortels.

Où suis-je? quel nouveau miracle
Tient encor mes sens enchantés?
Quel vaste, quel pompeux spectacle
Frappe mes yeux épouvantés?
Un nouveau monde vient d'éclore,
L'univers se reforme encore

---

1. Procul, o, procul este, profani.
(VIRGILE, *Énéide*, livre VI, vers 258.)
2. Deus, ecce Deus.
(VIRGILE, *Énéide*, livre VI, vers 46.)
3. Ultima cumæi venit jam carminis ætas.
(VIRGILE, églogue IV.)

Dans les abîmes du chaos ;
Et, pour réparer ses ruines,
Je vois des demeures divines[1]
Descendre un peuple de héros.

Les éléments cessent leur guerre,
Les cieux ont repris leur azur ;
Un feu sacré purge la terre
De tout ce qu'elle avoit d'impur.
On ne craint plus l'herbe mortelle,
Et le crocodile infidèle[2]
Du Nil ne trouble plus les eaux :
Les lions dépouillent leur rage,
Et dans le même pâturage
Bondissent avec les troupeaux.

C'est ainsi que la main des Parques
Va nous filer ce siècle heureux,
Qui du plus sage des monarques
Doit couronner les justes vœux.
Espérons des jours plus paisibles :

---

1. Jam nova progenies cœlo demittitur alto.
(Virgile, églogue IV.)

Voilà ce qu'on peut appeler une imitation créatrice. Les deux vers qui, dans le poëte français, rendent l'idée et l'image du poëte latin, ont un tour vraiment lyrique et terminent très-heureusement cette admirable strophe.

2. Faut-il se demander avec La Harpe *ce que pouvait faire aux crocodiles du Nil la naissance d'un duc de Bretagne ?* Faut-il voir ici, comme Amar, *une allusion aussi juste qu'ingénieuse aux poisons divers qui commençaient dès lors à troubler, à corrompre toutes les sources de la morale ?* Quant à nous, ennemi de toute fausse finesse, nous ne voulons voir ci qu'une image admirablement expressive, comme Rousseau les rencontre quelquefois, mais trop rarement, et qui sont le génie même de la poésie lyrique.

Les dieux ne sont point inflexibles,
Puisqu'ils punissent nos forfaits.
Dans leurs rigueurs les plus austères,
Souvent leurs fléaux salutaires
Sont un gage de leurs bienfaits.

Le ciel dans une nuit profonde
Se plaît à nous cacher ses lois.
Les rois sont les maîtres du monde,[1]
Les dieux sont les maîtres des rois.
Valeur, activité, prudence,
Des décrets de leur providence
Rien ne change l'ordre arrêté ;
Et leur règle, constante et sûre,
Fait seule ici-bas la mesure
Des biens et de l'adversité.

Mais que fais-tu, Muse insensée ?
Où tend ce vol ambitieux ?
Oses-tu porter ta pensée[2]
Jusque dans le conseil des dieux ?
Réprime une ardeur périlleuse,
Ne va point, d'une aile orgueilleuse,
Chercher ta perte dans les airs ;
Et, par des routes inconnues

---

1. Regum tremendorum in proprios greges,
   Reges in ipsos imperium est Jovis.
   (Horace, livre III, ode I.)
2. Quo, Musa, tendis ? Desine pervicax
   Referre sermones deorum, et
   Magna modis tenuare parvis.
   (Horace, livre III, ode III.)

Suivant Icare au haut des nues,
Crains de tomber au fond des mers.

Si pourtant quelque esprit timide,
Du Pinde ignorant les détours,
Opposoit les règles d'Euclide
Au désordre de mes discours,
Qu'il sache qu'autrefois Virgile [1]
Fit même aux muses de Sicile [2]
Approuver de pareils transports;
Et qu'enfin cet heureux délire
Peut seul des maîtres de la lyre
Immortaliser les accords.

---

1. Rousseau avait d'abord écrit :

>   Qu'il sache que sur le Parnasse
>   Le Dieu dont autrefois Horace
>   Apprit à chanter les héros
>   Préfère ces fougues lyriques
>   A tous les froids panégyriques
>   Du Pindare des jeux floraux.

Ces vers désignaient évidemment La Motte, ce qui était une grave faute de goût et une dissonance dans une ode de ce genre. Mieux inspiré, Jean-Baptiste substitua à cette épigramme froide et déplacée une fin plus digne du commencement. L'édition de Soleure porte déjà cette heureuse correction.

2.   Sicelides musæ, paulo majora canamus!
(VIRGILE, églogue VI.)

ODE II.

A M. L'ABBÉ COURTIN.[1]

Abbé chéri des neuf sœurs,
Qui dans ta philosophie,
Sais faire entrer les douceurs
Du commerce de la vie :
Tandis qu'en nombres impairs
Je te trace ici les vers
Que m'a dictés mon caprice,
Que fais-tu dans ces déserts
Qu'enferme ton bénéfice?

Vas-tu, dès l'aube du jour,
Secondé d'un plomb rapide,
Ensanglanter le retour
De quelque lièvre timide?
Ou, chez tes moines tondus,
A t'ennuyer assidus,
Cherches-tu quelques vieux titres

---

1. L'abbé Courtin, dont Voltaire, dans une épître adressée au prince de Vendôme, fait un singulier portrait, paraît avoir dignement tenu sa place dans la cour épicurienne qui entourait le Grand-prieur, au Temple : on s'étonnerait davantage de rencontrer l'auteur des *Odes sacrées* en pareille compagnie, si malheureusement à cette époque J. B. Rousseau n'eût été déjà célèbre par une foule d'épigrammes licencieuses qu'on ne trouvera pas dans notre recueil.

Qui, dans ton trésor perdus,[1]
Se retrouvent sur leurs vitres?

Mais non, je te connois mieux :
Tu sais trop bien que le sage
De son loisir studieux
Doit faire un plus noble usage,
Et, justement enchanté
De la belle antiquité,
Chercher dans son sein fertile
La solide volupté,
Le vrai, l'honnête et l'utile.

Toutefois de ton esprit
Bannis l'erreur générale
Qui jadis en maint écrit
Plaça la saine morale :
On abuse de son nom.
Le chantre d'Agamemnon
Sut nous tracer dans son livre,
Mieux que Chrysippe et Zenon,[2]
Quel chemin nous devons suivre.

---

1. Dans les communautés, le lieu où l'on gardait les archives, les chartes, les titres, etc., s'appelait le trésor. Dans les églises d'Espagne, on appelle aussi et plus justement de ce nom l'endroit réservé où l'on conserve les reliques, les vases sacrés, les offrandes des rois, ainsi que les bijoux et les riches vêtements dont on pare, aux grands jours, les saints et la sainte Vierge.

2.   Qui, quid sit pulchrum, quid turpe, quid utile, quid non,
      Plenius ac melius Chrysippo et Crantore dicit.
                    (Horace, livre I, ép. II.)

J. B. Rousseau glisse sur cette thèse que, dans l'épître à Lollius, Horace développe avec cette grâce aiguisée de bon sens qui lui est familière.

Homère adoucit mes mœurs
Par ses riantes images ;
Sénèque aigrit mes humeurs
Par ses préceptes sauvages.[1]
En vain, d'un ton de rhéteur,
Épictète à son lecteur
Prêche le bonheur suprême :
J'y trouve un consolateur
Plus affligé que moi-même.

Dans son flegme simulé
Je découvre sa colère ;
J'y vois un homme accablé
Sous le poids de sa misère :
Et, dans tous ces beaux discours
Fabriqués durant le cours
De sa fortune maudite,
Vous reconnoissez toujours
L'esclave d'Épaphrodite.

---

1. Les préceptes de Sénèque n'ont rien de sauvage, quoique la morale de ses livres ait paru assez élevée et assez pure pour faire croire qu'il avait pu connaître saint Paul. Du reste, il ne faut pas prendre à la lettre tous les jugements que formule ici Rousseau, et oublier qu'il écrit une ode badine. Un peu de paradoxe ne messied pas à ce genre léger. Mᵐᵉ Dacier, que Rousseau estimait fort et avec raison, et au mari de laquelle nous devons une excellente traduction d'Épictète, dut faire ses réserves en lisant ces stances où la meilleure place est cependant donnée à Homère.

Du reste, il faut bien croire que Rousseau avait réellement peu de goût pour Épictète, car dix ans plus tard (30 juin 1716) il écrivait à Brossette : « A l'égard de l'Épictète de M. Dacier, je ne l'avois point vu, et je ne savois pas même qu'il y travaillât, quand je fis, il y a dix ans, les vers dont vous me faites l'honneur de vous souvenir ; c'est à l'original que j'en voulois, et j'en veux encore, comme au plus triste ouvrage de morale qu'il y ait dans le monde. »

Mais je vois déjà d'ici
Frémir tout le Zénonisme,
D'entendre traiter ainsi
Un des saints du paganisme.
Pardon : mais, en vérité,
Mon Apollon révolté
Lui devoit ce témoignage
Pour l'ennui que m'a coûté
Son insupportable ouvrage.

De tout semblable pédant
Le commerce communique
Je ne sais quoi de mordant,
De farouche et de cynique.
O le plaisant avertin[1]
D'un fou du pays latin,
Qui se travaille et se gêne,
Pour devenir à la fin
Sage comme Diogène!

Je ne prends point pour vertu
Les noirs accès de tristesse
D'un loup-garou revêtu
Des habits de la sagesse :
Plus légère que le vent,
Elle fuit d'un faux savant
La sombre mélancolie,
Et se sauve bien souvent
Dans les bras de la folie.

---

1. *Avertin* pour *vertige*, vieux mot déjà suranné, quand Rousseau écrivait, mais qui paraît ici moins déplacé que dans une composition plus sérieuse.

La vertu du vieux Caton,[1]
Chez les Romains tant prônée,
Étoit souvent, nous dit-on,
De falerne enluminée.
Toujours ces sages hagards,
Maigres, hideux et blafards,
Sont souillés de quelque opprobre :
Et du premier des Césars
L'assassin fut homme sobre.[2]

Dieu bénisse nos dévots !
Leur âme est vraiment loyale ;
Mais jadis les grands pivots
De la ligue antiroyale,
Les Lincestres, les Aubris,[3]
Qui contre les deux Henris
Prêchoient tant la populace,
S'occupoient peu des écrits
D'Anacréon et d'Horace.

Crois-moi, fais de leurs chansons
Ta plus importante étude ;
A leurs aimables leçons
Consacre ta solitude ;

---

1.   Narratur et prisci Catonis
     Sæpe mero caluisse virtus.
              (Horace, livre III, ode xxi.)

2. La Harpe prend ici fait et cause pour ces grands hommes de l'antiquité, traités un peu légèrement. Le critique est dans son droit, mais le poëte qui écrit une ode familière nous paraît plus encore dans le sien.

3. Lincestre, curé de Saint-Barthélemy, et Aubry, curé de Saint-André-des-Arts, deux des plus fougueux prédicateurs de la ligue.

Et par Sonning rappelé[1]
Sur ce rivage émaillé
Où Neuilly borde la Seine,
Reviens au vin d'Auvilé
Mêler les eaux d'Hippocrène.

1. Il est souvent question de Sonning dans les poésies de Chaulieu.

ODE III.

A M. DE CAUMARTIN [1]

CONSEILLER D'ÉTAT, ET INTENDANT DES FINANCES.

Digne et noble héritier des premières vertus
Qu'on adora jadis sous l'empire de Rhée,
Vous qui, dans le palais de l'aveugle Plutus,
    Osâtes introduire Astrée :

---

1. « Dans l'édition de Soleure, 1712, cette ode est adressée à M. ROUILLÉ DU COUDRAY, *conseiller d'État, ci-devant directeur des Finances,* et l'un des premiers bienfaiteurs de Rousseau. Dans celle de Londres, publiée onze ans après, et toujours par Rousseau lui-même, on lit à M. de C..., ce qui laissait du moins hésiter le lecteur entre *du Coudray* et *de Caumartin.* Mais plus de doute, plus d'équivoque en 1743, et ce dernier nom a pour jamais remplacé le premier, comme *Mornay* a exilé *Sully* de la *Henriade.* »
(Note de l'édition d'Amar, 1820.)

L'auteur de cette note avait-il oublié qu'en 1743, il y avait deux ans déjà que Rousseau était mort? Il serait donc assez naturel de rendre Séguy, l'éditeur de 1743, responsable de ce changement dans la dédicace de l'ode, si la seconde stance, ajoutée après coup, ne décidait la question par une allusion directe au père de M. de Caumartin.

« Louis Urbain Lefèvre de Caumartin, marquis de Saint-Ange, né en 1653, conseiller d'État en 1697, mort le 2 décembre 1720. »
(Note du Voltaire de Beuchot, t. LV, p. 679.)

Dans le *commentaire historique* que Voltaire paraît avoir dicté lui-même, et qu'il a tout au moins revu, on lit ce qui suit :

« Il commença la *Henriade* à Saint-Ange, chez M. de Caumartin, intendant des Finances, après avoir fait *OEdipe,* et avant que cette pièce fût jouée, je lui ai entendu dire plus d'une fois que quand il entreprit ces deux ouvrages, il ne pensait pas les pouvoir finir, et qu'il ne savait ni les règles de la tragédie ni celles du poëme épique, mais qu'il fut saisi de tout ce que

Fils d'un père fameux, qui, même à nos frondeurs,[1]
Par sa dextérité fit respecter son zèle,
Et, nouvel Atticus, sut captiver leurs cœurs
    En demeurant sujet fidèle;

Renoncez pour un temps aux travaux de Thémis :
Venez voir ces coteaux enrichis de verdure,
Et ces bois paternels où l'art, humble et soumis,
    Laisse encor régner la nature.

Les Hyades, Vertumne et l'humide Orion,
Sur la terre embrasée ont versé leurs largesses,
Et Bacchus, échappé des fureurs du lion,
    Songe à vous tenir ses promesses.

O rivages chéris! vallons aimés des cieux,[2]
D'où jamais n'approcha la tristesse importune,
Et dont le possesseur tranquille et glorieux
    Ne rougit point de sa fortune!

Trop heureux qui du champ par ses pères laissé
Peut parcourir au loin les limites antiques,

M. de Caumartin, très-savant dans les histoires, lui contait de Henri IV, dont ce respectable vieillard était idolâtre, et qu'il commença cet ouvrage par pur enthousiasme, sans presque y faire attention. »
(VOLTAIRE, édition Beuchot, t. XLIII, p. 320.)

1. Il s'agissait ici, dans la pensée des éditeurs qui nous ont précédé, de Louis-François Lefèvre de Caumartin, qui fut l'ami du cardinal de Retz, son conseil, son agent même pendant la guerre de la Fronde, où il joua un rôle assez important. Seulement il resterait à savoir comment on pouvait *demeurer sujet fidèle,* en étant le conseil et l'agent du cardinal de Retz. Rousseau soupçonnait un peu l'abbé de Caumartin d'être l'auteur des mémoires du célèbre cardinal (Lettre de Brossette, 25 janvier 1718). Il faisait preuve par là d'un médiocre discernement.

2.   O rives du Jourdain, ô champs aimés des cieux!
a dit Racine dans le premier chœur d'*Esther.*

Sans redouter les cris de l'orphelin chassé
  Du sein de ses dieux domestiques![1]

Sous des lambris dorés, l'injuste ravisseur
Entretient le vautour dont il est la victime.
Combien peu de mortels connoissent la douceur
  D'un bonheur pur et légitime !

Jouissez en repos de ce lieu fortuné :
Le calme et l'innocence y tiennent leur empire ;
Et des soucis affreux le souffle empoisonné
  N'y corrompt point l'air qu'on respire.

Pan, Diane, Apollon, les Faunes, les Sylvains,
Peuplent ici vos bois, vos vergers, vos montagnes.
La ville est le séjour des profanes humains :
  Les dieux règnent dans les campagnes.

C'est là que l'homme apprend leurs mystères secrets,
Et que, contre le sort munissant sa foiblesse,
Il jouit de lui-même, et s'abreuve à longs traits
  Dans les sources de la sagesse.

C'est là que ce Romain dont l'éloquente voix [2]
D'un joug presque certain sauva sa république,
Fortifioit son cœur dans l'étude des lois
  Et du Lycée et du Portique.

---

1. N'y a-t-il pas ici comme un écho lointain de la première églogue de Virgile et du *Veteres migrate coloni* ?
2. Cicéron.

Libre des soins publics qui le faisoient rêver,
Sa main du consulat laissoit aller les rênes;[1]
Et, courant à Tuscule, il alloit cultiver
  Les fruits de l'école d'Athènes.

---

1. Vers charmant et qui fait image, mais qui rappelle un peu trop le célèbre vers du récit de Théramène :

> Sa main sur ses chevaux laissoit flotter les rênes.

ODE IV.[1]

A M. D'USSÉ.[2]

Esprit né pour servir d'exemple
Aux cœurs de la vertu frappés,
Qui sans guide as pu de son temple
Franchir les chemins escarpés,
Cher d'Ussé, quelle inquiétude
Te fait une triste habitude
Des ennuis et de la douleur?
Et, ministre de ton supplice,
Pourquoi par un sombre caprice
Veux-tu seconder ton malheur?

Chasse cet ennui volontaire
Qui tient ton esprit dans les fers,
Et que dans une âme vulgaire
Jette l'épreuve des revers;
Fais tête au malheur qui t'opprime :
Qu'une espérance légitime

---

1. Il y a trop dans Rousseau de ces odes où les idées morales ne sont pas suffisamment revêtues d'une expression poétique. C'est là, au contraire, que triomphe le génie d'Horace.
2. D'Ussé n'est guère connu aujourd'hui que par la correspondance de Rousseau, où l'on prend de lui l'idée d'un homme aimable, spirituel, amateur distingué en poésie, droit surtout et dévoué à ses amis.

Te munisse contre le sort.
L'air siffle, une horrible tempête
Aujourd'hui gronde sur ta tête;
Demain tu seras dans le port.

Toujours la mer n'est pas en butte[1]
Aux ravages des aquilons;
Toujours les torrents par leur chute
Ne désolent pas nos vallons.
Les disgrâces désespérées,
Et de nul espoir tempérées,
Sont affreuses à soutenir;
Mais leur charge est moins importune,
Lorsqu'on gémit d'une infortune
Qu'on espère de voir finir.

Un jour le souci qui te ronge,
En un doux repos transformé,
Ne sera plus pour toi qu'un songe
Que le réveil aura calmé :
Espère donc avec courage.
Si le pilote craint l'orage
Quand Neptune enchaîne les flots,
L'espoir du calme le rassure
Quand les vents et la nue obscure
Glacent le cœur des matelots.

---

1.   Non semper imbres nubibus hispidos
      Manant in agros, aut mare Caspium
         Vexant inæquales procellæ
            Usque, etc.
                (Horace, livre II, ode IX.)

Je sais qu'il est permis au sage,
Par les disgrâces combattu,
De souhaiter pour apanage
La fortune après la vertu.
Mais, dans un bonheur sans mélange,
Souvent cette vertu se change
En une honteuse langueur :
Autour de l'aveugle richesse
Marchent l'orgueil et la rudesse,
Que suit la dureté du cœur.

Non que ta sagesse, endormie
Au temps de tes prospérités,
Eût besoin d'être raffermie
Par de dures fatalités ;
Ni que ta vertu peu fidèle
Eût jamais choisi pour modèle
Ce fou superbe et ténébreux,
Qui, gonflé d'une fierté basse,
N'a jamais eu d'autre disgrâce
Que de n'être point malheureux.

Mais si les maux et la tristesse
Nous sont des secours superflus,
Quand des bornes de la sagesse
Les biens ne nous ont point exclus,
Ils nous font trouver plus charmante
Notre félicité présente,
Comparée au malheur passé ;
Et leur influence tragique
Réveille un bonheur léthargique
Que rien n'a jamais traversé.

Ainsi que le cours des années[1]
Se forme des jours et des nuits,
Le cercle de nos destinées
Est marqué de joie et d'ennuis.
Le ciel, par un ordre équitable,
Rend l'un à l'autre profitable;
Et, dans ses inégalités,
Souvent sa sagesse suprême
Sait tirer notre bonheur même
Du sein de nos calamités.

Pourquoi d'une plainte importune
Fatiguer vainement les airs?
Aux jeux cruels de la fortune
Tout est soumis dans l'univers.
Jupiter fit l'homme semblable
A ces deux jumeaux que la fable[2]
Plaça jadis au rang des dieux,
Couple de déités bizarre,
Tantôt habitants du Ténare,
Et tantôt citoyens des cieux.

Ainsi de douceurs en supplices
Elle nous promène à son gré :
Le seul remède à ses caprices,

---

[1]. Rousseau ne fait ici que traduire Malherbe, qui avait dit plus simplement :

> Nos jours filés de toutes soies
> Ont des ennuis comme des joies;
> Et de ce mélange divers
> Se composent nos destinées,
> Comme on voit le cours des années
> Composé d'étés et d'hivers.

[2]. Castor et Pollux

C'est de s'y tenir préparé ;
De la voir du même visage
Qu'une courtisane volage
Indigne de nos moindres soins,
Qui nous trahit par imprudence,
Et qui revient par inconstance,
Lorsque nous y pensons le moins.

ODE V.

A M. DUCHÉ [1]

DANS LE TEMPS QU'IL TRAVAILLOIT A SA TRAGÉDIE DE DÉBORA.

Tandis que dans la solitude
Où le destin m'a confiné,
J'endors par la douce habitude
D'une oisive et facile étude
L'ennui dont je suis lutiné, [2]

Un sublime essor te ramène
A la cour des sœurs d'Apollon,
Et bientôt avec Melpomène
Tu vas d'un nouveau phénomène
Éclairer le sacré vallon.

---

1. Duché de Vancy, fils d'un gentilhomme de la chambre du roi, né en 1668 et mort en 1704, avait, à l'exemple de Racine, et aussi sur la demande de Mme de Maintenon, composé des tragédies sacrées pour Saint-Cyr. *Absalon* est la seule qui ait gardé une réputation méritée à certains égards. On ne lit plus guère ni *Jonathas*, ni *Débora*, que Duché composait, à l'époque où Rousseau lui adressa cette ode. Dans la correspondance de Rousseau, il n'y a que deux lettres adressées à Duché; elles sont sur le ton, peu habituel à notre poëte, d'une grande intimité.

2. On a remarqué avec raison que cette expression de *lutiné* ne convient guère à l'ennui qui accable, qui endort, qui engourdit, ce qui est tout le contraire. Rousseau y tenait, car on lit dans une lettre de lui à Titon du Tillet (7 octobre 1739) : *pour tâcher de dissiper l'ennui qui me lutinait*, etc.

O que ne puis-je, sur les ailes
Dont Dédale fut possesseur,
Voler aux lieux où tu m'appelles,
Et de tes chansons immortelles
Partager l'aimable douceur!

Mais une invincible contrainte
Malgré moi fixe ici mes pas.
Tu sais quel est ce labyrinthe,
Et que, pour aller à Corinthe,
Le désir seul ne suffit pas.

Toutefois les froides soirées
Commencent d'abréger le jour :
Vertumne a changé ses livrées;
Et nos campagnes labourées
Me flattent d'un prochain retour.

Déjà le départ des Pléiades
A fait retirer les nochers;
Et déjà les tristes Hyades
Forcent les frileuses Dryades
De chercher l'abri des rochers.

Le volage amant de Clytie
Ne caresse plus nos climats,
Et bientôt des monts de Scythie
Le fougueux époux d'Orythie
Va nous ramener les frimas.

Ainsi, dès que le Sagittaire
Viendra rendre nos champs déserts,

J'irai, secret dépositaire,
Près de ton foyer solitaire,
Jouir de tes savants concerts.

En attendant, puissent leurs charmes,
Apaisant le mal qui t'aigrit,
Dissiper tes vaines alarmes,
Et tarir la source des larmes
D'une épouse qui te chérit!

Je sais que la fièvre et l'automne
Pourroient mettre Hercule aux abois;
Mais, si ma conjecture est bonne,
La fièvre dont ton cœur frissonne
Est la plus fâcheuse des trois.[1]

---

[1]. Il y a encore bien de la mythologie dans cette petite ode, mais le tour en est aisé et rapide, et il faut savoir gré à Rousseau d'avoir remis en usage cette charmante stance de cinq vers, qui est une si heureuse invention de la Pléiade, et qui, après Rousseau, allait encore être négligée jusqu'au jour où Fontanes devait en faire un si poétique emploi dans l'ode à Chateaubriand.

ODE VI.

A LA FORTUNE.[1]

Fortune, dont la main couronne
Les forfaits les plus inouïs,
Du faux éclat qui t'environne
Serons-nous toujours éblouis?
Jusques à quand, trompeuse idole,
D'un culte honteux et frivole
Honorerons-nous tes autels?
Verra-t-on toujours tes caprices
Consacrés par les sacrifices
Et par l'hommage des mortels?

Le peuple, dans ton moindre ouvrage
Adorant la prospérité,

---

1. Voici enfin cette ode célèbre que l'on cite encore dans les écoles comme un des chefs-d'œuvre de Rousseau. Mais, dès le siècle dernier, La Harpe avait essayé de montrer tout ce qu'elle offre de contestable dans les idées et de déclamatoire dans la forme. Seulement, il a présenté ses remarques en disciple de Voltaire, qui, tout en rendant hommage au grand talent de Rousseau, ne manque pas l'occasion d'exagérer ses défauts. Ne craignons pas de convenir que le poëte n'a pas assez pris soin de rajeunir, par la nouveauté des images et par la vigueur de l'expression, les lieux communs de son sujet; qu'il n'a pas assez évité les formes de la discussion ordinaire; mais reconnaissons aussi que, indépendamment des beautés de détail, il y a, dans l'ensemble de cette ode, une largeur de mouvement et d'allure et une fermeté de versification qui rachètent bien des défauts.

Te nomme grandeur de courage,
Valeur, prudence, fermeté :
Du titre de vertu suprême
Il dépouille la vertu même,
Pour le vice que tu chéris ;
Et toujours ses fausses maximes
Érigent en héros sublimes
Tes plus coupables favoris.

Mais, de quelque superbe titre
Dont ces héros soient revêtus,
Prenons la raison pour arbitre,
Et cherchons en eux leurs vertus.
Je n'y trouve qu'extravagance,
Foiblesse, injustice, arrogance,
Trahisons, fureurs, cruautés :
Étrange vertu, qui se forme
Souvent de l'assemblage énorme
Des vices les plus détestés !

Apprends que la seule sagesse
Peut faire les héros parfaits ;
Qu'elle voit toute la bassesse
De ceux que ta faveur a faits ;
Qu'elle n'adopte point la gloire
Qui naît d'une injuste victoire
Que le sort remporte pour eux ;
Et que, devant ses yeux stoïques,
Leurs vertus les plus héroïques
Ne sont que des crimes heureux.

Quoi! Rome et l'Italie en cendre[1]
Me feront honorer Sylla?
J'admirerai dans Alexandre
Ce que j'abhorre en Attila?
J'appellerai vertu guerrière
Une vaillance meurtrière
Qui dans mon sang trempe ses mains,
Et je pourrai forcer ma bouche
A louer un héros farouche,
Né pour le malheur des humains?

Quels traits me présentent vos fastes,
Impitoyables conquérants?
Des vœux outrés, des projets vastes,
Des rois vaincus par des tyrans,
Des murs que la flamme ravage,
Des vainqueurs fumants de carnage,
Un peuple au fer abandonné,
Des mères pâles et sanglantes,
Arrachant leurs filles tremblantes
Des bras d'un soldat effréné.

Juges insensés que nous sommes,
Nous admirons de tels exploits!

---

1. « Non, vraiment, s'écrie ici Vauvenargues, *l'Italie en cendre* ne peut faire *honorer* Sylla. Mais ce qui doit, je crois, le faire respecter avec justice, c'est ce génie supérieur et puissant qui vainquit le génie de Rome; qui lui fit défier dans sa vieillesse les ressentiments de ce même peuple qu'il avait soumis, et qui sut toujours subjuguer, par les bienfaits ou par la force, le courage ailleurs indomptable de ses ennemis. »

Vauvenargues n'est-il pas ici un peu sous le charme de cet ingénieux dialogue de Montesquieu, auquel nous devons un Sylla de théâtre quelque peu différent du Sylla de l'histoire?

Est-ce donc le malheur des hommes
Qui fait la vertu des grands rois?
Leur gloire, féconde en ruines,
Sans le meurtre et sans les rapines
Ne sauroit-elle subsister?
Images des dieux sur la terre,
Est-ce par des coups de tonnerre
Que leur grandeur doit éclater?

Mais je veux que dans les alarmes
Réside le solide honneur :
Quel vainqueur ne doit qu'à ses armes
Ses triomphes et son bonheur?
Tel qu'on nous vante dans l'histoire
Doit peut-être toute sa gloire
A la honte de son rival :
L'inexpérience indocile
Du compagnon de Paul-Émile
Fit tout le succès d'Annibal.[1]

Quel est donc le héros solide
Dont la gloire ne soit qu'à lui?
C'est un roi que l'équité guide,
Et dont les vertus sont l'appui;
Qui, prenant Titus pour modèle,
Du bonheur d'un peuple fidèle
Fait le plus cher de ses souhaits;
Qui fuit la basse flatterie;

---

1. Varron. — Mais il faut convenir que c'est un peu trop rabaisser Annibal que de mesurer son génie à l'incapacité de Varron: il eut, en Italie, d'autres adversaires que ce dernier, et, quoique Scipion l'ait vaincu, l'histoire n'a jamais reconnu l'Africain comme son égal.

Et qui, père de sa patrie,
Compte ses jours par ses bienfaits.

Vous chez qui la guerrière audace
Tient lieu de toutes les vertus,
Concevez Socrate à la place
Du fier meurtrier de Clitus,
Vous verrez un roi respectable,
Humain, généreux, équitable,
Un roi digne de vos autels :
Mais, à la place de Socrate,
Le fameux vainqueur de l'Euphrate
Sera le dernier des mortels.

Héros cruels et sanguinaires,
Cessez de vous enorgueillir
De ces lauriers imaginaires
Que Bellone vous fit cueillir.
En vain le destructeur rapide
De Marc-Antoine et de Lépide
Remplissoit l'univers d'horreurs :
Il n'eût point eu le nom d'Auguste,
Sans cet empire heureux et juste
Qui fit oublier ses fureurs.

Montrez-nous, guerriers magnanimes,
Votre vertu dans tout son jour :
Voyons comment vos cœurs sublimes
Du sort soutiendront le retour.
Tant que sa faveur vous seconde,
Vous êtes les maîtres du monde,
Votre gloire nous éblouit :

Mais, au moindre revers funeste,
Le masque tombe, l'homme reste,
Et le héros s'évanouit.[1]

L'effort d'une vertu commune
Suffit pour faire un conquérant :
Celui qui dompte la fortune
Mérite seul le nom de grand.
Il perd sa volage assistance,
Sans rien perdre de la constance
Dont il vit ses honneurs accrus;
Et sa grande âme ne s'altère
Ni des triomphes de Tibère.
Ni des disgrâces de Varus.

La joie imprudente et légère
Chez lui ne trouve point d'accès ;
Et sa crainte active modère
L'ivresse des heureux succès.
Si la fortune le traverse,
Sa constante vertu s'exerce
Dans ces obstacles passagers.
Le bonheur peut avoir son terme;
Mais la sagesse est toujours ferme,
Et les destins toujours légers.

---

1. C'est là une de ces strophes souvent citées qui demandent grâce pour la froideur de quelques autres. Lucrèce a dit (*de Natura rerum*, III, 58) :

> Eripitur persona, manet res.

Lamotte s'est souvenu aussi de ce beau passage, quand il a écrit dans son ode sur la mort de Louis XIV :

> Du héros l'homme désabuse,
> Et l'admiration confuse
> S'enfuit et fait place au mépris.

En vain une fière déesse
D'Énée a résolu la mort :
Ton secours, puissante Sagesse,
Triomphe des dieux et du sort.
Par toi, Rome après son naufrage,
Jusque dans les murs de Carthage
Vengea le sang de ses guerriers ;
Et, suivant tes divines traces,
Vit au plus fort de ses disgrâces
Changer ses cyprès en lauriers.[1]

---

1. Horace a fait aussi son ode à la Fortune (livre I, ode xxxv, *O diva gratum quœ regis Antium*). Mais, au lieu d'une longue et froide amplification, il a écrit une composition vive, rapide, resserrée dans quelques stances. Il a, à la manière antique, choisi un petit nombre de traits expressifs qu'il a revêtus d'images saisissantes. Sa Fortune n'est pas une idée abstraite, mais une divinité qui a son temple à Antium, et, par une application touchante, il lui recommande Auguste méditant une expédition chez les Bretons, *séparés du reste du monde*, et qui inspiraient encore une sorte de terreur aux Romains.

ODE VII.[1]

A UNE JEUNE VEUVE.

Quel respect imaginaire
Pour les cendres d'un époux
Vous rend vous-même contraire
A vos destins les plus doux?
Quand sa course fut bornée
Par la fatale journée
Qui le mit dans le tombeau,
Pensez-vous que l'Hyménée
N'ait pas éteint son flambeau?

Pourquoi ces sombres ténèbres
Dans ce lugubre réduit?
Pourquoi ces clartés funèbres,
Plus affreuses que la nuit?
De ces noirs objets troublée,

---

1. Cette ode est jolie assurément, et il y a plus d'un trait heureux. Mais il est rare que la grâce chez Rousseau ne laisse pas quelque chose à désirer. Ses familières élégances trahissent toujours un peu d'effort : c'est trop appuyé. Les allusions classiques, les souvenirs mythologiques sont ici trop multipliés pour que le sujet, si piquant par lui-même, ne perde pas de sa fraîcheur et de son charme. Si l'on veut avoir une idée de la grâce naturelle, il faut, après cette ode, relire la fable de La Fontaine qui a pour titre : *la Jeune Veuve*.

Triste, et sans cesse immolée
A de frivoles égards,
Ferez-vous d'un mausolée
Le plaisir de vos regards ?

Voyez les Grâces fidèles
Malgré vous suivre vos pas,
Et voltiger autour d'elles
L'Amour, qui vous tend les bras.
Voyez ce dieu plein de charmes,
Qui vous dit, les yeux en larmes :
Pourquoi ces soins superflus, *
Pourquoi ces cris, ces alarmes ?
Ton époux ne t'entend plus.[1]

A sa triste destinée
C'est trop donner de regrets :
Par les larmes d'une année
Ses mânes sont satisfaits.
De la célèbre matrone,
Que l'antiquité nous prône,
N'imitez point le dégoût ;
Ou, pour l'honneur de Pétrone,
Imitez-la jusqu'au bout.

Les chroniques les plus amples
Des veuves des premiers temps
Nous fournissent peu d'exemples

---

* VAR. *Pourquoi ces pleurs superflus ?*

1. Id cinerem aut manes credis curare sepultos ?
(VIRGILE, *Énéide*, livre IV, vers 34).

D'Artémises de vingt ans.
Plus leur douleur est illustre,
Et plus elle sert de lustre
A leur amoureux essor :
Andromaque, en moins d'un lustre,
Remplaça deux fois Hector.[1]

De la veuve de Sichée
L'histoire vous a fait peur :
Didon mourut attachée
Au char d'un amant trompeur;
Mais l'imprudente mortelle
N'eut à se plaindre que d'elle,
Ce fut sa faute, en un mot :
A quoi songeoit cette belle,
De prendre un amant dévot?

Pouvoit-elle mieux attendre
De ce pieux voyageur,
Qui, fuyant sa ville en cendre
Et le fer du Grec vengeur,
Chargé des dieux de Pergame,
Ravit son père à la flamme,
Tenant son fils par la main,
Sans prendre garde à sa femme,
Qui se perdit en chemin ?[2]

---

[1]. Hector par Pyrrhus et ce dernier par Hélénus (VIRGILE, Énéide, livre III, vers 325 et suivants).
Mais qu'y a-t-il de commun entre Andromaque et la matrone d'Éphèse?

[2].   Hic mihi nescio quod trepido male numen amicum
Confusam eripuit mentem. Namque avia cursu
Dum sequor, et nota excedo regione viarum.
Heu! misero conjux, fatone erepta, Creüsa

Sous un plus heureux auspice,
La déesse des amours
Veut qu'un nouveau sacrifice
Lui consacre vos beaux jours :
Déjà le bûcher s'allume,
L'autel brille, l'encens fume,
La victime s'embellit,
L'amour même la consume,
Le mystère s'accomplit.

Tout conspire à l'allégresse
De cet instant solennel :
Une riante jeunesse
Folâtre autour de l'autel ;
Les Grâces à demi nues [1]
A ces danses ingénues
Mêlent de tendres accents ;
Et, sur un trône de nues,
Vénus reçoit votre encens.

   Substitit, erravitne via, seu lassa resedit,
Incertum ; nec post oculis est reddita nostris.
            (VIRGILE, *Énéide*, livre II, vers 735).

1. Ici encore Voltaire paraît s'être souvenu de J. B. Rousseau, lorsqu'il dit dans la *Henriade*, ch. VIII :

    Près d'un temple sacré, les grâces demi-nues
    Accordent à leur voix leurs danses ingénues.

ODE VIII.

A M. L'ABBÉ DE CHAULIEU.[1]

Tant qu'a duré l'influence
D'un astre propice et doux,
Malgré moi, de ton absence
J'ai supporté les dégoûts.

Je disois : Je lui pardonne
De préférer les beautés

---

1. Guillaume Amfrye, abbé de Chaulieu, né en 1639 à Fontenay, dans le Vexin, et mort en 1720, dut à la protection du duc de Vendôme de riches bénéfices qui lui permirent de vivre d'une manière plus conforme à ses goûts épicuriens qu'à la robe qu'il portait. Il résidait habituellement au Temple, dans cette société élégante et corrompue qui l'avait surnommé son Anacréon. Ses poésies ont une grâce facile et naturelle, et on a retenu ses vers sur *la solitude de Fontenay*, sur la *retraite*, sur la *mort*.
Voici comment Voltaire parle de Chaulieu dans le *Temple du goût* :

> Je vis arriver dans ce lieu
> Le brillant abbé de Chaulieu
> Qui chantait en sortant de table.
> Il osait caresser le dieu
> D'un air familier mais aimable.
> Sa vive imagination
> Prodiguait, dans sa douce ivresse,
> Des beautés sans correction
> Qui choquaient un peu la justesse,
> Et respiraient la passion.

« Le dieu avertissait Chaulieu de ne se croire que le premier des poëtes négligés, et non pas le premier des bons poëtes. »
(Voltaire, édition Beuchot, t. XII, p. 384.)

De Palès et de Pomone
Au tumulte des cités :

Ainsi l'amant de Glycère,
Épris d'un repos obscur,
Cherchoit l'ombre solitaire
Des rivages de Tibur.

Mais aujourd'hui qu'en nos plaines
Le chien brûlant de Procris
De Flore aux douces haleines
Dessèche les dons chéris,

Veux-tu d'un astre perfide
Risquer les âpres chaleurs,[1]
Et dans ton jardin aride
Sécher ainsi que tes fleurs?

Crois-moi, suis plutôt l'exemple
De tes amis casaniers ;
Et reviens goûter au Temple,
L'ombre de tes marronniers.

Dans ce salon pacifique
Où président les neuf Sœurs,
Un loisir philosophique
T'offre encor d'autres douceurs :

Là nous trouverons sans peine
Avec toi, le verre en main,

---

1. *Risquer* pour *braver* n'est pas juste. C'est une critique d'Amar, et elle est méritée.

L'homme après qui Diogène
Courut si longtemps en vain ;

Et, dans la douce allégresse
Dont tu sais nous abreuver,
Nous puiserons la sagesse,
Qu'il chercha sans la trouver.

ODE IX[1].

A M. LE MARQUIS DE LA FARE.[2]

Dans la route que je me trace,
La Fare, daigne m'éclairer;
Toi qui dans les sentiers d'Horace
Marches sans jamais t'égarer;
Qui, par les leçons d'Aristippe,
De la sagesse de Chrysippe

---

1. Cette ode appartient au même genre que celle à la Fortune. C'est aussi une suite de vérités morales développées avec éloquence. Mais ici on sent moins le lieu commun, l'enchaînement logique des idées est caché avec plus d'art, le style a plus d'élan et de force; en un mot, c'est plus une ode.
2. Né en 1622, à Valgorge, dans le Vivarais, et mort en 1712, Charles-Auguste, marquis de La Fare, avait été un brillant officier avant de devenir dans la poésie négligée le rival de Chaulieu. Facile et gracieux comme ce dernier, il cherche cependant parfois à s'élever, ce qui explique comment Rousseau semble, dans l'ode qu'il lui adresse, vouloir prendre de lui des leçons de son art. On réimprime habituellement ses poésies avec celles de Chaulieu.

> La Fare, avec plus de mollesse,
> Abaissant sa lyre d'un ton,
> Chantait auprès de sa maitresse
> Quelques vers sans précision,
> Que le plaisir et la paresse
> Dictaient sans l'aide d'Apollon.
>   (VOLTAIRE, *Temple du goût.*)

« Le marquis de La Fare, auteur des mémoires qui portent son nom et de quelques pièces de poésie qui respirent la douceur de ses mœurs, était plus aimable homme qu'aimable poëte. »
                (Note de Voltaire, *Ibid*).

As su corriger l'âpreté,
Et, telle qu'aux beaux jours d'Astrée,
Nous montrer la vertu parée
Des attraits de la volupté.

Ce feu sacré que Prométhée[1]
Osa dérober dans les cieux,
La raison, à l'homme apportée,
Le rend presque semblable aux dieux.
Se pourroit-il, sage La Fare,
Qu'un présent si noble et si rare
De nos maux devînt l'instrument,
Et qu'une lumière divine
Pût jamais être l'origine
D'un déplorable aveuglement?

Lorsqu'à l'époux de Pénélope
Minerve accorde son secours,
Les Lestrigons et le Cyclope[2]
Ont beau s'armer contre ses jours :
Aidé de cette intelligence,
Il triomphe de la vengeance
De Neptune en vain courroucé;
Par elle il brave les caresses
Des Sirènes enchanteresses,
Et les breuvages de Circé.

---

1. Sur la belle fable de Prométhée, voyez Hésiode (*les Travaux et les Jours*) et surtout Eschyle. Les modernes non plus n'ont pas négligé ce grand mystère de l'antiquité. Il a surtout tenté quelques imaginations contemporaines, avides de retrouver, par l'interprétation philosophique, dans les traditions de la mythologie, les vérités primordiales.

2. Sur les Lestrygons, le Cyclope, les Sirènes, Circé, etc., voyez l'*Odyssée*, livres IX et X, et l'*Énéide*, livre III, vers 569 et suivants.

De la vertu qui nous conserve
C'est le symbolique tableau :
Chaque mortel a sa Minerve,
Qui doit lui servir de flambeau.
Mais cette déité propice
Marchoit toujours devant Ulysse,
Lui servant de guide ou d'appui ;
Au lieu que, par l'homme conduite,
Elle ne va plus qu'à sa suite,
Et se précipite avec lui.

Loin que la raison nous éclaire,
Et conduise nos actions,
Nous avons trouvé l'art d'en faire
L'orateur de nos passions :
C'est un sophiste qui nous joue,
Un vil complaisant qui se loue[1]
A tous les fous de l'univers,
Qui, s'habillant du nom de sages,
La tiennent sans cesse à leurs gages
Pour autoriser leurs travers.

C'est elle qui nous fait accroire
Que tout cède à notre pouvoir ;
Qui nourrit notre folle gloire
De l'ivresse d'un faux savoir ;

---

1. Lebrun trouve un peu triviale cette expression *se loue*, et s'égaye à ce sujet. Moins dégoûtés aujourd'hui, nous ne craignons plus tant ces hardiesses familières ; elles donnent plus de relief au style que cette fausse élégance qui, en voulant tout ennoblir, efface tout. Remarquons d'ailleurs que cette variété de tons ne messied pas à l'ode morale ou philosophique, toujours un peu voisine de l'épître.

Qui, par cent nouveaux stratagèmes,
Nous masquant sans cesse à nous-mêmes,
Parmi les vices nous endort.
Du furieux fait un Achille,
Du fourbe un politique habile,
Et de l'athée un esprit fort.

Mais vous, mortels, qui, dans le monde
Croyant tenir les premiers rangs,
Plaignez l'ignorance profonde
De tant de peuples différents;
Qui confondez avec la brute
Ce Huron caché sous sa hutte,
Au seul instinct presque réduit,
Parlez : Quel est le moins barbare,
D'une raison qui vous égare,
Ou d'un instinct qui le conduit?

La nature, en trésors fertile,
Lui fait abondamment trouver
Tout ce qui lui peut être utile,
Soigneuse de le conserver.
Content du partage modeste
Qu'il tient de la bonté céleste,
Il vit sans trouble et sans ennui;
Et si son climat lui refuse
Quelques biens dont l'Europe abuse,
Ce ne sont plus des biens pour lui.

Couché dans un antre rustique,
Du nord il brave la rigueur,
Et notre luxe asiatique

N'a point énervé sa vigueur :
Il ne regrette point la perte
De ces arts dont la découverte
A l'homme a coûté tant de soins,
Et qui, devenus nécessaires,
N'ont fait qu'augmenter nos misères,
En multipliant nos besoins.

Il méprise la vaine étude
D'un philosophe pointilleux,
Qui, nageant dans l'incertitude,
Vante son savoir merveilleux :
Il ne veut d'autre connoissance
Que ce que la Toute-Puissance
A bien voulu nous en donner ;
Et sait qu'elle créa les sages
Pour profiter de ses ouvrages,
Et non pour les examiner.

Ainsi d'une erreur dangereuse
Il n'avale point le poison,
Et notre clarté ténébreuse
N'a point offusqué sa raison.
Il ne se tend point à lui-même
Le piége d'un adroit système,
Pour se cacher la vérité :
Le crime à ses yeux paroît crime,
Et jamais rien d'illégitime
Chez lui n'a pris l'air d'équité.

Maintenant, fertiles contrées,
Sages mortels, peuples heureux,

Des nations hyperborées
Plaignez l'aveuglement affreux :
Vous qui, dans la vaine noblesse,
Dans les honneurs, dans la mollesse,
Fixez la gloire et les plaisirs,
Vous de qui l'infâme avarice
Promène au gré de son caprice
Les insatiables désirs.

Oui, c'est toi, monstre détestable,
Superbe tyran des humains,
Qui seul du bonheur véritable
A l'homme as fermé les chemins.
Pour apaiser sa soif ardente,
La terre, en trésors abondante,
Feroit germer l'or sous ses pas :
Il brûle d'un feu sans remède,
Moins riche de ce qu'il possède
Que pauvre de ce qu'il n'a pas.

Ah! si d'une pauvreté dure
Nous cherchons à nous affranchir,
Rapprochons-nous de la nature,
Qui seule peut nous enrichir.
Forçons de funestes obstacles[1] ;
Réservons pour nos tabernacles
Cet or, ces rubis, ces métaux ,
Ou dans le sein des mers avides

---

1. On ne comprend guère ce que le poëte a voulu dire ici.

Jetons ces richesses perfides,
L'unique élément de nos maux.[1]

Ce sont là les vrais sacrifices
Par qui nous pouvons étouffer
Les semences de tous les vices
Qu'on voit ici-bas triompher.
Otez l'intérêt de la terre,
Vous en exilerez la guerre,
L'honneur rentrera dans ses droits :
Et, plus justes que nous ne sommes,
Nous verrons régner chez les hommes
Les mœurs à la place des lois.

Surtout réprimons les saillies
De notre curiosité,
Source de toutes nos folies,
Mère de notre vanité.
Nous errons dans d'épaisses ombres,
Où souvent nos lumières sombres
Ne servent qu'à nous éblouir.
Soyons ce que nous devons être,
Et ne perdons point à connoître
Des jours destinés à jouir.[2]

---

1. Ovide avait dit avec plus de vigueur :

>   Effodiuntur opes, irritamenta malorum.
>   (*Métamorphoses*, livre I, vers 140.)

Élément est bien faible et bien vague à côté de cette forte expression *irritamenta*.

2. Il est inutile de relever le côté vulgaire d'une telle philosophie. J. B. Rousseau est encore ici le disciple du Temple.

ODE X.

SUR LA MORT DE S. A. S. MONSEIGNEUR
LE PRINCE DE CONTI.[1]

Peuples, dont la douleur aux larmes obstinée
De ce prince chéri déplore le trépas,
Approchez, et voyez quelle est la destinée
    Des grandeurs d'ici-bas.

Conti n'est plus. O ciel ! ses vertus, son courage,
La sublime valeur, le zèle pour son roi,
N'ont pu le garantir, au milieu de son âge,
    De la commune loi.

Il n'est plus ; et les dieux, en des temps si funestes,
N'ont fait que le montrer aux regards des mortels.[2]

---

1. Ce prince qu'on pourrait appeler le Marcellus de la fin du règne de Louis XIV, si le duc de Bourgogne n'eût point existé, François-Louis, prince de la Roche-sur-Yon, était le fils d'Armand de Bourbon, prince de Conti et neveu du grand Condé. Il chercha à se rendre digne de ce dernier titre et se distingua à Steinkerque, à Fleurus, et à Nerwinde. Élu roi de Pologne en 1697, à la mort de Sobieski, il se laissa gagner de vitesse par Auguste II. L'ode émue de J. B. Rousseau et l'oraison funèbre que Massillon prononça sur sa tombe ne sont que l'écho des regrets universels qu'inspira la mort de ce jeune prince, arrivée le 22 février 1709, au moment où il allait être mis en demeure de montrer, dans le commandement de l'armée de Flandre, si on avait raison de fonder sur lui de si grandes espérances. Il était né en 1664.

2.   Ostendent terris hunc tantum fata.
       (VIRGILE, *Énéide*, livre VI, vers 869.)

Soumettons-nous, allons porter ses tristes restes
  Au pied de leurs autels.

Élevons à sa cendre un monument célèbre :
Que le jour de la nuit emprunte les couleurs.
Soupirons, gémissons sur ce tombeau funèbre,
  Arrosé de nos pleurs.

Mais, que dis-je? Ah! plutôt à sa vertu suprême
Consacrons un hommage et plus noble et plus doux;
Ce héros n'est point mort, le plus beau de lui-même
  Vit encor parmi nous.

Ce qu'il eut de mortel s'éclipse à notre vue;
Mais de ses actions le visible flambeau,
Son nom, sa renommée en cent lieux répandue,
  Triomphent du tombeau.

En dépit de la mort, l'image de son âme,
Ses talents, ses vertus, vivantes dans nos cœurs,
Y peignent ce héros avec des traits de flamme,
  De la Parque vainqueurs.

Steinkerque, où sa valeur rappela la victoire,
Nerwinde, où ses efforts guidèrent nos exploits,
Éternisent sa vie, aussi bien que la gloire
  De l'empire françois.[1]

---

1. Ces deux rimes d'*exploits* et de *françois* ont encore droit d'étonner en 1709. C'est plus tard, il est vrai, que Voltaire fit prévaloir la règle de rimer pour l'oreille préférablement aux yeux. Rousseau, d'ailleurs, surtout dans ses premiers ouvrages lyriques, se rattache à l'époque antérieure.

Ne murmurons donc plus contre les destinées
Qui livrent sa jeunesse au ciseau d'Atropos,
Et ne mesurons point au nombre des années
    La course des héros.

Pour qui compte les jours d'une vie inutile,
L'âge du vieux Priam passe celui d'Hector :
Pour qui compte les faits, les ans du jeune Achille
    L'égalent à Nestor.

Voici, voici le temps où, libres de contrainte,
Nos voix peuvent pour lui signaler leurs accents ;
Je puis à mon héros, sans bassesse et sans crainte,
    Prodiguer mon encens.

Muses, préparez-lui votre plus riche offrande ;
Placez son nom fameux entre les plus grands noms.
Rien ne peut plus faner l'immortelle guirlande
    Dont nous le couronnons.

Oui, cher prince, ta mort, de tant de pleurs suivie,
Met le comble aux grandeurs dont tu fus revêtu ;
Et sauve des écueils d'une plus longue vie
    Ta gloire et ta vertu.

Au faîte des honneurs, un vainqueur indomptable[1]
Voit souvent ses lauriers se flétrir dans ses mains.
La mort, la seule mort met le sceau véritable
    Aux grandeurs des humains.

---

1. Nous sommes ici de l'avis de Lebrun : *indomptable* n'est pas le mot juste, puisque ce vainqueur peut cesser de l'être.

Combien avons-nous vu d'éloges unanimes,
Condamnés, démentis par un honteux retour !
Et combien de héros glorieux, magnanimes,
    Ont vécu trop d'un jour !

Du Midi jusqu'à l'Ourse on vantoit ce monarque [1]
Qui remplit tout le Nord de tumulte et de sang ;
Il fuit ; sa gloire tombe, et le destin lui marque
    Son véritable rang.

Ce n'est plus ce héros guidé par la victoire,
Par qui tous les guerriers alloient être effacés :
C'est un nouveau Pyrrhus, qui va grossir l'histoire
    Des fameux insensés.

---

[1]. Charles XII, roi de Suède. Quelques années après l'époque où Rousseau composa cette belle ode, il ne parlait pas encore autrement du roi de Suède. Nous lisons dans une lettre du 10 avril 1715, adressée à Crousaz : « Je n'ai jamais donné dans l'admiration où vous avez trouvé votre baron. » Cependant il ajoutait : « Ce prince est aujourd'hui dans un état de crise dont il ne peut sortir que par une chute terrible ou par des victoires surprenantes. Il ne seroit pas impossible qu'on ne le vit quelque jour un grand personnage en Europe. » Et, plus tard, le 15 juin 1738, lorsque déjà cette singulière et poétique figure de Charles XII commençait à se dégager dans un premier lointain, il écrivait : « J'ai connu grand nombre de personnes distinguées qui ont vécu avec lui dans les divers temps de sa vie, et celui où il vous paroîtroit le plus grand sans comparaison, est le temps qui a précédé le plus immédiatement la fin de ses jours. On ne connoit ce prince que par ses victoires et par son intrépidité ; et personne presque ne sait qu'il n'y eut jamais de courage plus raisonné que le sien, ni d'intrépidité plus sensée. Les raisons qu'il donnoit à ceux qu'il honoroit de sa confidence, de ses actions, de ses vues, de ses projets et des mesures infaillibles qu'il prenoit pour leur réussite, au milieu des obstacles dont il étoit entouré, sa bonté et sa reconnoissance pour ses amis, sa gaieté et sa liberté d'esprit, au milieu des plus grands assauts de sa fortune, ont quelque chose de plus grand, de plus héroïque et de plus surprenant que tout ce que vous avez jamais lu en votre vie. »

Ce jour-là, J. B. Rousseau parlait comme Voltaire.

Ainsi de ses bienfaits la fortune se venge.
Mortels, défions-nous d'un sort toujours heureux,
Et de nos ennemis songeons que la louange
  Est le plus dangereux.

Jadis tous les humains, errant à l'aventure,[1]
A leur sauvage instinct vivoient abandonnés,
Satisfaits d'assouvir de l'aveugle nature
  Les besoins effrénés :

La raison, fléchissant leurs humeurs indociles,
De la société vint former les liens,
Et bientôt rassembla sous de communs asiles
  Les premiers citoyens.

Pour assurer entre eux la paix et l'innocence,
Les lois firent alors éclater leur pouvoir ;
Sur des tables d'airain l'audace et la licence[2]
  Apprirent leur devoir.

Mais il falloit encor, pour étonner le crime,
Toujours contre les lois prompt à se révolter,

---

1. J. B. Rousseau avait particulièrement étudié Pindare. Dans sa correspondance, il parle souvent de ce prince des lyriques grecs, et en termes excellents. Il a cru peut-être l'imiter ici, en introduisant dans cette ode cette longue et éloquente digression contre les flatteurs. Peut-être trouvera-t-on que la transition n'est pas ménagée avec assez d'art, et que la digression ne se rattache pas assez essentiellement au sujet principal pour ne pas paraître trop développée.

2.   Verba minantia fixo
 Ære legebantur.
   (Ovide, *Métamorphoses*, livre I, vers 91.)

Que des chefs, revêtus d'un pouvoir légitime,
    Les fissent respecter.

Ainsi, pour le maintien de ces lois salutaires,
Du peuple entre vos mains le pouvoir fut remis,
Rois; vous fûtes élus sacrés dépositaires
    Du glaive de Thémis.

Puisse en vous la vertu faire luire sans cesse
De la Divinité les rayons glorieux !
Partagez ces tributs d'amour et de tendresse
    Que nous offrons aux dieux.

Mais chassez loin de vous la basse flatterie,
Qui, cherchant à souiller la bonté de vos mœurs,
Par cent détours obscurs s'ouvre avec industrie
    La porte de vos cœurs.

Le pauvre est à couvert de ses ruses obliques :
Orgueilleuse, elle suit la pourpre et les faisceaux;
Serpent contagieux qui des sources publiques
    Empoisonne les eaux.

Craignez que de sa voix les trompeuses délices
N'assoupissent enfin votre foible raison;
De cette enchanteresse osez, nouveaux Ulysses,
    Rejeter le poison.

Némésis vous observe, et frémit des blasphèmes
Dont rougit à vos yeux l'aimable vérité :
N'attirez point sur vous, trop épris de vous-mêmes,
    Sa terrible équité.

C'est elle dont les yeux, certains, inévitables,
Percent tous les replis de nos cœurs insensés ;
Et nous lui répondons des éloges coupables
    Qui nous sont adressés.

Des châtiments du ciel implacable ministre,
De l'équité trahie elle venge les droits ;
Et voici les arrêts dont sa bouche sinistre
    Épouvante les rois :

« Écoutez et tremblez, idoles de la terre !
« D'un encens usurpé Jupiter est jaloux :
« Vos flatteurs dans ses mains allument le tonnerre
    « Qui s'élève sur vous.

« Il détruira leur culte, il brisera l'image
« A qui sacrifioient ces faux adorateurs,
« Et punira sur vous le détestable hommage
    « De vos adulateurs.

« Moi, je préparerai les vengeances célestes ;
« Je livrerai vos jours au démon de l'orgueil
« Qui, par vos propres mains, de vos grandeurs funestes
    « Creusera le cercueil.

« Vous n'écouterez plus la voix de la sagesse,
« Et, dans tous vos conseils, l'aveugle vanité,
« L'esprit d'enchantement, de vertige et d'ivresse,
    « Tiendra lieu de clarté.

« Sous les noms spécieux de zèle et de justice,
« Vous vous déguiserez les plus noirs attentats ;

« Vous couvrirez de fleurs les bords du précipice
« Qui s'ouvre sous vos pas.

« Mais enfin votre chute, à vos yeux déguisée,
« Aura ces mêmes yeux pour tristes spectateurs,
« Et votre abaissement servira de risée
« A vos propres flatteurs. »

De cet oracle affreux tu n'as point à te plaindre,
Cher prince; ton éclat n'a point su t'abuser :
Ennemi des flatteurs, à force de les craindre,
Tu sus les mépriser.[1]

Aussi la Renommée, en publiant ta gloire,
Ne sera point soumise à ces fameux revers;
Les dieux t'ont laissé vivre assez pour ta mémoire,
Trop peu pour l'univers !

---

1. Il y a peut-être quelque subtilité dans l'opposition de mots et d'idées que renferment ces deux derniers vers. Ajoutez à cette première remarque que la répétition si rapprochée du verbe savoir est une véritable négligence.

ODE XI.[1]

A PHILOMÈLE.

Pourquoi, plaintive Philomèle,
Songer encore à vos malheurs,
Quand, pour apaiser vos douleurs,
Tout cherche à vous marquer son zèle?

L'univers, à votre retour,
Semble renaître pour vous plaire;
Les Dryades à votre amour
Prêtent leur ombre solitaire.

Loin de vous l'Aquilon fougueux
Souffle sa piquante froidure;
La terre reprend sa verdure;
Le ciel brille des plus beaux feux.

---

[1]. Cette ode est un petit chef-d'œuvre : la pensée, l'expression, l'image, tout est ici dans une heureuse harmonie. La mythologie elle-même ne jette aucune froideur sur ces vers, parce que le fond même du sujet appartient à la mythologie. On regrette de ne pas trouver dans l'œuvre de Rousseau un plus grand nombre de ces petites pièces, où une sensibilité vraie ajoute encore au charme de la poésie. Il n'est pas jusqu'au ton respectueux du poëte qui n'ait ici de la grâce et de la délicatesse, parce qu'on ne sait si c'est au rossignol qu'il s'adresse, ou à l'infortunée fille de Pandion, dont la douleur gémit encore dans la voix plaintive de l'oiseau.

Pour vous l'amante de Céphale
Enrichit Flore de ses pleurs ;
Le Zéphyr cueille sur les fleurs
Les parfums que la terre exhale.

Pour entendre vos doux accents
Les oiseaux cessent leur ramage ;
Et le chasseur le plus sauvage
Respecte vos jours innocents.

Cependant votre âme, attendrie
Par un douloureux souvenir,
Des malheurs d'une sœur chérie
Semble toujours s'entretenir.

Hélas ! que mes tristes pensées
M'offrent des maux bien plus cuisants !
Vous pleurez des peines passées,
Je pleure des ennuis présents ;

Et quand la nature attentive
Cherche à calmer vos déplaisirs,
Il faut même que je me prive
De la douceur de mes soupirs.

ODE XII.[1]

FAITE EN ANGLETERRE

POUR MADAME LA D..... DE N.... SUR LE GAIN D'UN PROCÈS INTENTÉ CONTRE SON MARIAGE.

Quels nouveaux concerts d'allégresse
Retentissent de toutes parts!
Quelle lumineuse déesse
Attire ici tous les regards!
C'est Thémis qui vient de descendre;[2]
Thémis empressée à défendre
L'honneur de son sexe outragé,
Et qui, sur l'envie étouffée,
Vient dresser un juste trophée
Au mérite qu'elle a vengé.

Par la nature et la fortune
Tous nos destins sont balancés;
Mais toujours les bienfaits de l'une

---

1. Encore une de ces odes qui, par la dissonnance du ton et du sujet, ressemblent plutôt à une amplification qu'à un chant. Il y a là du style, de belles images, des tableaux achevés; mais tout cela pour le gain d'un procès! Le sujet offrait matière à une composition délicate, et qui eût semblé d'autant plus agréable qu'elle eût été plus courte. Mais le prendre sur ce ton pour dire au monde que le duc de N... est condamné à garder une femme dont il ne voulait plus, n'est-ce pas abuser de la trompette héroïque?
2. D'où descend-elle?

Par l'autre ont été traversés.
O déesses! une mortelle
Seule à votre longue querelle
Fit succéder d'heureux accords :
Vous voulûtes, à sa naissance,
Signaler votre intelligence,
En la comblant de vos trésors.

Mais que vois-je? la noire Envie,
Agitant ses serpents affreux,
Pour ternir l'éclat de sa vie,
Sort de son antre ténébreux.
L'avarice lui sert de guide;
La Malice, au souris perfide,
L'Imposture, aux yeux effrontés,
De l'enfer filles inflexibles,
Secouant leurs flambeaux horribles,
Marchent sans ordre à ses côtés.

L'innocence, fière et tranquille,
Voit leur complot sans s'ébranler,
Et croit que leur fureur stérile
En vains éclats va s'exhaler.
Mais son espérance est trompée :
De Thémis, ailleurs occupée,
Les secours étoient différés ;
Et, par l'impunité plus fortes,[1]
Leur audace frappoit aux portes
Des tribunaux les plus sacrés.

---

1. Ce *plus fortes* est si loin des *filles de l'enfer* qu'il en est presque inintelligible.

Enfin, Divinité brillante,
Par toi leur orgueil est détruit,
Et ta lumière étincelante
Dissipe cette affreuse nuit.
Déjà leur troupe confondue
A ton aspect tombe éperdue ;
Leur espoir meurt anéanti ;
Et le noir démon du mensonge
Fuit, disparoît, et se replonge
Dans l'ombre dont il est sorti.

Quitte ces vêtements funèbres,
Fille du ciel, noble Pudeur :
La lumière sort des ténèbres,
Reprends ta première splendeur.
De cette divine mortelle,
Dont tu fus la guide éternelle,
Les lois ont été le soutien.
Reviens, de festons couronnée,
Et de palmes environnée,
Chanter son triomphe et le tien.

Assez la Fraude et l'Injustice,
Que sa gloire avoit su blesser,
Dans les piéges de l'artifice
Ont tâché de l'embarrasser.
Fuyez, Jalousie obstinée ;
De votre haleine empoisonnée,
Cessez d'offusquer ses vertus :
Regardez la Haine impuissante,
Et la Discorde gémissante,
Monstres sous ses pieds abattus.

Pour chanter leur joie et sa gloire,
Combien d'immortelles chansons
Les chastes filles de Mémoire
Vont dicter à leurs nourrissons!
Oh! qu'après la triste froidure
Nos yeux, amis de la verdure,
Sont enchantés de son retour!
Qu'après les frayeurs du naufrage,
On oublie aisément l'orage
Qui cède à l'éclat d'un beau jour!

Tel souvent un nuage sombre,
Du sein de la terre exhalé,
Tient sous l'épaisseur de son ombre
Le céleste flambeau voilé.
La nature en est consternée,
Flore languit abandonnée,
Philomèle n'a plus de sons;
Et, tremblante à ce noir présage,
Cérès pleure l'affreux ravage
Qui vient menacer ses moissons.

Mais bientôt vengeant leur injure,
Je vois mille traits enflammés
Qui percent la prison obscure
Qui les retenoit enfermés.
Le ciel de toutes parts s'allume;
L'air s'échauffe, la terre fume,
Le nuage crève et pâlit;
Et, dans un gouffre de lumière,
Sa vapeur humide et grossière
Se dissipe et s'ensevelit.

ODE XIII.[1]

SUR UN COMMENCEMENT D'ANNÉE.

L'astre qui partage les jours,
Et qui nous prête sa lumière,
Vient de terminer sa carrière,
Et commencer un nouveau cours.

Avec une vitesse extrême
Nous avons vu l'an s'écouler;
Celui-ci passera de même,
Sans qu'on puisse le rappeler.

Tout finit; tout est, sans remède,
Aux lois du temps assujetti;
Et, par l'instant qui lui succède,
Chaque instant est anéanti.

---

1. Amar, dans son commentaire, traite sévèrement cette ode. Nous ne partageons pas son opinion. Peut-être l'heureux tour de ces quatrains nous empêche-t-il de voir la monotonie qui leur est reprochée. Faites luire un rayon de poésie sur ces stances si lestement tournées, et vous aurez une ode d'Horace. Veut-on sur le même sujet une inspiration plus émue, on la trouvera dans le premier recueil de madame Tastu et dans les *Harmonies* de M. de Lamartine.

La plus brillante des journées
Passe pour ne plus revenir;
La plus fertile des années
N'a commencé que pour finir.

En vain, par les murs qu'on achève,
On tâche à s'immortaliser;
La vanité qui les élève
Ne sauroit les éterniser.

La même loi, partout suivie,
Nous soumet tous au même sort :
Le premier moment de la vie
Est le premier pas vers la mort.

Pourquoi donc, en si peu d'espace,
De tant de soins m'embarrasser?
Pourquoi perdre le jour qui passe,
Pour un autre qui doit passer?

Si tel est le destin des hommes,
Qu'un moment peut les voir finir,
Vivons pour l'instant où nous sommes,
Et non pour l'instant à venir.

Cet homme est vraiment déplorable,
Qui, de la fortune amoureux,
Se rend lui-même misérable,
En travaillant pour être heureux.

Dans des illusions flatteuses
Il consume ses plus beaux ans;

A des espérances douteuses
Il immole des biens présents.

Insensés! votre âme se livre
A de tumultueux projets;
Vous mourrez, sans avoir jamais
Pu trouver le moment de vivre.

De l'erreur qui vous a séduits
Je ne prétends pas me repaître;
Ma vie est l'instant où je suis,
Et non l'instant où je dois être.

Je songe aux jours que j'ai passés,
Sans les regretter, ni m'en plaindre :
Je vois ceux qui me sont laissés,
Sans les désirer, ni les craindre.

Ne laissons point évanouir
Des biens mis en notre puissance,
Et que l'attente d'en jouir
N'étouffe point leur jouissance.

Le moment passé n'est plus rien,
L'avenir peut ne jamais être :
Le présent est l'unique bien
Dont l'homme soit vraiment le maître.

ODE XIV.

IMITÉE D'HORACE.[1]

Lydia, dic, per omnes, etc.

et

Quis multa gracilis te puer in rosa.

Quel charme, beauté dangereuse,
Assoupit ton nouveau Pâris?
Dans quelle oisiveté honteuse
De tes yeux la douceur flatteuse
A-t-elle plongé ses esprits?

Pourquoi ce guerrier inutile[2]
Cherche-t-il l'ombre et le repos?

---

1. On raconte que Térence prenait deux comédies de Ménandre pour en faire une. De deux odes d'Horace, J. B. Rousseau en a fait une, comme on voit. Sa double imitation, fondue en un seul morceau, n'est pas sans élégance. Il semble cependant qu'il eût pu tirer un meilleur parti des traits vifs et heureux de ses deux modèles. Au reste, du vivant de Rousseau, cette ode n'avait jamais été comprise dans ses œuvres. Il l'en avait écartée, pour protester contre l'application qui en avait été faite à Mme de Fériol et au maréchal d'Uxelles. Il nous l'apprend lui-même dans une lettre datée de Soleure (le 8 octobre 1712).

2.   *Cur apricum*
Oderit campum, patiens pulveris atque solis?
. . . .
Quid latet ut marinæ

D'où vient que, déjà vieil Achille,
Il suit le modèle stérile
De l'enfance de ce héros?

En proie au plaisir qui l'enchante,
Il laisse endormir sa raison,
Et de la coupe séduisante,
Que le fol amour lui présente,
Il boit à longs traits le poison.

Ton accueil qui le sollicite
Le nourrit dans ce doux état.
Oh! qu'il est beau de voir écrite
La mollesse d'un Sybarite
Sur le front brûlé d'un soldat!

De ses langueurs efféminées
Il recevra bientôt le prix :
Et déjà ses mains basanées,
Aux palmes de Mars destinées,
Cueillent les myrtes de Cypris.

Mais qu'il connoît peu quel orage
Suivra ce calme suborneur!
Qu'il va regretter le rivage!

Filium dicunt Thetidis sub lacrymosa Trojæ funera?
(Horace, livre Ier, ode viii.)

Heu quoties fidem
Mutatosque deos flebit, et aspera
Nigris æquora ventis
Emirabitur insolens.
(Horace, livre Ier, ode v.)

Que je plains le triste naufrage
Que lui prépare son bonheur,

Quand les vents, maintenant paisibles,
Enfleront la mer en courroux ;
Quand pour lui les dieux inflexibles
Changeront en des nuits horribles
Des jours qu'il a trouvés si doux !

Insensé, qui sur tes promesses
Croit pouvoir fonder son appui,
Sans songer que mêmes tendresses,
Mêmes serments, mêmes caresses
Trompèrent un autre avant lui !

L'Amour a marqué son supplice :
Je vois cet amant irrité,
Des dieux accusant l'injustice,
Détestant son lâche caprice,
Déplorer sa fidélité ;

Tandis qu'au mépris de ses larmes,
Oubliant qu'il sait se venger,
Tu mets tes attraits sous les armes,
Pour profiter des nouveaux charmes
De quelque autre amant passager.

FIN DU LIVRE DEUXIÈME.

LIVRE TROISIÈME.

ODE I.[1]

A M. LE COMTE DU LUC[2]

ALORS AMBASSADEUR DE FRANCE EN SUISSE, ET PLÉNIPOTENTIAIRE
A LA PAIX DE BADE.[3]

Tel que le vieux pasteur des troupeaux de Neptune,[4]
Protée, à qui le Ciel, père de la Fortune,

1. J. B. Rousseau n'aurait composé que cette seule ode, qu'il eût mérité d'être compté parmi les grands poètes de notre langue. La magnificence de l'exécution égale la beauté du plan. Une seule tache dépare ce magnifique ensemble, mais en s'y perdant. Rousseau n'est pas seulement ici grand poëte, il est vraiment poëte lyrique. Il a l'imagination puissante, la parole ferme et hardie, l'accent, j'allais dire le geste inspiré. Pour demander aux dieux (je parle sa langue) la vie de son bienfaiteur, le comte du Luc, pour célébrer son retour à la vie, il a comme rassemblé toutes les puissances de son talent et de son âme. Il écrivait de Bruxelles, le 24 septembre 1787, après avoir perdu le plus fidèle de ses amis, M. Boutet : « Il y a longtemps que j'ai prouvé, en vers, que les trois quarts de l'esprit sont dans le cœur. » Nulle part, il ne nous semble l'avoir prouvé avec plus d'éloquence que dans son ode au comte du Luc.

La Harpe a fait sur cette ode un commentaire enthousiaste que nous aurons plus d'une fois l'occasion de citer, et Amar, dans les notes de son édition des œuvres complètes, a établi entre l'une des pythiques de Pindare et l'ode au comte du Luc une comparaison ingénieuse et, selon lui, à l'avantage du poëte français.

2. L'histoire fera peut-être au comte du Luc une place moindre que celle qu'il devrait à la poésie et à la reconnaissance de Rousseau. Mais l'homme qui a pu inspirer des sentiments si tendres et de si beaux vers ne saurait avoir été un homme ordinaire.

3. En 1714.

4. Voir, au IVe livre des *Géorgiques*, l'admirable épisode d'Aristée, vers 387 et suiv.

> Est in Carpathio Neptuni gurgite vates,
> Cæruleus Proteus, etc.

Ne cache aucuns secrets,
Sous diverse figure, arbre, flamme, fontaine,
S'efforce d'échapper à la vue incertaine
Des mortels indiscrets;

Ou tel que d'Apollon le ministre terrible,
Impatient du dieu dont le souffle invincible
Agite tous ses sens,[1]
Le regard furieux, la tête échevelée,[2]
Du temple fait mugir la demeure ébranlée
Par ses cris impuissants :

Tel, aux premiers accès d'une sainte manie,
Mon esprit alarmé redoute du génie
L'assaut victorieux;
Il s'étonne, il combat l'ardeur qui le possède,
Et voudroit secouer du démon qui l'obsède
Le joug impérieux.[3]

Mais sitôt que, cédant à la fureur divine,
Il reconnoît enfin du dieu qui le domine
Les souveraines lois;

---

1. At Phœbi nondum patiens immanis in antro
Bacchatur vates.
(Virgile, *Énéide*, livre VI, vers 77.)

2. Non vultus, non color unus
Non comptæ mansere comæ; sed pectus anhelum,
Et rabie fera corda tument; majorque videri,
Nec mortale sonans.
(Virgile, *Énéide*, livre VI, vers 47 et suivants.)

3. Magnum si pectore possit
Excussisse deum.
(Virgile, *Énéide*, livre VI, vers 78 et 79.)

Alors, tout pénétré de sa vertu suprême,
Ce n'est plus un mortel, c'est Apollon lui-même
    Qui parle par ma voix.

Je n'ai point l'heureux don de ces esprits faciles,
Pour qui les doctes Sœurs, caressantes, dociles,
    Ouvrent tous leurs trésors;
Et qui, dans la douceur d'un tranquille délire,
N'éprouvèrent jamais, en maniant la lyre,
    Ni fureurs ni transports.[1]

Des veilles, des travaux, un foible cœur s'étonne:
Apprenons toutefois que le fils de Latone,
    Dont nous suivons la cour,
Ne nous vend qu'à ce prix ces traits de vive flamme,
Et ces ailes de feu qui ravissent une âme
    Au céleste séjour.

C'est par là qu'autrefois d'un prophète fidèle[2]
L'esprit, s'affranchissant de sa chaîne mortelle
    Par un puissant effort,
S'élançoit dans les airs, comme un aigle intrépide,
Et, jusque chez les dieux, alloit, d'un vol rapide,
    Interroger le sort.

---

1. Rousseau écrivait à M. Boutet (Bruxelles, 20 octobre 1725) : « J'ai tâché de donner dans la plupart de mes odes des IIIe et IVe livres, une idée de la poésie de Pindare, dont tout le monde parle et que personne de ceux qui en parlent le plus n'a bien connue, et qui manque à toutes ces froides amplifications de Lamotte, qui ressemblent beaucoup plus à des lettres qu'à des odes, commençant toutes, pour ainsi dire, par le *Monsieur* et finissant par le *très-humble serviteur.* » Rousseau s'abuse quand il croit avoir imité Pindare de si près dans la plupart de ces odes. Mais dans celle-ci il l'égale, s'il ne lui ressemble.

2. *Prophète* est pris ici dans le sens de *vates.*

C'est par là qu'un mortel, forçant les rives sombres,[1]
Au superbe tyran qui règne sur les ombres
    Fit respecter sa voix :
Heureux, si, trop épris d'une beauté rendue,
Par un excès d'amour il ne l'eût point perdue
    Une seconde fois !

Telle étoit de Phébus la vertu souveraine,
50 Tandis qu'il fréquentoit les bords de l'Hippocrène
    Et les sacrés vallons.
Mais ce n'est plus le temps, depuis que l'Avarice,
Le Mensonge flatteur, l'Orgueil et le Caprice,
    Sont nos seuls Apollons.

Ah ! si ce dieu sublime, échauffant mon génie,[2]
Ressuscitoit pour moi de l'antique harmonie
    Les magiques accords ;
Si je pouvois du ciel franchir les vastes routes,
Ou percer par mes chants les infernales voûtes
    De l'empire des morts ;

Je n'irois point, des dieux profanant la retraite,
Dérober au Destin, téméraire interprète,
    Ses augustes secrets :

---

1. Orphée ; voyez le IVe livre des *Géorgiques* de Virgile.
2. Amar fait ici un rapprochement un peu forcé entre ce mouvement et le passage suivant de Pindare, dont Jean-Baptiste Rousseau se serait inspiré :
« Si le sage Centaure habitait encore son antre ; si le charme entraînant de mes hymnes pouvait l'appeler de nouveau à secourir les mortels dans leurs maux cuisants ; si quelque fils d'Apollon ou de Jupiter se rendait à mes vœux, avec quelle sérénité mon navire fendrait les ondes de la mer Ionienne ! »

Je n'irois point chercher une amante ravie,
Et, la lyre à la main, redemander sa vie
    Au gendre de Cérès.

Enflammé d'une ardeur plus noble et moins stérile,
J'irois, j'irois pour vous, ô mon illustre asile,[1]
    O mon fidèle espoir,
Implorer aux enfers ces trois fières déesses,
Que jamais jusqu'ici nos vœux ni nos promesses
    N'ont su l'art d'émouvoir.

« Puissantes Déités, qui peuplez cette rive,[2]
Préparez, leur dirois-je, une oreille attentive
    Au bruit de mes concerts :
Puissent-ils amollir vos superbes courages,
En faveur d'un héros digne des premiers âges
    Du naissant univers !

Non, jamais sous les yeux de l'auguste Cybèle,
La terre ne fit naître un plus parfait modèle
    Entre les dieux mortels :
Et jamais la vertu n'a, dans un siècle avare,
D'un plus riche parfum, ni d'un encens plus rare,
    Vu fumer ses autels.

---

1.   O et præsidium et dulce decus meum !
              (Horace, livre Ier, ode Ire).

2. « La prière du poëte est si touchante, le chant de ses vers si mélodieux, qu'il paraît être véritablement ce même Orphée qu'il veut imiter. »
                                                (La Harpe.)

C'est lui, c'est le pouvoir de cet heureux génie,[1]
Qui soutient l'équité contre la tyrannie
    D'un astre injurieux.
L'aimable Vérité, fugitive, importune,
N'a trouvé qu'en lui seul sa gloire, sa fortune,
    Sa patrie et ses dieux.

Corrigez donc pour lui vos rigoureux usages;
Prenez tous les fuseaux qui, pour les plus longs âges,
    Tournent entre vos mains.
C'est à vous que du Styx les dieux inexorables
Ont confié les jours, hélas! trop peu durables,
    Des fragiles humains.

Si ces dieux, dont un jour tout doit être la proie,
Se montrent trop jaloux de la fatale soie
    Que vous leur redevez,
Ne délibérez plus, tranchez mes destinées,
Et renouez leur fil à celui des années
    Que vous lui réservez.[2]

Ainsi daigne le ciel, toujours pur et tranquille,
Verser sur tous les jours que votre main nous file
    Un regard amoureux!
Et puissent les mortels amis de l'innocence
Mériter tous les soins que votre vigilance
    Daigne prendre pour eux! »

---

1. J. B. Rousseau fait ici sans doute un retour sur lui-même. Condamné à l'exil, il avait trouvé auprès du comte du Luc *sa patrie et ses dieux*.

2. « Quelle foule de beautés dans ce morceau! pas une expression qui ne soit riche, pas un détail qui ne rappelle ce langage des dieux que devait parler le rival d'Orphée. » (LA HARPE.)

C'est ainsi qu'au delà de la fatale barque,
Mes chants adouciroient de l'orgueilleuse Parque,
   L'impitoyable loi ;
Lachésis apprendroit à devenir sensible,
Et le double ciseau de sa sœur inflexible
   Tomberoit devant moi.[1]

Une santé dès lors florissante, éternelle,
Vous feroit recueillir d'une automne nouvelle
   Les nombreuses moissons :
Le ciel ne seroit plus fatigué de nos larmes,
Et je verrois enfin de mes froides alarmes
   Fondre tous les glaçons.[2]

Mais une dure loi, des dieux même suivie,
Ordonne que le cours de la plus belle vie
   Soit mêlé de travaux :
Un partage inégal ne leur fut jamais libre,
Et leur main tient toujours dans un juste équilibre
   Tous nos biens et nos maux.[3]

Ils ont sur vous, ces dieux, épuisé leur largesse :
C'est d'eux que vous tenez la raison, la sagesse,
   Les sublimes talents ;

---

[1]. « Il tomberait sans doute si l'oreille des divinités infernales était sensible au charme des beaux vers. » (LA HARPE.)
Et Amar fait remarquer ingénieusement « la grâce toute particulière avec laquelle ce vers pittoresque semble s'échapper de la strophe, comme le ciseau lui-même de la main de la parque. »

[2]. La chute est cruelle. C'est la tache dont nous avons parlé dans notre remarque générale, et le seul vers que La Harpe eût voulu retrancher de ce chef-d'œuvre.

[3]. Pindare disait également à Hiéron : « Tu sais que les dieux, en accordant aux humains un seul bien, l'accompagnent de deux maux ; jamais l'insensé n'apprit à surmonter le malheur ; le sage ne montre au dehors que le bien qu'il reçoit. »

Vous tenez d'eux enfin cette magnificence
Qui seule sait donner à la haute naissance
    De solides brillants.

C'en étoit trop, hélas ! et leur tendresse avare,
Vous refusant un bien dont la douceur répare
    Tous les maux amassés,
Prit sur votre santé, par un décret funeste,
Le salaire des dons qu'à votre âme céleste
    Elle avoit dispensés.

Le ciel nous vend toujours les biens qu'il nous prodigue :[1]
Vainement un mortel se plaint, et le fatigue
    De ses cris superflus :
L'âme d'un vrai héros, tranquille, courageuse,
Sait comme il faut souffrir d'une vie orageuse
    Le flux et le reflux.

Il sait, et c'est par là qu'un grand cœur se console,
Que son nom ne craint rien ni des fureurs d'Éole,
    Ni des flots inconstants,
Et que, s'il est mortel, son immortelle gloire
Bravera, dans le sein des filles de Mémoire,
    Et la mort et le temps.

Tandis qu'entre des mains à sa gloire attentives,
La France confiera de ses saintes archives
    Le dépôt solennel,

---

1. La Fontaine avait déjà dit, dans cet admirable épisode si naïvement imité d'Ovide, *Philémon et Baucis* :

    Que la fortune vend ce qu'on croit qu'elle donne.

L'avenir y verra le fruit de vos journées,
Et vos heureux destins unis aux destinées
    D'un empire éternel.

Il saura par quels soins, tandis qu'à force ouverte
L'Europe conjurée armoit pour notre perte
    Mille peuples fougueux,
Sur des bords étrangers, votre illustre assistance
Sut ménager pour nous les cœurs et la constance
    D'un peuple belliqueux.

Il saura quel génie, au fort de nos tempêtes,
Arrêta, malgré nous, dans leurs vastes conquêtes
    Nos ennemis hautains;
Et que vos seuls conseils, déconcertant leurs princes,
Guidèrent au secours de deux riches provinces
    Nos guerriers incertains.

Mais quel peintre fameux, par de savantes veilles,
Consacrant aux humains de tant d'autres merveilles
    L'immortel souvenir,
Pourra suivre le fil d'une histoire si belle,
Et laisser un tableau digne des mains d'Apelle
    Aux siècles à venir?

Que ne puis-je franchir cette longue barrière!
Mais, peu propre aux efforts d'une noble carrière,[1]
    Je vais jusqu'où je puis;

---

1. Une seule fois J. B. Rousseau paraît avoir été tenté d'écrire l'histoire, et, comme ici, il eût pris sa plume pour obéir à un sentiment de reconnaissance : « J'avois eu dessein, il y a sept ou huit ans, écrit-il à M. Boutet (Enghien, 12 mai 1728), d'écrire la vie de M. le prince Eugène. J'étois encore alors en état de travailler à des ouvrages de longue haleine;

Et, semblable à l'abeille en nos jardins éclose,
De différentes fleurs j'assemble et je compose
　　Le miel que je produis.[1]

Sans cesse, en divers lieux errant à l'aventure,
Des spectacles nouveaux que m'offre la nature
　　Mes yeux sont égayés,
Et, tantôt dans les bois, tantôt dans les prairies,
Je promène toujours mes douces rêveries
　　Loin des chemins frayés.

Celui qui, se livrant à des guides vulgaires,
Ne détourne jamais des routes populaires
　　Ses pas infructueux,
Marche plus sûrement dans une humble campagne,
Que ceux qui, plus hardis, percent de la montagne
　　Les sentiers tortueux.

Toutefois, c'est ainsi que nos maîtres célèbres
Ont dérobé leurs noms aux épaisses ténèbres
　　De leur antiquité;
Et ce n'est qu'en suivant leur périlleux exemple,
Que nous pouvons comme eux arriver jusqu'au temple
　　De l'immortalité.

mais la modestie du prince s'y opposa. Il n'a jamais écrit de mémoires, et, ne pouvant me résoudre à travailler sur ceux des autres, ni lui à me soulager par des relations qui auroient demandé trop de détails, je n'y ai plus pensé. »

1.　　　　..... Ego, apis Marinæ
　　　　　More modoque,
　　Grata carpentis thyma per laborem
　　Plurimum, circa nemus, uvidique
　　Tiburis ripas, operosa parvus
　　　　Carmina fingo.
　　　　　　　　　(Hor., liv., IV, ode II.)

ODE II.

A S. A. S. MONSEIGNEUR LE PRINCE EUGÈNE DE SAVOIE.[1]

Est-ce une illusion soudaine
Qui trompe mes regards surpris?
Est-ce un songe dont l'ombre vaine
Trouble mes timides esprits?
Quelle est cette déesse énorme,
Ou plutôt ce monstre difforme
Tout couvert d'oreilles et d'yeux,

---

1. Le prince Eugène de Savoie-Carignan, immortalisé par l'histoire sous le nom de *Prince Eugène,* né à Paris en 1663 et mort à Vienne en 1736, était le fils du comte de Soissons et de la nièce de Mazarin, Olympe Mancini. Méconnu par Louis XIV, il offrit ses services à l'empereur d'Allemagne, qui n'eut point à se repentir de l'avoir accueilli. D'abord simple volontaire, puis colonel de dragons, il se distingua partout, et parvint, en 1697, au commandement des armées impériales. Après avoir battu, à Zenta, les Turcs, dont il devait, vingt ans plus tard, achever la défaite à Pétervaradin et à Belgrade, il n'hésita pas à prendre parti contre la France dans la guerre de la succession d'Espagne, et battit Villeroy en Italie; puis, repassant en Allemagne, il y gagne, avec Marlborough, la bataille d'Hochstedt. Il retourne en Italie, où Vendôme ne l'arrête qu'un moment, à Bassano, et trois ans après, en 1708, il remporte la victoire d'Oudenarde, et l'année suivante celle de Malplaquet. La paix, scellée avec la France, lui permet de se retourner contre les Turcs que deux défaites éclatantes forcent à demander aussi la paix. Rappelé, en 1733, au commandement de l'armée, il ne se sent plus le même homme, fait mollement la guerre, se hâte de signer la paix, et va mourir à Vienne, comblé d'honneurs et regardé unanimement comme le premier général de son temps.

Dont la voix ressemble au tonnerre,
Et qui, des pieds touchant la terre,[1]
Cache sa tête dans les cieux?

C'est l'inconstante Renommée,
Qui, sans cesse les yeux ouverts,
Fait sa revue accoutumée
Dans tous les coins de l'univers.
Toujours vaine, toujours errante,
Et messagère indifférente,
Des vérités et de l'erreur,
Sa voix, en merveilles féconde,
Va chez tous les peuples du monde
Semer le bruit et la terreur.

Quelle est cette troupe sans nombre
D'amants autour d'elle assidus,
Qui viennent en foule à son ombre
Rendre leurs hommages perdus?
La vanité qui les enivre
Sans relâche s'obstine à suivre
L'éclat dont elle les séduit;
Mais bientôt leur âme orgueilleuse
Voit sa lumière frauduleuse
Changée en éternelle nuit.

---

1. Ingrediturque solo et caput inter nubila condit.
(VIRGILE, *Énéide*, livre IV, vers 177.)

Mais il faut lire dans Virgile la description tout entière et la rapprocher de celle d'Ovide (*Métamorphoses*, XII), de Boileau (*Lutrin* chant II) et de Voltaire (*Henriade,* chant VIII).

O toi, qui, sans lui rendre hommage,
Et sans redouter son pouvoir,
Sus toujours de cette volage
Fixer les soins et le devoir,
Héros, des héros le modèle,
Étoit-ce pour cette infidèle
Qu'on t'a vu, cherchant les hasards,
Braver mille morts toujours prêtes,
Et dans les feux et les tempêtes
Défier la fureur de Mars ?

Non, non : ses lueurs passagères
N'ont jamais ébloui tes sens ;
A des déités moins légères
Ta main prodigue son encens :
Ami de la gloire solide,
Mais de la vérité rigide
Encor plus vivement épris,
Sous ses drapeaux seuls tu te ranges,
Et ce ne sont point les louanges,
C'est la vertu, que tu chéris.

Tu méprises l'orgueil frivole
De tous ces héros imposteurs
Dont la fausse gloire s'envole
Avec la voix de leurs flatteurs :
Tu sais que l'équité sévère
A cent fois du haut de leur sphère
Précipité ces vains guerriers ;
Et qu'elle est l'unique déesse
Dont l'incorruptible sagesse
Puisse éterniser tes lauriers.

Ce vieillard qui d'un vol agile [1]
Fuit sans jamais être arrêté,
Le Temps, cette image mobile
De l'immobile éternité,
A peine du sein des ténèbres
Fait éclore les faits célèbres,
Qu'il les replonge dans la nuit;
Auteur de tout ce qui doit être,
Il détruit tout ce qu'il fait naître,
A mesure qu'il le produit.

Mais la déesse de mémoire,
Favorable aux noms éclatants,
Soulève l'équitable histoire [2]
Contre l'iniquité du temps,
Et dans le registre des âges
Consacrant les nobles images
Que la gloire lui vient offrir,
Sans cesse en cet auguste livre
Notre souvenir voit revivre
Ce que nos yeux ont vu périr.

C'est là que sa main immortelle,
Mieux que la déesse aux cent voix,

---

1. Ce qu'il faut admirer dans cette ode, c'est que cette fois, en empruntant ses images à la mythologie, Rousseau leur prête une signification morale et les rajeunit par l'application qu'il en fait. Cette strophe sur le Temps a été souvent citée, et La Harpe mettait ces deux vers : *le temps, cette image mobile*, etc., au rang des plus beaux que l'on eût faits. « L'*immobile éternité*, dit-il, est une des figures les plus heureusement hardies qu'on ait jamais employées, et le contraste du *temps mobile* la rend encore plus frappante. »

2. C'est presque le vers de Boileau dans son épître à Racine, vers 76 :

Et *soulever* pour toi *l'équitable* avenir.

Saura, dans un tableau fidèle,
Immortaliser tes exploits :
L'avenir, faisant son étude
De cette vaste multitude
D'incroyables événements,
Dans leurs vérités authentiques,
Des fables les plus fantastiques
Retrouvera les fondements.

Tous ces traits incompréhensibles
Par les fictions ennoblis,
Dans l'ordre des choses possibles
Par là se verront rétablis.
Chez nos neveux moins incrédules,
Les vrais Césars, les faux Hercules
Seront mis en même degré ;
Et tout ce qu'on dit à leur gloire,
Et qu'on admire sans le croire,
Sera cru sans être admiré.

Guéris d'une vaine surprise,
Ils recevront, sans être émus,
Les faits du petit-fils d'Acrise,[1]
Et tous les travaux de Cadmus.
Ni le monstre du Labyrinthe,
Ni la triple Chimère éteinte,
N'étonneront plus la raison ;
Et l'esprit avouera sans honte
Tout ce que la Grèce raconte
Des merveilles du fils d'Éson.[2]

---

1. Persée.
2. Jason.

Et pourquoi traiter de prestiges
Les aventures de Colchos?
Les dieux n'ont-ils fait des prodiges
Que dans Thèbes ou dans Argos?[1]
Que peuvent opposer les fables
Aux prodiges inconcevables
Qui, de nos jours exécutés,
Ont cent fois dans la Germanie,
Chez le Belge, dans l'Ausonie,
Frappé nos yeux épouvantés?

Mais ici ma lyre impuissante [2]
N'ose seconder mes efforts :
Une voix fière et menaçante
Tout à coup glace mes transports.
Arrête, insensé! me dit-elle,
Ne va point d'une main mortelle
Toucher un laurier immortel :
Arrête; et, dans ta folle audace,
Crains de reconnoître la trace
Du sang dont fume ton autel.

Le terrible dieu de la guerre,
Bellone, et la fière Atropos,
N'ont que trop effrayé la terre
Des triomphes de ton héros.
Ces dieux, ta patrie elle-même,

---

1. Quel dommage que toute cette friperie mythologique vienne glacer un mouvement lyrique plein de grandeur et d'éclat!

2. Ici le poète rentre dans la réalité et dans la véritable poésie, et le retour sur la France et sur ce que lui coûtent les triomphes du prince Eugène est d'un pathétique éloquent.

Rendront à sa valeur suprême
D'assez authentiques tributs.[1]
Admirateur plus légitime,
Garde tes vers et ton estime
Pour de plus tranquilles vertus.

Ce n'est point d'un amas funeste
De massacres et de débris
Qu'une vertu pure et céleste
Tire son véritable prix.
Un héros qui de la victoire
Emprunte son unique gloire
N'est héros que quelques moments,
Et, pour l'être toute sa vie,
Il doit opposer à l'envie
De plus paisibles monuments.

En vain ses exploits mémorables
Étonnent les plus fiers vainqueurs :
Les seules conquêtes durables
Sont celles qu'on fait sur les cœurs.
Un tyran cruel et sauvage
Dans les feux et dans le ravage
N'acquiert qu'un honneur criminel :
Un vainqueur qui sait toujours l'être
Dans les cœurs dont il se rend maître
S'élève un trophée éternel.

---

1. Nous n'avons pas relevé ce mot *authentique* dans une strophe précédente, parce qu'il rendait avec précision la pensée du poëte; mais ici il n'est que prosaïque.

C'est par cette illustre conquête,
Mieux encor que par ses travaux,
Que ton prince[1] élève sa tête
Au-dessus de tous ses rivaux;
Grand par tout ce que l'on admire,
Mais plus encor, j'ose le dire,
Par cette héroïque bonté,
Et par cet abord plein de grâce,
Qui des premiers âges retrace
L'adorable simplicité.

Il sait qu'en ce vaste intervalle
Où les destins nous ont placés,
D'une fierté qui les ravale
Les mortels sont toujours blessés;
Que la grandeur, fière et hautaine,
N'attire souvent que leur haine,
Lorsqu'elle ne fait rien pour eux:
Et que, tandis qu'elle subsiste,
Le parfait bonheur ne consiste
Qu'à rendre les hommes heureux.

Les dieux même, éternels arbitres
Du sort des fragiles mortels,
N'exigent qu'à ces mêmes titres
Nos offrandes et nos autels.
C'est leur puissance qu'on implore :
Mais c'est leur bonté qu'on adore
Dans le bien qu'ils font aux humains;
Et, sans cette bonté fertile,

---

1. L'empereur Charles VI, père de la grande Marie-Thérèse.

Leur foudre, souvent inutile,
Gronderoit en vain dans leurs mains.

Prince, suis toujours les exemples
De ces dieux dont tu tiens le jour :
Avant de mériter nos temples,
Ils ont mérité notre amour.
Tu le sais, l'aveugle fortune
Peut faire d'une âme commune
Un héros partout admiré :
La seule vertu, profitable,
Généreuse, tendre, équitable,
Peut faire un héros adoré.

Ce potentat toujours auguste,
Maître de tant de potentats,
Dont la main si ferme et si juste
Conduit tant de vastes États,
Deviendra la gloire des princes
Lorsqu'en ses nombreuses provinces
Rassemblant les plaisirs épars,
Sous sa féconde providence
Tu feras fleurir l'abondance,
Les délices, et les beaux-arts.

Seconde les heureux auspices
D'un monarque si renommé :
Déjà, par tes secours propices,
Janus voit son temple fermé.
Puisse ta gloire toujours pure
A toute la race future
Servir de modèle et de loi ;

Et ton intégrité profonde
Être à jamais l'amour du monde,
Comme ton bras en fut l'effroi ![1]

---

1. La dernière moitié de cette ode n'est pas à la hauteur de la première; il y a trop d'idées communes, de répétitions inutiles et d'expressions prosaïques.

POÉSIES LYRIQUES.

ODE III.[1]

A M. LE COMTE BONNEVAL,[2]

LIEUTENANT GÉNÉRAL DES ARMÉES DE L'EMPEREUR.

Le soleil, dont la violence
Nous a fait languir si longtemps,

---

1. Cette ode forme un heureux contraste avec celle qui précède : autant l'autre était pompeuse et pour ainsi dire héroïque, autant celle-ci a, dans ses vives et familières allures, de grâce piquante et ingénieuse. Ces compositions badines, écrites dans le style tempéré, devaient vieillir moins vite que les autres. La mythologie elle-même, employée ici avec enjouement, n'a rien de sa froideur habituelle.
2. Né en 1675 d'une famille illustre du Limousin, et mort à Constantinople en 1747, le comte Claude-Alexandre de Bonneval commença comme un héros et finit comme un aventurier. Après avoir servi avec distinction d'abord dans la marine, sous Tourville, ensuite dans les armées de terre, sous Catinat et Vendôme, des dissentiments avec Chamillard et une fierté trop irritable le poussèrent à offrir ses services à l'empereur contre la France. Le prince Eugène, qui avait appris à le connaître sur le champ de bataille, lui servit de caution et de protecteur. Son intrépidité fit le reste, et la part principale qu'il eut à la bataille de Péterwaradin lui mérita le grade de lieutenant général feld-maréchal. Mais cette irritabilité d'humeur qui lui avait fait quitter la France, et son penchant pour la satire, qui ne paraît pas avoir épargné le prince Eugène lui-même, lui ayant fait perdre l'amitié de ce dernier, il se vit forcé de quitter l'Autriche et se réfugia chez les Turs, où il prit le turban. Devenu pacha, et plus considéré, plus écouté qu'employé par ses maîtres ombrageux, il mourut à Constantinople, où l'on voit encore son tombeau.

Il avait bien accueilli Rousseau et ce fut même lui qui le fit connaître au prince Eugène. Aussi, quand ce dernier eut à se plaindre de Bonneval, Rousseau courut à Vienne et s'entremit généreusement, mais sans succès,

Arme de feux moins éclatants
Les rayons que son char nous lance ;
Et, plus paisible dans son cours,
Laisse la céleste balance [1]
Arbitre des nuits et des jours.

L'Aurore, désormais stérile
Pour la divinité des fleurs,
De l'heureux tribut de ses pleurs
Enrichit un dieu plus utile ;
Et sur tous les coteaux voisins
On voit briller l'ambre fertile
Dont elle dore nos raisins.

C'est dans cette saison si belle
Que Bacchus prépare à nos yeux
De son triomphe glorieux
La pompe la plus solennelle :
Il vient de ses divines mains
Sceller l'alliance éternelle
Qu'il a faite avec les humains.

Autour de son char diaphane
Les Ris, voltigeant dans les airs,
Des soins qui troublent l'univers
Écartent la troupe profane :
Tel, sur des bords inhabités, [2]

---

et quoi qu'il en dise dans sa correspondance, Eugène lui garda rancune de ses démarches.

1. Libra die somnique pares ubi fecerit horas.
(Virgile, *Géorgiques*, livre Ier, vers 208.)

2. L'île de Naxos. Voir dans l'épithalame de Thétis et de Pélée, par Catulle, le délicieux épisode d'Ariane (vers 52 et suivants), et, dans les *Études de la nature* de Bernardin de Saint-Pierre, une page ravissante et trop peu connue.

Il vint de la triste Ariane
Calmer les esprits agités.

Les Satyres tout hors d'haleine,[1]
Conduisant les Nymphes des bois,
Au son du fifre et du hautbois,
Dansent par troupes dans la plaine,
Tandis que les Sylvains lassés
Portent l'immobile Silène
Sur leurs thyrses entrelacés.

Leur plus vive ardeur se déploie
Autour de ce dieu belliqueux :
Cher comte, partage avec eux
L'allégresse qu'il leur envoie,
Et, plein d'une douce chaleur,
Montre-toi rival de leur joie,
Comme tu l'es de sa valeur.

Prends part à la juste louange
De ce dieu si cher aux guerriers,
Qui, couvert de mille lauriers
Moissonnés jusqu'aux bords du Gange,
A trouvé mille fois plus grand [2]
D'être le dieu de la vendange,
Que de n'être qu'un conquérant.

---

1. Ce charmant tableau a été souvent cité. C'est quelque chose d'achevé : chaque vers fait image.

2. La franchise de l'expression a déplu ici à quelques commentateurs trop enclins à prendre la simplicité pour le prosaïsme. Moins dédaigneuse aujourd'hui, la critique croit, au contraire, que la vraie poésie est ennemie de la fausse élégance.

De ses Ménades révoltées
Craignons l'impétueux courroux ;
Tu sais jusqu'où ce dieu jaloux
Porte ses fureurs irritées,
Et quelles tragiques horreurs
Des Lycurgues et des Penthées [1]
Payèrent les folles erreurs.

C'est lui qui, des fils de la terre [2]
Châtiant la rebellion,
Sous la forme d'un fier lion
Vengea le maître du tonnerre ;
Et par lui les os de Rhécus
Furent brisés, comme le verre,
Aux yeux de ses frères vaincus.

Ici, par l'aimable Paresse
Ce fameux vainqueur désarmé,
Ne se montre plus enflammé
Que des feux d'une douce ivresse ;
Et, cherchant de plus doux combats,
Dans le temple de l'Allégresse
Il s'offre à conduire nos pas.

---

1. Lycurgue, roi de Thrace, fut massacré par ses propres sujets, parce qu'il avait chassé Bacchus de ses États, et interdit l'usage du vin. Penthée, roi de Thèbes, se vit, pour le même crime, déchiré par les bacchantes, à la tête desquelles se trouvait sa propre mère.

La poésie moderne a si bien répudié la mythologie, que les notes du genre de celles-ci sont nécessaires dans les nouvelles éditions de nos poëtes.

2. Les Titans. On sait que, dans leur révolte contre Jupiter, Bacchus prit parti pour son père, et, transformé en lion, lui rendit de signalés services.

Là, sous une voûte sacrée,
Peinte des plus riches couleurs,
Ses prêtres, couronnant de fleurs
La victime pour toi parée,
Bientôt sur un autel divin
Feront couler à ton entrée
Des ruisseaux de lait et de vin.

Reçois ce nectar adorable
Versé par la main des Plaisirs;
Et laisse, au gré de leurs désirs,
Par cette liqueur favorable
Remplir tes esprits et tes yeux
De cette joie inaltérable
Qui rend l'homme semblable aux dieux.

Par elle, en toutes ses disgrâces,
Un cœur d'audace revêtu
Sait asservir à sa vertu
Les ennuis qui suivent ses traces;
Et, tranquille jusqu'à la mort,
Conjurer toutes les menaces
Des dieux, et des rois, et du sort.

Par elle, bravant la puissance [1]
De son implacable démon,

---

1. . . . . . Teucer Salamina patremque
Cum fugeret, tamen usa Lyeo
Tempora populea fertur vinxisse corona,
Sic tristes affatus amicos :
Quo nos cumque feret melior fortuna parente

Le vaillant fils de Télamon,
Banni des lieux de sa naissance,
Au fort de ses calamités,
Rendit le calme et l'espérance
A ses compagnons rebutés.

« Amis, la volage Fortune
N'a, dit-il, nul droit sur mon cœur;
Je prétends, malgré sa rigueur,
Fixer votre course importune :
Passons ce jour dans les festins;
Demain les Zéphyrs et Neptune
Ordonneront de nos destins. »

C'est sur cet illustre modèle
Qu'à toi-même toujours égal,
Tu sus, loin de ton lieu natal,
Triompher d'un astre infidèle,
Et, sous un ciel moins rigoureux,
D'une Salamine nouvelle
Jeter les fondements heureux.

Une douleur pusillanime
Touche peu les dieux immortels;
On aborde en vain leurs autels,

<small>Ibimus, o socii comitesque.
Nil desperandum Teucro duce et auspice Teucro.
Certus enim promisit Apollo
Ambiguam tellure nova Salamina futuram.
O fortes pejoraque passi
Mecum sæpe viri, nunc vino pellite curas;
Cras ingens iterabimus æquor.
(Horace, livre I, ode vii.)</small>

Sans un cœur ferme et magnanime :
Quand nous venons les implorer,
C'est par une joie unanime
Que nous devons les honorer.

Telle est l'allégresse rustique
De ces vendangeurs altérés
Qu'on voit, à leurs yeux égarés,
Saisis d'une ivresse mystique,
Et qui, saintement furieux,
Retracent de l'orgie antique
L'emportement mystérieux.

Tandis que toute la campagne
Retentit de leur doux transport,
Allons travailler à l'accord
Du tokaie avec le champagne ;
Et, près de tes Lares assis,
Des vins de rive et de montagne
Juger le procès indécis.

Les juges, à ton arrivée,
Se trouveront tous assemblés ;
La soif qui les tient désolés
Brûle de se voir abreuvée ;
Et leur appétit importun,
A deux heures de relevée,
S'étonne d'être encore à jeun.

ODE IV.[1]

IMITÉE DE LA VIIe ÉPODE D'HORACE.

AUX SUISSES, DURANT LEUR GUERRE CIVILE
EN 1712.

Où courez-vous, cruels? Quel démon parricide
    Arme vos sacriléges bras?
Pour qui destinez-vous l'appareil homicide
    De tant d'armes et de soldats?

Allez-vous réparer la honte encor nouvelle
    De vos passages violés?
Êtes-vous résolus à venger la querelle
    De vos ancêtres immolés?

Non, vous voulez venger votre ennemi lui-même,
    Et faire voir aux fiers Germains
Leurs antiques rivaux, dans leur fureur extrême,
    Égorgés de leurs propres mains.

---

1. Rousseau, par cette ode patriotique, acquittait envers la Suisse qui, cette même année, lui avait donné un asile, la dette de l'hospitalité; si on ne connaissait pas l'épode d'Horace, on ne croirait jamais que c'est là une imitation exactement calquée sur le texte latin. La sincérité du sentiment donne ici à une simple imitation l'accent d'une inspiration originale.

Tigres, plus acharnés que le lion sauvage,
    Qui, malgré sa férocité,
Dans un autre lion respectant son image,
    Dépouille pour lui sa fierté.

Mais parlez, répondez : Quels feux illégitimes
    Allument en vous ce transport?
Est-ce un aveugle instinct? Sont-ce vos propres crimes,
    Ou la fatale loi du sort?

Ils demeurent sans voix. Que devient leur audace?[1]
    Je vois leurs visages pâlir :
Le trouble les saisit, l'étonnement les glace;
    Ah! vos destins vont s'accomplir.

Vos pères ont péché, vous en portez la peine;[2]
    Et Dieu, sur votre nation,
Veut des profanateurs de sa loi souveraine
    Expier la rébellion.

---

1.   Tacent, et ora pallor albus inficit,
        Mentesque perculsæ stupent.
            (Horace, épode vii.)

2. Sans doute les grands intérêts débattus entre Octave et Antoine avaient une autre importance que ceux qui, en 1712, armaient les uns contre les autres les cantons helvétiques. Mais dans cette dernière stance Rousseau reprend tout l'avantage. Qu'est-ce, en effet, que ce crime oublié du meurtre de Rémus auprès de ce que devait être pour un catholique sincère, et Rousseau l'était devenu, le triomphe de la Réforme sur l'antique foi de la Suisse?

ODE V.[1]

AUX PRINCES CHRÉTIENS, SUR L'ARMEMENT DES TURCS
CONTRE LA RÉPUBLIQUE DE VENISE, EN 1715.

Ce n'est donc point assez que ce peuple perfide,
De la sainte Cité profanateur stupide,
Ait dans tout l'Orient porté ses étendards;
Et, paisible tyran de la Grèce abattue,
   Partage à notre vue
La plus belle moitié du trône des Césars?

Déjà, pour réveiller sa fureur assoupie,
L'interprète effréné de son prophète impie
Lui promet d'asservir l'Italie à sa loi;
Et déjà son orgueil, plein de cette assurance,
   Renverse en espérance
Le siége de l'Empire et celui de la Foi.

A l'aspect des vaisseaux que vomit le Bosphore,
Sous un nouveau Xerxès, Thétis croit voir encore

---

1. Cette ode est pour ainsi dire redevenue de circonstance. Aujourd'hui, comme en 1715, l'Europe chrétienne éprouve comme un besoin de rejeter les Turcs en Asie, et de rendre à l'Évangile et à la civilisation ces vastes contrées d'où semble se retirer de lui-même le flot de la barbarie musulmane. Un poëte contemporain ne parlerait guère autrement que Rousseau le fait ici, et vers l'époque de Navarin, plus d'une âme généreuse a dû relire cette ode avec un mélange d'admiration et d'étonnement.

Au travers de ses flots promener les forêts;
Et le nombreux amas de lances hérissées
      Contre le ciel dressées
Égale les épis qui dorent nos guérets.

Princes, que pensez-vous à ces apprêts terribles?
Attendrez-vous encor, spectateurs insensibles,
Quels seront les décrets de l'aveugle Destin,
Comme en ce jour affreux, où, dans le sang noyée,
      Byzance foudroyée
Vit périr sous ses murs le dernier Constantin?

O honte! ô de l'Europe infamie éternelle!
Un peuple de brigands, sous un chef infidèle,
De ses plus saints remparts détruit la sûreté;
Et le Mensonge impur tranquillement repose
      Où le grand Théodose
Fit régner si longtemps l'auguste Vérité!

Jadis, dans leur fureur non encor ralentie,
Ces esclaves chassés des marais de Scythie
Portèrent chez le Parthe et la mort et l'effroi;
Et bientôt des Persans, ravisseurs moins barbares,
      Leurs conducteurs avares
Reçurent à la fois et le sceptre et la loi.

Dès lors, courant toujours de victoire en victoire,
Des Califes, déchus de leur antique gloire,
Le redoutable empire entre eux fut partagé;
Des bords de l'Hellespont aux rives de l'Euphrate,
      Par cette race ingrate
Tout fut en même temps soumis ou ravagé.

Mais sitôt que leurs mains, en ruines fécondes,
Osèrent, du Jourdain souillant les saintes ondes,
Profaner le tombeau du fils de l'Éternel,
L'Occident, réveillé par ce coup de tonnerre,[1]
    Arma toute la terre,
Pour laver ce forfait dans leur sang criminel.

En vain à cette ardeur si bouillante et si vive,
La folle ambition, la prudence craintive,
Prétendoient opposer leurs conseils spécieux :[2]
Chacun comprit alors, mieux qu'au siècle où nous sommes,
    Que l'intérêt des hommes
Ne doit point balancer la querelle des cieux.

Comme un torrent fougueux, qui, du haut des montagnes,
Précipitant ses eaux, traîne dans les campagnes
Arbres, rochers, troupeaux, par son cours emportés :
Ainsi de Godefroi les légions guerrières
    Forcèrent les barrières
Que l'Asie opposoit à leurs bras indomptés.

La Palestine enfin, après tant de ravages,
Vit fuir ses ennemis, comme on voit les nuages
Dans le vague des airs fuir devant l'Aquilon;
Et des vents du midi la dévorante haleine
    N'a consumé qu'à peine
Leurs ossements blanchis dans les champs d'Ascalon.[3]

---

1. Il y a ici, ce semble, incohérence dans les images.
2. *Spécieux* est un mot de la langue politique, ou tout au moins philosophique, et qui ne convient guère dans une ode.
3. Lebrun dit éloquemment à propos de ce vers : « Cet alexandrin, qui arrive après le vers de six syllabes, se déploie savamment, et occupe un terrain immense : il porte la pensée tout entière sur le champ de bataille. »

De ses temples détruits et cachés sous les herbes
Sion vit relever les portiques superbes,
De notre délivrance augustes monuments;
Et d'un nouveau David la valeur noble et sainte
      Sembloit dans leur enceinte
D'un royaume éternel jeter les fondements.

Mais chez ses successeurs la Discorde insolente,
Allumant le flambeau d'une guerre sanglante,
Énerva leur puissance en corrompant leurs mœurs;
Et le ciel irrité, ressuscitant l'audace
      D'une coupable race,
Se servit des vaincus pour punir les vainqueurs.

Rois, symboles mortels de la grandeur céleste,
C'est à vous de prévoir dans leur chute funeste [1]
De vos divisions les fruits infortunés :
Assez et trop longtemps, implacables Achilles,
      Vos discordes civiles
De morts ont assouvi les enfers étonnés.

Tandis que de vos mains déchirant vos entrailles,
Dans nos champs, engraissés de tant de funérailles,
Vous semiez le carnage, et le trouble, et l'horreur,
L'infidèle, tranquille au milieu des alarmes,
      Forgeoit ces mêmes armes
Qu'aujourd'hui contre vous aiguise sa fureur.

Enfin l'heureuse paix, de l'amitié suivie,
A réuni les cœurs séparés par l'envie,

---

1. Le second hémistiche de ce vers est bien vague.

Et banni loin de nous la crainte et le danger :
Paisible dans son champ, le laboureur moissonne;
  Et les dons de l'automne
Ne sont plus profanés par le fer étranger.

Mais ce calme si doux que le ciel vous renvoie,
N'est point le calme oisif d'une indolente joie,
Où s'endort la vertu des plus fameux guerriers :
Le démon des combats siffle encor sur vos têtes,
  Et de justes conquêtes
Vous offrent à cueillir de plus nobles lauriers.

Il est temps de venger votre commune injure;
Éteignez dans le sang d'un ennemi parjure
Du nom que vous portez l'opprobre injurieux,
Et, sous leurs braves chefs assemblant vos cohortes,
  Allez briser les portes
D'un empire usurpé sur vos foibles aïeux.

Vous n'êtes plus au temps de ces craintes serviles
Qu'imprimoient dans le sein des peuples imbéciles
De cruels ravisseurs à leur perte animés.
L'aigle de Jupiter, ministre de la foudre,[1]
  A cent fois mis en poudre
Ces géants orgueilleux contre le ciel armés.

Belgrade, assujettie à leur joug tyrannique,
Regrette encor ce jour où le fer germanique

---

1. On ne voit pas trop ce que fait ici l'aigle de Jupiter. L'aigle à double tête devait être pour le Musulman le véritable *ministre de la foudre*. C'est bien évidemment celui-là que Rousseau a voulu désigner; mais l'habitude l'a emporté.

Renversa leur croissant du haut de ses remparts;
Et de Salankemen les plaines infectées
　　　　Sont encore humectées
Du sang de leurs soldats sur la poussière épars.[1]

Sous le fer abattus, consumés dans la flamme,
Leur monarque insensé,[2] le désespoir dans l'âme,
Pour la dernière fois osa tenter le sort;
Déjà, de sa fureur barbares émissaires,
　　　　Ses nombreux Janissaires
Portoient de toutes parts la terreur et la mort.

Arrêtez, troupe lâche et de pillage avide :
D'un Hercule naissant la valeur intrépide
Va bientôt démentir vos projets forcenés;[3]
Et, sur vos corps sanglants se traçant un passage,
　　　　Faire l'apprentissage[4]
Des triomphes fameux qui lui sont destinés.

Le Tybisque, effrayé de la digue profonde
De tant de bataillons entassés dans son onde,
De ses flots enchaînés interrompit le cours;

---

1. Ces trois derniers vers ont le tort de rappeler, en en gâtant l'effet par une répétition inutile, la grande image de la onzième strophe : *Leurs ossements blanchis*, etc.

2. Mustapha II, qui, après des succès remportés contre Léopold 1er et contre les Vénitiens, les Polonais et les Moscovites, se vit contraint de signer la paix de Carlowitz, et de se retirer à Andrinople où une révolte intérieure le déposa et mit la couronne sur la tête de Achmet III. Ce dernier, qui devait à son tour être détrôné en 1730, régnait déjà en 1715.

3. On ne dément pas des projets, on les rend impuissants ou on les déjoue.

4. Lebrun blâme cette expression comme peu lyrique. Nous, au contraire, nous en louerions l'énergique rudesse.

Et le fier Ottoman, sans drapeaux et sans suite,
Précipitant sa fuite,
Borna toute sa gloire au salut de ses jours.[1]

C'en est assez, dit-il, retournons sur nos traces :
Foibles et vils troupeaux, après tant de disgrâces,
N'irritons plus en vain de superbes lions ;
Un prince nous poursuit, dont le fatal génie,
Dans cette ignominie,
De notre antique gloire éteint tous les rayons.

Par une prompte paix, tant de fois profanée,
Conjurons la victoire à le suivre obstinée :
Prévenons du destin les revers éclatants,
Et sur d'autres climats détournons les tempêtes
Qui, déjà toutes prêtes,
Menacent d'écraser l'empire des Sultans.

---

1. « Vers tout Racinien, dit Amar, pour l'éloquence du tour et de l'expression. » Il eût pu ajouter : et imité de Racine qui a dit dans *Iphigénie* :

A des embrasements ne borne point sa gloire.

ODE VI.

A MALHERBE.

CONTRE LES DÉTRACTEURS DE L'ANTIQUITÉ.[1]

Si du tranquille Parnasse
Les habitants renommés
Y gardent encor leur place
Lorsque leurs yeux sont fermés ;
Et si, contre l'apparence,
Notre farouche ignorance
Et nos insolents propos,
Dans ces demeures sacrées

---

1. Dans la grande querelle réveillée, au commencement du xviiie siècle, au sujet des anciens et des modernes, J. B. Rousseau devait naturellement se ranger du côté des premiers. Son génie n'avait rien d'antique ; mais élevé à l'école de Racine et surtout de Boileau qui encouragea sa jeunesse, il devait honorer les anciens comme ses maîtres, outre que dans l'autre camp il comptait plus d'un ennemi personnel. L'ode à Malherbe, composée en 1715, à Soleure, est le contingent qu'il apporta dans cette campagne, et elle est assez belle pour être regardée, contre son dessein, comme un argument de plus en faveur des modernes. Il eut deux raisons pour adresser cette ode à Malherbe : la première, c'est que Malherbe, en son temps, avait fait lui-même une rude guerre aux détracteurs de l'antiquité et aux novateurs qu'il accusait de corrompre la langue ; la seconde, c'est que son vrai maître, c'est Malherbe : Malherbe est son ancêtre. Ainsi que Rousseau, c'est plutôt un écrivain qu'un poète, grand poète cependant aussi, et poète original, quand une émotion sincère le domine.

De leurs âmes épurées
Troublent encor le repos;

Que dis-tu, sage Malherbe,
De voir tes maîtres proscrits
Par une foule superbe
De fanatiques esprits,
Et dans ta propre patrie
Renaître la barbarie
De ces temps d'infirmité,[1]
Dont ton immortelle veine
Jadis avec tant de peine
Dissipa l'obscurité?

Peux-tu, malgré tant d'hommages,
D'encens, d'honneurs, et d'autels,
Voir mutiler les images
De tous ces morts immortels
Qui, jusqu'au siècle où nous sommes,
Ont fait chez les plus grands hommes
Naître les plus doux transports,
Et dont les divins génies
De tes doctes symphonies
Ont formé tous les accords?

Animé par leurs exemples,
Soutenu par leurs leçons,
Tu fis retentir nos temples

---

1. Encore faudrait-il, quand on défend la pureté de la langue et l'honneur des principes, éviter soi-même l'impropriété des termes et l'incohérence des images.

De tes célestes chansons.
Sur la montagne thébaine,
Ta lyre fière et hautaine
Consacra l'illustre sort
D'un roi vainqueur de l'envie,[1]
Vraiment roi pendant sa vie,
Vraiment grand après sa mort.

Maintenant ton ombre heureuse,
Au comble de ses désirs,
De leur troupe généreuse
Partage tous les plaisirs.
Dans ces bocages tranquilles,
Peuplés de myrtes fertiles
Et de lauriers toujours verts,
Tu mêles ta voix hardie
A la douce mélodie
De leurs sublimes concerts.

Là, d'un dieu fier et barbare
Orphée adoucit les lois;
Ici le divin Pindare
Charme l'oreille des rois.
Dans tes douces promenades,
Tu vois les folles Ménades
Rire autour d'Anacréon,
Et les Nymphes, plus modestes,

---

1. Henri IV. On sait qu'après la mort de Louis XIV, il y eut en faveur de Henri IV une réaction dont le premier signe fut d'abord la *Henriade*, suivie, dans l'*Essai sur les mœurs,* de ce magnifique chapitre qui remit le Béarnais à sa vraie place dans l'histoire. J. B. Rousseau devance ici le jugement de Voltaire.

Gémir des ardeurs funestes
De l'amante de Phaon.

A la source d'Hippocrène,[1]
Homère, ouvrant ses rameaux,
S'élève comme un vieux chêne
Entre de jeunes ormeaux :
Les savantes immortelles,
Tous les jours, de fleurs nouvelles
Ont soin de parer son front ;
Et, par leur commun suffrage,
Avec elles il partage
Le sceptre du double mont.

Ainsi les chastes déesses,
Dans ces bois verts et fleuris,
Comblent de justes largesses
Leurs antiques favoris.
Mais pourquoi leur docte lyre
Prendroit-elle un moindre empire
Sur les esprits des neuf Sœurs,
Si de son pouvoir suprême
Pluton, Cerbère lui-même,
Ont pu sentir les douceurs?

Quelle est donc votre manie,
Censeurs dont la vanité
De ces rois de l'harmonie

---

[1]. Rarement Rousseau a été plus poétique, plus hardi, plus harmonieux, plus lyrique en un mot, que dans tout ce morceau. Cette comparaison d'Homère et d'un vieux chêne a toujours été citée comme modèle : on y sent la majesté même d'Homère.

Dégrade la majesté ;
Et qui, par un double crime,
Contre l'Olympe sublime
Lançant vos traits venimeux,
Osez, dignes du tonnerre,
Attaquer ce que la terre
Eut jamais de plus fameux ?

Impitoyables Zoïles,[1]
Plus sourds que le noir Pluton,
Souvenez-vous, âmes viles,
Du sort de l'affreux Python :
Chez les filles de Mémoire
Allez apprendre l'histoire
De ce serpent abhorré,
Dont l'haleine détestée
De sa vapeur empestée
Souilla leur séjour sacré.

Lorsque la terrestre masse
Du déluge eut bu les eaux,
Il effraya le Parnasse
Par des prodiges nouveaux.
Le ciel vit ce monstre impie,[2]
Né de la fange croupie
Au pied du mont Pélion,

---

1. Cette fiction est des plus heureuses, et rien de plus lyrique que le mouvement qui en ouvre le récit. Malherbe a de ces brusques entrées en matière qui enlèvent le lecteur.

2.   Te quoque, maxime Python,
Tum genuit (*Tellus*) populisque novis, incognita serpens,
Terror eras. Tantum spatii de monte tenebas!
         (Ovide, *Métam.*, livre Ier, vers 438 et suiv.)

Souffler son infecte rage
Contre le naissant ouvrage
Des mains de Deucalion.

Mais le bras sûr et terrible [1]
Du dieu qui donne le jour
Lava dans son sang horrible
L'honneur du docte séjour.
Bientôt de la Thessalie,
Par sa dépouille ennoblie,
Les champs en furent baignés;
Et du Céphise rapide
Son corps affreux et livide
Grossit les flots indignés.

De l'écume empoisonnée
De ce reptile fatal,
Sur la terre profanée
Naquit un germe infernal;
Et de là naissent les sectes [2]
De tous ces sales insectes
De qui le souffle envieux

---

1.   Hanc deus arcitenens, et nunquam talibus armis
Ante, nisi in damis capreisque fugacibus, usus,
Mille gravem telis, exhausta pene pharetra,
Perdidit, effuso per vulnera nigra veneno.
(Ovide, *Métam.*, livre 1ᵉʳ, vers 441 et suiv.)

2. Ici le poëte baisse tout à coup, et, mal inspiré par ses rancunes personnelles, qui sans doute mettent devant ses yeux Lamotte, Gâcon ou Saurin, il ne retrouve plus même cette élégance vulgaire qui souvent chez lui tient lieu d'inspiration et de poésie. Quoi de plus trivial, en effet, que ces *sectes de sales insectes,* et plus bas ces *intrus?* Le poëte se relève enfin vers le milieu de l'avant-dernière strophe, et la dernière est une des plus belles qu'il ait jamais écrites.

Ose, d'un venin critique,
Noircir de la Grèce antique
Les célestes demi-dieux.

A peine, sur de vains titres,
Intrus au sacré vallon,
Ils s'érigent en arbitres
Des oracles d'Apollon :
Sans cesse dans les ténèbres
Insultant les morts célèbres,
Ils sont comme ces corbeaux
De qui la troupe affamée,
Toujours de rage animée,
Croasse autour des tombeaux.

Cependant, à les entendre,
Leurs ramages sont si doux,
Qu'aux bords mêmes du Méandre,
Le cygne en seroit jaloux;
Et quoiqu'en vain ils allument
L'encens dont ils se parfument
Dans leurs chants étudiés,
Souvent de ceux qu'ils admirent,
Lâches flatteurs, ils attirent
Les éloges mendiés.

Une louange équitable,
Dont l'honneur seul est le but,
Du mérite véritable
Est le plus juste tribut;
Un esprit noble et sublime,
Nourri de gloire et d'estime,

Sent redoubler ses chaleurs,[1]
Comme une tige élevée,
D'une onde pure abreuvée,
Voit multiplier ses fleurs.

Mais cette flatteuse amorce
D'un hommage qu'on croit dû
Souvent prête même force
Au vice qu'à la vertu.
De la céleste rosée
La terre fertilisée,
Quand les frimas ont cessé,
Fait également éclore
Et les doux parfums de Flore
Et les poisons de Circé.

Cieux, gardez vos eaux fécondes[2]
Pour le myrte aimé des dieux ;
Ne prodiguez plus vos ondes
A cet if contagieux ;
Et vous, enfants des nuages,
Vents, ministres des orages,
Venez, fiers tyrans du Nord,
De vos brûlantes froidures
Sécher ces feuilles impures
Dont l'ombre donne la mort.

---

1. Évidemment cet étrange pluriel n'a pour cause que l'exigence de la rime.

2. Peut-on, en un plus beau langage, inviter la critique à réserver ses éloges pour les bons ouvrages, et à garder tous ses traits pour les mauvais ?

ODE VII.

A S. A. M. LE COMTE DE ZINZINDORF,[1]

CHANCELIER DE LA COUR IMPÉRIALE.

L'hiver, qui si longtemps a fait blanchir nos plaines,
N'enchaîne plus le cours des paisibles ruisseaux;
Et les jeunes zéphyrs, de leurs chaudes haleines,
    Ont fondu l'écorce des eaux.[2]

Les troupeaux ont quitté leurs cabanes rustiques,
Le laboureur commence à lever ses guérets.
Les arbres vont bientôt de leurs têtes antiques
    Ombrager les vertes forêts.

Déjà la terre s'ouvre, et nous voyons éclore
Les prémices heureux de ses dons bienfaisants :

---

1. Rousseau écrit de Vienne à Brossette, le 30 septembre 1716 : « Ce n'est que d'hier que je suis de retour d'un voyage que j'ai fait en Moravie avec M. le comte de Zinzindorf. Il y a passé une quinzaine dans les amusements que fournit la campagne. »

Je ne sais sur quels renseignements Amar a émis l'opinion que cette ode avait été écrite en 1716 et probablement, dit-il, pendant le voyage dont il est parlé dans la citation qui précède. Il est évident, d'après les premières stances, qu'elle fut composée non pas en automne, mais au printemps. Rousseau aura voulu acquitter en poëte la reconnaissance de l'hôte. C'est une agréable étude dans le genre tempéré.

2. Métaphore malheureuse, et citée en exemple à éviter dans toutes les rhétoriques.

Cérès vient à pas lents, à la suite de Flore,
    Contempler ses nouveaux présents.

De leurs douces chansons, instruits par la nature,
Mille tendres oiseaux font résonner les airs ;
Et les nymphes des bois, dépouillant leur ceinture,
    Dansent au bruit de leurs concerts.

Des objets si charmants, un séjour si tranquille,[1]
La verdure, les fleurs, les ruisseaux, les beaux jours,
Tout invite le sage à chercher un asile
    Contre le tumulte des cours.

Mais vous, à qui Minerve et les filles d'Astrée
Ont confié le sort des terrestres humains,
Vous qui n'osez quitter la balance sacrée
    Dont Thémis a chargé vos mains ;

Ministre de la paix, qui gouvernez les rênes
D'un empire puissant autant que glorieux,
Vous ne pouvez longtemps vous dérober aux chaînes
    De vos emplois laborieux.

Bientôt l'État, privé d'une de ses colonnes,
Se plaindroit d'un repos qui trahiroit le sien ;
L'orphelin vous crieroit : Hélas! tu m'abandonnes ![2]
    Je perds mon plus ferme soutien !

---

1. Au premier abord, on croirait que le poëte a sous les yeux ce séjour si tranquille. Mais quelques stances plus loin, on lit : « *Vous irez donc revoir,* etc. » Ce qui fait supposer que le comte de Zinzindorf était revenu à Vienne.

2.   Tu ne peux t'en bannir, que l'orphelin ne crie.
                 (BOILEAU, épître VI, vers 129.)

Vous irez donc revoir, mais pour peu de journées,
Ces fertiles jardins, ces rivages si doux,
Que la nature et l'art, de leurs mains fortunées,
    Prennent soin d'embellir pour vous.

Dans ces immenses lieux dont le sort vous fit maître,
Vous verrez le soleil, cultivant leurs trésors,
Se lever le matin, et le soir disparoître,
    Sans sortir de leurs riches bords.

Tantôt vous tracerez la course de votre onde;
Tantôt, d'un fer courbé dirigeant vos ormeaux,
Vous ferez remonter leur séve vagabonde
    Dans de plus utiles rameaux.

Souvent, d'un plomb subtil que le salpêtre embrase,
Vous irez insulter le sanglier glouton,
Ou, nouveau Jupiter, faire aux oiseaux du Phase
    Subir le sort de Phaéton.

O doux amusements! ô charme inconcevable
A ceux que du grand monde éblouit le chaos!
Solitaires vallons, retraite inviolable
    De l'innocence et du repos;

Délices des aïeux d'une épouse adorée,
Qui réunit l'éclat de toutes leurs splendeurs,
Et dans qui la vertu, par les grâces parée,
    Brille au-dessus de leurs grandeurs;

Arbres verts et fleuris, bois paisibles et sombres,
A votre possesseur si doux et si charmants,

Puissiez-vous ne durer que pour prêter vos ombres
 A ses nobles délassements!

Mais la loi du devoir, qui lui parle sans cesse,
Va bientôt l'enlever à ses heureux loisirs;
Il n'écoutera plus que la voix qui le presse
 De s'arracher à vos plaisirs.

Bientôt vous le verrez, renonçant à lui-même,
Reprendre les liens dont il est échappé;
Toujours de l'intérêt d'un monarque qu'il aime,
 Toujours de sa gloire occupé.

Allez, illustre appui de ses vastes provinces,
Allez; mais revenez, de leur amour épris,
Organe des décrets du plus sage des princes,
 Veiller sur ses peuples chéris.

C'est pour eux qu'autrefois, loin de votre patrie,
Consacré de bonne heure à de nobles travaux,
Vous fîtes admirer votre heureuse industrie
 A ses plus illustres rivaux.

La France vit briller votre zèle intrépide
Contre le feu naissant de nos derniers débats :
Le Batave vous vit opposer votre égide
 Au cruel démon des combats.

Vos vœux sont satisfaits : la Discorde et la Guerre
N'osent plus rallumer leurs tragiques flambeaux;
Et les dieux apaisés redonnent à la terre
 Des jours plus sereins et plus beaux.

Ce chef de tant d'États,[1] à qui le ciel dispense
Tant de riches trésors, tant de fameux bienfaits,
A déjà de ces dieux reçu la récompense
    De sa tendresse pour la paix.

Il a vu naître enfin de son épouse aimée
Un gage précieux de sa fécondité,
Et qui va désormais de l'Europe charmée
    Affermir la tranquillité.[2]

Arbitre tout-puissant d'un empire invincible,
Plus maître encor du cœur de ses sujets heureux,
Qu'a-t-il à désirer, qu'un usage paisible
    Des jours qu'il a reçus pour eux?

Non, non, il n'ira point, après tant de tempêtes,
Ressusciter encor d'antiques différends :
Il sait trop que souvent les plus belles conquêtes
    Sont la perte des conquérants.

Si toutefois l'ardeur de son noble courage
L'engageoit quelque jour au delà de ses droits,
Écoutez la leçon d'un Socrate sauvage,[3]
    Faite au plus puissant de nos rois.

Pour la troisième fois, du superbe Versailles
Il faisoit agrandir le parc délicieux;

---

1. L'empereur Charles VI.
2. Ce *gage précieux* fut la grande Marie-Thérèse, née en 1717, ce qui achève de fixer d'une manière précise la date de cette ode.
3. Quoi qu'en puisse dire Lebrun, ce petit épisode, raconté en vers simples et naturels, vient ici à propos. Le nom de Louis XIV le relèverait au besoin. Il doit être permis de citer à un ministre l'exemple d'un roi.

Un peuple harassé de ses vastes murailles
    Creusoit le contour spacieux.

Un seul, contre un vieux chêne appuyé sans mot dire,
Sembloit à ce travail ne prendre aucune part :
« A quoi rêves-tu là? » dit le prince. « Hélas! sire,
    Répond le champêtre vieillard,

Pardonnez : je songeois que de votre héritage
Vous avez beau vouloir élargir les confins;
Quand vous l'agrandiriez trente fois davantage,
    Vous aurez toujours des voisins. »

ODE VIII.

POUR S. A. MGR LE PRINCE DE VENDOME,[1]

SUR SON RETOUR DE L'ILE DE MALTE, EN 1715 [2]

Après que cette île guerrière,
Si fatale aux fiers Ottomans,
Eut mis sa puissante barrière
A couvert de leurs armements;
Vendôme, qui, par sa prudence,
Y sut établir l'abondance
Et pourvoir à tous ses besoins,
Voulut céder aux destinées
Qui réservoient à ses années
D'autres climats et d'autres soins.

1. Le Vendôme auquel cette ode est adressée n'est point le grand capitaine connu sous le nom de duc de Vendôme, mais son frère le grand prieur, Philippe, prince de Vendôme, né en 1655, mort en 1727. Avant de devenir l'amphytrion du temple et l'ami de Rousseau, de Chaulieu, de Lafare, en attendant Voltaire, il avait été un vaillant homme de guerre, comme il convenait à un arrière-petit-fils de Henri IV. Entré dans l'ordre de Malte, il se signala au siége de Candie, en Hollande, en Allemagne, en Italie où il servit sous Catinat, en Catalogne où, comme un autre Scipion, il fut le lieutenant de son frère. Devenu lui-même lieutenant général, mais bientôt disgracié et privé de ses bénéfices, il alla vivre à Rome, où il resta cinq ans; à son retour, il ne reprit point de service et se donna tout entier à ses plaisirs. Ce fut le dernier d'une race qui avait mérité de finir autrement.

2. Le prince de Vendôme avait été envoyé, en 1715, au secours de Malte menacée par les Turcs; mais ceux-ci n'ayant point paru, il revint en France, la même année.

Mais dès que la céleste voûte
Fut ouverte au jour radieux
Qui devoit éclairer la route
De ce héros ami des dieux,
Du fond de ses grottes profondes
Neptune éleva sur les ondes
Son char de Tritons entouré ;
Et ce dieu, prenant la parole,
Aux superbes enfants d'Éole
Adressa cet ordre sacré :

« Allez, tyrans impitoyables
Qui désolez tout l'univers,
De vos tempêtes effroyables
Troubler ailleurs le sein des mers :
Sur les eaux qui baignent l'Afrique,
C'est au Vulturne pacifique [1]
Que j'ai destiné votre emploi ;
Partez, et que votre furie,
Jusqu'à la dernière Hespérie,
Respecte et subisse sa loi.

Mais vous, aimables Néréides,
Songez au sang du grand Henri, [2]
Lorsque nos campagnes humides
Porteront ce prince chéri ;
Aplanissez l'onde orageuse ;

---

1. Obstrictis aliis præter Iapyga.
(HORACE, livre Ier, ode III.)

2. Le grand prieur était le petit-fils de César de Vendôme, fils aîné de Henri IV et de Gabrielle d'Estrées.

Secondez l'ardeur courageuse
De ses fidèles matelots :
Venez, et d'une main agile
Soutenez son vaisseau fragile [1]
Quand il roulera sur mes flots.

Ce n'est pas la première grâce
Qu'il obtient de notre secours ;
Dès l'enfance, sa jeune audace
Osa vous confier ses jours :
C'est vous qui, sur ce moite empire,
Au gré du volage Zéphire,
Conduisiez au port son vaisseau,
Lorsqu'il vint, plein d'un si beau zèle,
Au secours de l'île où Cybèle
Sauva Jupiter au berceau. [2]

Dès lors, quels périls, quelle gloire,
N'ont point signalé son grand cœur !
Ils font le plus beau de l'histoire
D'un héros en tous lieux vainqueur,
D'un frère... Mais le ciel, avare
De ce don si cher et si rare,
L'a trop tôt repris aux humains. [3]

---

1. Cymothoe, simul et Triton adnixus, acuto
Detrudunt naves scopulo ; levat ipse tridenti, etc.
(VIRGILE, *Énéide,* livre Ier, vers 144 et 145.)

2. L'île de Candie, autrefois l'île de Crète. Cette île aurait dû fournir à Rousseau des souvenirs plus récents que ceux de l'éducation de Jupiter. C'était le cas de rappeler la mémorable expédition de 1669.

3. Le célèbre duc de Vendôme n'avait que cinquante-huit ans, quand il mourut, en 1712, dans une petite ville du royaume de Valence, après avoir

C'est à vous seuls de l'en absoudre,
Trônes ébranlés par sa foudre,
Sceptres raffermis par ses mains.

Non moins grand, non moins intrépide,
On le vit, aux yeux de son roi,
Traverser un fleuve rapide,[1]
Et glacer ses rives d'effroi :
Tel que d'une ardeur sanguinaire[2]
Un jeune aiglon, loin de son aire
Emporté plus prompt qu'un éclair,
Fond sur tout ce qui se présente,
Et d'un cri jette l'épouvante
Chez tous les habitants de l'air.

Bientôt sa valeur souveraine,
Moins rebelle aux leçons de l'art,
Dans l'école du grand Turenne
Apprit à fixer le hasard.
C'est dans cette source fertile
Que son courage plus utile,
De sa gloire unique artisan,

---

ramené Philippe V à Madrid. L'Espagne entière porta son deuil, et il fut inhumé à l'Escurial dans les caveaux réservés aux infants.

1. Le Rhin.

    Vendôme, que soutient l'orgueil de sa naissance,
    Au même instant dans l'onde impatient s'élance.
                    (BOILEAU, épître IV.)

2.   Qualem ministrum fulminis alitem, etc.
                   (HORACE, livre IV, ode IV.)

Mais dans Horace la comparaison est plus développée, et, placée au début de l'ode, elle est d'un plus grand effet.

Acquit cette hauteur suprême
Qu'admira Bellone elle-même
Dans les campagnes d'Orbassan.

Est-il quelque guerre fameuse
Dont il n'ait partagé le poids?
Le Rhin, le Pô, l'Èbre, la Meuse,
Tour à tour ont vu ses exploits.
France, tandis que tes armées
De ses yeux furent animées,
Mars n'osa jamais les trahir;
Et la fortune permanente
A son étoile dominante
Fit toujours gloire d'obéir.

Mais quand de lâches artifices[1]
T'eurent enlevé cet appui,
Tes destins, jadis si propices,
S'exilèrent tous avec lui :
Un Dieu plus puissant que tes armes
Frappa de paniques alarmes
Tes plus intrépides guerriers;
Et sur tes frontières célèbres
Tu ne vis que cyprès funèbres
Succéder à tous tes lauriers.

O détestable Calomnie,
Fille de l'obscure Fureur,

---

1. Sa disgrâce eut pour cause son inaction à la bataille de Cassano, en 1705. Toute cette strophe est faible et prosaïque. On aura remarqué ce *l'eurent enlevé,* qui est d'une dureté impardonnable.

Compagne de la Zizanie,[1]
Et mère de l'aveugle Erreur !
C'est toi dont la langue aiguisée
De l'austère fils de Thésée
Osa déchirer les vertus ;
C'est par toi qu'une épouse indigne
Arma contre un héros insigne
La crédulité de Prétus.[2]

Dans la nuit et dans le silence
Tu conduis tes coups ténébreux :
Du masque de la vraisemblance
Tu couvres ton visage affreux :
Tu divises, tu désespères
Les époux, les amis, les frères,
Tu n'épargnes pas les autels ;
Et ta fureur envenimée,
Contre les plus grands noms armée,
Ne fait grâce qu'aux vils mortels.

Voilà de tes agents sinistres
Quels sont les exploits odieux.
Mais enfin ces lâches ministres
Épuisent la bonté des dieux.
En vain, chéris de la fortune,
Ils cachent leur crainte importune,
Enveloppés dans leur orgueil :
Le remords déchire leur âme,

---

1. La zizanie ! toute cette filiation d'idées abstraites et personnifiées n'est pas faite pour relever l'ode.

2. Passe encore pour Hippolyte, fils de Thésée ; mais qui a gardé mémoire de Prétus ?

Et la honte qui les diffame
Les suit jusque dans le cercueil.

Vous rentrerez, monstres perfides,[1]
Dans la foule où vous êtes nés :
Aux vengeances des Euménides
Vos jours seront abandonnés :
Vous verrez, pour comble de rage,
Ce prince, après un vain orage,
Paroître en sa première fleur,
Et, sous une heureuse puissance,
Jouir des droits que la naissance
Ajoute encore à sa valeur.

Mais déjà ses humides voiles
Flottent dans mes vastes déserts ;
Le soleil, vainqueur des étoiles,
Monte sur le trône des airs.
Hâtez-vous, filles de Nérée ;
Allez sur la plaine azurée
Joindre vos Tritons dispersés ;
Il est temps de servir mon zèle :
Allez, Vendôme vous appelle ;
Neptune parle, obéissez. »

Il dit : et la mer, qui s'entr'ouvre,
Déjà fait briller à ses yeux,
De son palais qu'elle découvre,
L'or et le cristal précieux ;

---

1. Le mouvement est beau. Toutes les éditions portent *la foule ;* mais nous croirions volontiers, avec Amar, que le poëte avait écrit *la fange.*

Cependant la nef vagabonde
Au milieu des nymphes de l'onde
Vogue d'un cours précipité;
Telle qu'on voit rouler sur l'herbe
Un char triomphant et superbe,
Loin de la barrière emporté.

Enfin, d'un prince que j'adore
Les dieux sont devenus l'appui :
Il revient éclairer encore
Une cour plus digne de lui.
Déjà, d'un nouveau phénomène
L'heureuse influence y ramène
Les jours d'Astrée et de Thémis :
Les vertus n'y sont plus en proie
A l'avare et brutale joie
De leurs insolents ennemis.

Un instinct né chez tous les hommes,[1]
Et chez tous les hommes égal,
Nous force tous, tant que nous sommes,
D'aimer notre séjour natal;
Toutefois, quels que puissent être
Pour les lieux qui nous ont vus naître
Ces mouvements respectueux,
La vertu ne se sent point née

---

1. Une vérité aussi ancienne demandait à être exprimée d'une manière plus touchante et avec une solennité moins commune.
Ovide avait mieux dit : *De Pont.*, liv. I, el. III, vers 35 :

> Nescio qua natale solum dulcedine cunctos
> Ducit, et immemores non sinit esse sui.

C'est une idée familière à tous les poëtes.

Pour voir sa gloire profanée
Par le vice présomptueux.

Ulysse, après vingt ans d'absence,
De disgrâces et de travaux,
Dans le pays de sa naissance
Vit finir le cours de ses maux.
Mais il eût trouvé moins pénible
De mourir à la cour paisible
Du généreux Alcinoüs,
Que de vivre dans sa patrie,
Toujours en proie à la furie
D'Eurymaque ou d'Antinoüs.

ODE IX.

A S. E. M. GRIMANI,[1]

AMBASSADEUR DE VENISE A LA COUR DE VIENNE,

SUR LE DÉPART DES TROUPES IMPÉRIALES POUR LA CAMPAGNE DE 1716,
EN HONGRIE.

Ils partent, ces cœurs magnanimes,[2]
Ces guerriers, dont les noms chéris
Vont être pour jamais écrits
Entre les noms les plus sublimes :
Ils vont en de nouveaux climats
Chercher de nouvelles victimes
Au terrible dieu des combats.

A leurs légions indomptables
Bellone inspire sa fureur;
Le bruit, l'épouvante et l'horreur
Devancent leurs flots redoutables,
Et la mort remet dans leurs mains

---

1. Après avoir été ambassadeur de Venise à la cour de Vienne, Grimani fut doge de la république et contribua sans doute à la stricte neutralité qu'elle garda pendant la guerre de la succession d'Autriche.

2. Toute cette ode se ressent de ce début impétueux et vif. On la dirait écrite au pas de course, et avec un élan qui n'est pas habituel au poëte. Il y a bien un peu trop encore de Mars, de Bellone, de Neptune, mais le mouvement lyrique de l'ode n'en est pas ralenti. Il n'est pas jusqu'au rhythme lui-même qui ne semble sonner la charge avec le poëte.

Ces tonnerres épouvantables
Dont elle écrase les humains.

Un héros tout brillant de gloire [1]
Les conduit vers ces mêmes bords
Où jadis ses premiers efforts
Ont éternisé sa mémoire.
Sous ses pas naît la liberté ;
Devant lui vole la victoire,
Et Pallas marche à son côté.

O dieux ! quel favorable augure
Pour ces généreux fils de Mars !
J'entends déjà de toutes parts
L'air frémir de leur doux murmure ;
Je vois, sous leur chef applaudi,
Le Nord venger avec usure
Toutes les pertes du Midi.

Quel triomphe pour ta patrie,
Et pour toi quel illustre honneur,
Ministre né pour le bonheur
De cette mère si chérie,
Toi de qui l'amour généreux,
Toi de qui la sage industrie
Ménagea ces secours heureux !

Cent fois nous avons vu ton zèle
Porter les pleurs de ses enfants
Jusque sous les yeux triomphants

---

1. Le prince Eugène, qui avait failli emmener Rousseau dans cette campagne.

Du prince qui s'arme pour elle,
Et qui, plein d'estime pour toi,
Attire encor dans ta querelle
Cent princes soumis à sa loi.

C'est ainsi que du jeune Atride
On vit l'éloquente douleur
Intéresser dans son malheur
Les Grecs assemblés en Aulide;
Et d'une noble ambition
Armer leur colère intrépide
Pour la conquête d'Ilion.

En vain l'inflexible Neptune
Leur oppose un calme odieux;
En vain l'interprète des dieux
Fait parler sa crainte importune :
Leur invincible fermeté
Lasse enfin l'injuste fortune,
Les vents, et Neptune irrité.

La constance est le seul remède
Aux obstacles du sort jaloux;
Tôt ou tard, attendris pour nous,
Les dieux nous accordent leur aide;
Mais ils veulent être implorés,
Et leur résistance ne cède
Qu'à nos efforts réitérés.

Ce ne fut qu'après dix années
D'épreuve et de travaux constants,
Que ces glorieux combattants

Triomphèrent des destinées,
Et que, loin des bords phrygiens,
Ils emmenèrent enchaînées
Les veuves des héros troyens.

ODE X.

PALINODIE.[1]

Celui dont la balance équitable et sévère
Sait peser l'homme au poids de la réalité,
En payant son tribut aux vertus qu'il révère,
Peut braver les regards de la postérité.

Des éloges trompeurs qu'arrache la fortune,
Il craint peu le reproche et la confusion ;
Et trop sûr d'étouffer cette amorce commune,
Il combat seulement sa propre illusion.

J'en atteste les dieux : l'intérêt ni la crainte
N'ont jamais, dans mes mains, infecté mon encens ;

---

1. Autant l'ode qui précède est d'un tour vif et aisé, autant celle-ci est pesante et laborieuse. Après un retour personnel sur lui-même et sur les faux amis qui l'ont lâchement abandonné, l'auteur arrive péniblement au sujet même qu'il s'est proposé de traiter. Indigné de voir ceux qui ont le plus encensé Louis XIV se tourner contre cette auguste mémoire, il se range noblement du côté de ceux qui lui restent fidèles. Le 15 octobre 1715, il écrivait de Vienne à Brossette : « Que les justes applaudissements que nous donnons aux vivants ne nous fassent pas oublier ceux que nous devons aux morts ; et que notre nation apprenne des étrangers et de ses ennemis mêmes à respecter la mémoire du plus grand prince qui ait gouverné la monarchie depuis Charlemagne. Notre légèreté est le principal de tous nos défauts ; et ceux que le feu roi a le plus élevés ne peuvent mieux attaquer sa gloire, qu'en témoignant, comme ils font par leur ingratitude, combien ils étoient indignes de ses grâces. »

Mon unique ennemi fut la fatale empreinte
Que l'aveugle amitié fit jadis sur mes sens.

C'est à vous, séducteurs, que ce discours s'adresse ;
A vous, héros honteux de mes premiers écrits :
Comment avez-vous pu, séduisant ma tendresse,
Fasciner si longtemps mes yeux et mes esprits ?

Hélas ! j'aimois en vous un or faux et perfide
Par le creuset du temps en vapeur converti ;
Je croyois admirer une vertu solide,
Et j'admirois l'orgueil en vertu travesti.

Ce crédit, ce pouvoir, pour qui seuls on vous aime,
Me présentoient en vain leurs côtés les plus doux :
Vous ne l'ignorez pas ; détaché de moi-même,
Ce n'étoit que vous seuls que je cherchois en vous.

Mais vous vouliez des cœurs voués à l'esclavage,
Par l'espoir enchaînés, par la crainte soumis ;
Et de la vérité redoutant l'œil sauvage,
Vous cherchiez des valets, et non pas des amis.

Vos yeux importunés de la sinistre vue
D'un partisan grossier de la sincérité,
Ont enfin préféré la laideur toute nue
Aux voiles contraignants de la fausse beauté.

Voilà quel fut mon crime, et ce qui me transforme
En aspic effroyable, en serpent monstrueux.
Un mortel pénétrer (quel attentat énorme !)
Dans les replis sacrés de nos cœurs tortueux !

Que son exemple apprenne à ne plus nous déplaire ;
Qu'il périsse à jamais, cet Icare odieux,
Ce profane Actéon, de qui l'œil téméraire
Souille de ses regards la retraite des dieux !

Ainsi parla bientôt votre haine ombrageuse ;
Et dès lors l'imposture, accourant au secours,
Excita par vos cris la tempête orageuse
De cent foudres mortels lancés contre mes jours.

Je n'en fus point surpris : je connois vos maximes.
Eh ! comment échapper à vos traits médisants,
Quand ceux dont vous tenez tous vos titres sublimes,
Quand vos rois au tombeau n'en peuvent être exempts ?

Ce monarque fameux,[1] qui, de ses mains prodigues,
D'honneurs non mérités vous combla tant de fois,
Les yeux à peine éteints, vòit par vos lâches brigues
Diffamer ses vertus et détester ses lois.

Tandis qu'il a vécu, c'étoit l'ange céleste,
Le dieu conservateur du peuple et des autels.
C'en est fait, il n'est plus : c'est un tyran funeste,
Le fléau de la terre et l'effroi des mortels.

---

1. Voltaire écrira plus tard : « Nous avons vu ce même peuple qui, en 1686, avait demandé au ciel avec larmes la guérison de son roi malade, suivre son convoi funèbre avec des démonstrations bien différentes. » (*Siècle de Louis XIV*, chap. xxviii.) Mais c'était dès 1715, et au lendemain de la mort du grand roi, que J. B. Rousseau écrivait son ode. D'ailleurs, les démonstrations dont parle Voltaire n'étaient pas générales. Plusieurs villes élevaient des statues à Louis XIV, et, en 1718, Brossette consultait Rousseau sur les inscriptions de celle que Lyon allait dresser au grand roi.

On ne gémira plus sous cet injuste maître :
Les dieux ont pris pitié de ses tristes sujets.
La paix va refleurir, les beaux jours vont renaître;
Vous allez réparer tous les maux qu'il a faits.

Quoi! ne craignez-vous point, à ce discours horrible,
Les reproches affreux de son ombre en courroux?
Ne la voyez-vous pas, furieuse et terrible,
Du séjour de la mort s'élever contre vous?

Le feu de la colère en ses yeux étincelle.
Elle vient, elle parle. Où fuir? où vous cacher?
« Tremblez, lâches, tremblez : reconnoissez, dit-elle,
Celui que sans frémir vous n'osiez approcher.

Traîtres, c'est donc ainsi qu'outrageant ma mémoire,
Vous osez me punir de mes propres bontés?
Je n'ai donc sur vos jours répandu tant de gloire,
Que pour accréditer vos infidélités?

Répondez-moi; parlez : Sous quels fameux auspices
Occupez-vous le rang où l'on vous voit assis?
Quelles rares vertus, quels exploits, quels services,
Ont pu fléchir pour vous les destins endurcis?

Sans moi, sans mes bienfaits, dans une foule obscure
Vos noms seroient encor cachés et confondus;
J'ai vaincu ma raison, j'ai forcé la nature,
Pour vous charger de biens qui ne vous sont pas dus.

Ah! je connoissois peu vos retours ordinaires :
Sur vos seuls intérêts vous réglez vos transports.

Vous croyez ne pouvoir, courtisans mercenaires,
Honorer les vivants, sans déchirer les morts.

Connoissez mieux, ingrats, le prince magnanime [1]
Qui reçoit aujourd'hui votre hommage suspect :
Voulez-vous mériter ses dons et son estime?
Secondez ses travaux, imitez son respect.

Craignez, surtout, craignez la honte et les disgrâces
Qu'attire enfin l'abus d'un injuste pouvoir ;
Craignez les dieux vengeurs, qui déjà sur vos traces
Conduisent les remords, enfants du désespoir.

Nous avons vu des jours plus sereins que les vôtres,
D'orages imprévus sinistres précurseurs :
Les grandeurs ont leur cours, vous succédez à d'autres;
Mais d'autres, quelque jour, seront vos successeurs.»

C'est ainsi que ce roi vous parle et vous conseille;
Mais ses discours sont vains, vous ne l'écoutez pas.
La voix de la sagesse offense votre oreille :
Le mensonge trompeur a bien d'autres appas!

Un favori superbe, enflé de son mérite,
Ne voit point ses défauts dans le miroir d'autrui,

---

1. Le duc d'Orléans, régent de France. Ce fut sans doute pour reconnaître ce juste hommage que le régent lui accordait, au nom du roi, des lettres de rappel. Mais Rousseau, en les refusant, prouva que ses éloges étaient désintéressés. La sourde colère qui anime tout ce morceau et lui communique une certaine éloquence prouve, d'autre part, ce que Rousseau avait souffert de se voir si mal servi par les amis sur lesquels il comptai (voir l'Introduction).

Et ne peut rien sentir, que l'odeur favorite
De l'encens fastueux qui brûle devant lui.

Il n'entend que le son des flatteuses paroles ;
Toute autre mélodie interrompt son repos.
Il faut, pour le charmer, que les Muses frivoles
L'exaltent aux dépens des dieux et des héros.

C'est alors qu'ébloui par un si doux prestige
De tous les dons du ciel il se croit revêtu.
Regardez-moi, mortels ; vous voyez un prodige
D'honneur, de probité, de gloire et de vertu.

Dites, dites plutôt, âme farouche et dure :
Je suis un imposteur tout gangrené d'orgueil ;
Un cadavre couvert de pourpre et de dorure,
Et tout rongé des vers au fond de son cercueil.

Sous un masque éclatant, je me cache à moi-même
De mon visage affreux la livide maigreur ;
Et, trompé le premier, ma volupté suprême
Est de faire partout respecter mon erreur.

Mais, malgré ce respect, toujours, je le confesse,
La triste vérité vient affliger mes yeux ;
Et ce dragon fatal, qui me poursuit sans cesse,
Change mes plus beaux jours en des jours ennuyeux.[1]

Par ce sincère aveu, vous ferez disparoître
L'idolâtre concours de tous vos corrupteurs.

---

1. Nous n'avons pas cru devoir relever les nombreuses négligences de cette ode. Mais celle-ci passe la mesure, et ce mot *ennuyeux* ainsi placé à la fin du vers n'en paraît que plus plat.

Ne vous admirant plus, vous deviendrez peut-être
Plus digne de trouver de vrais admirateurs.

On peut mettre à profit un légitime hommage,
Lorsque l'on tient sur soi les yeux toujours ouverts;
Et le plus insensé commence d'être sage,
Dès l'instant qu'il commence à sentir son travers.[1]

---

[1]. Il y a vraiment dans cette ode, malgré toutes ses taches, un fond d'éloquente amertume qui rappelle le *facit indignatio versum*. Il y eut, à cette époque, dans la vie de Rousseau une crise dont sa correspondance de cette date ne donne qu'à demi le secret (voyez notre Introduction). Une espérance longuement nourrie, puis trompée, peut seule expliquer cet accent si nouveau chez un poëte qui a mis si peu de lui-même dans ses OEuvres.

ODE XI.[1]

SUR LA BATAILLE DE PÉTERWARADIN.[2]

Ainsi le glaive fidèle [3]
De l'Ange exterminateur
Plongea dans l'ombre éternelle
Un peuple profanateur,
Quand l'Assyrien terrible [4]
Vit, dans une nuit horrible,
Tous ses soldats égorgés
De la fidèle Judée
Par ses armes obsédée
Couvrir les champs saccagés.

---

1. Ici nous retrouvons le poëte tel qu'il se montre habituellement dans ses odes, quelquefois plein de verve et d'éclat, plus ordinairement savant, étudié, habile au rhythme, et jetant volontiers sur sa pensée les broderies d'une périphrase élégante ou les images un peu surannées de la mythologie. Mais dans l'ode présente, plus que dans toute autre, la nature du sujet et la brièveté même du vers ont sauvé Jean-Baptiste de cette fausse poésie et l'entrainent à la suite du prince Eugène et du comte de Bonneval sur le champ de bataille de Péterwaradin.
2. Ou Péterwaras, ville d'Esclavonie, sur la rive droite du Danube, aux environs de laquelle les Autrichiens, commandés par le prince Eugène, gagnèrent sur les Turcs, en 1716, une victoire signalée.
3. Ce souvenir de la Bible est heureusement rappelé, au début d'une ode destinée à célébrer une victoire des chrétiens contre les infidèles, et lui donne sa vraie couleur.
4. Sennachérib.

Où sont ces fils de la terre,
Dont les fières légions
Devoient allumer la guerre
Au sein de nos régions?
La nuit les vit rassemblées;
Le jour les voit écoulées,
Comme de foibles ruisseaux
Qui, gonflés par quelque orage,
Viennent inonder la plage
Qui doit engloutir leurs eaux.

Déjà ces monstres sauvages,
Qu'arma l'infidélité,
Marchoient le long des rivages
Du Danube épouvanté.
Leur chef, guidé par l'audace,[1]
Avoit épuisé la Thrace
D'armes et de combattants,
Et des bornes de l'Asie
Jusqu'à la double Mésie
Conduit leurs drapeaux flottants.

A ce déluge barbare
D'effroyables bataillons,
L'infatigable Tartare
Joint encor ses pavillons.
C'en est fait : leur insolence
Peut rompre enfin le silence;
L'effroi ne les retient plus :
Ils peuvent, sans nulle crainte,

---

1. Le grand vizir Ali, favori du sultan Achmet III.

D'une paix trompeuse et feinte
Briser les nœuds superflus.

C'est en vain qu'à notre vue
Un guerrier, par sa valeur,
De leur attaque imprévue
A repoussé la chaleur :
C'est peu qu'après leur défaite
Sa triomphante retraite
Sur nos confins envahis
Ait, avec sa renommée,
Consacré dans leur armée
La honte de leurs spahis.[1]

Ils s'aigrissent par leurs pertes ;
Et déjà de toutes parts
Nos campagnes sont couvertes
De leurs escadrons épars.
Venez, troupe meurtrière ;
La nuit qui, dans sa carrière,
Fuit à pas précipités,
Va bientôt laisser éclore
De votre dernière aurore
Les foudroyantes clartés.

Un prince, dont le génie[2]
Fait le destin des combats,
Veut de votre tyrannie

---

[1]. On éprouve une certaine émotion à trouver ici, pour la première fois, dans un poëte du xviiie siècle, ce nom de spahis que nos glorieuses guerres d'Algérie ont depuis rendu si populaire dans le nôtre.

[2]. Le prince Eugène.

Purger enfin nos États ;
Il tient cette même foudre
Qui vous fit mordre la poudre,
En ce jour si glorieux,[1]
Où, par vingt mille victimes,
La mort expia les crimes
De vos funestes aïeux.

Hé quoi! votre ardeur glacée
Délibère à son aspect?
Ah! la saison est passée
D'un orgueil si circonspect.[2]
En vain de lâches tranchées
Couvrent vos têtes cachées,
Eugène est près d'avancer ;
Il vient, il marche en personne ;
Le jour luit, la charge sonne,
Le combat va commencer.

Wirtemberg, sous sa conduite,
A la tête de nos rangs,
Déjà certain de leur fuite,
Attaque leurs premiers flancs.
Merci, qu'un même ordre enflamme,
Parmi les feux et la flamme
Qui tonnent aux environs,
Force, dissipe, renverse,

---

1. La bataille de Zanta, gagnée contre les Turcs en 1697, et la première victoire que remporta le prince Eugène appelé au commandement des armées impériales.

2. *Si circonspect* est à la fois dur et froid. Les taches de ce genre sont rares dans cette ode.

Détruit tout ce qui traverse
L'effort de ses escadrons.

Nos soldats, dans la tempête,
Par cet exemple affermis,
Sans crainte exposent leur tête
A tous les feux ennemis ;
Et chacun, malgré l'orage,
Suivant d'un même courage
Le chef, présent en tous lieux,
Plein de joie et d'espérance,
Combat avec l'assurance,
De triompher à ses yeux.

De quelle ardeur redoublée
Mille intrépides guerriers
Viennent-ils dans la mêlée
Chercher de sanglants lauriers !
O héros, à qui la gloire
D'une si belle victoire
Doit son plus ferme soutien,
Que ne puis-je, dans ces rimes,
Consacrant vos noms sublimes,
Immortaliser le mien !

Mais quel désordre incroyable,
Parmi ces corps séparés,
Grossit la nue effroyable
Des ennemis rassurés ?
Près de leur moment suprême,
Ils osent en fuyant même
Tenter de nouveaux exploits :

Le désespoir les excite,
Et la crainte ressuscite
Leur espérance aux abois.

Quel est ce nouvel Alcide [1]
Qui, seul, entouré de morts,
De cette foule homicide
Arrête tous les efforts?
A peine un fer détestable
Ouvre son flanc redoutable,
Son sang est déjà payé :
Et son ennemi, qui tombe,
De sa troupe qui succombe
Voit fuir le reste effrayé.

Eugène a fait ce miracle :
Tout se rallie à sa voix :
L'infidèle, à ce spectacle,
Recule encore une fois.
Aremberg, dont le courage [2]
De ces monstres pleins de rage
Soutient le dernier effort,
D'un air que Bellone avoue,
Les poursuit, et les dévoue
Au triomphe de la mort.

1. Le comte de Bonneval, qui fut grièvement blessé dans cette journée, au succès de laquelle il contribua puissamment.
2. Léopold-Philippe de Ligne, duc d'Aremberg, né en 1690, mort en 1754, servit avec honneur sous le prince Eugène. Protecteur éclairé des arts et des sciences, il accueillit Rousseau dans son exil, et ce poëte, que ses ennemis ont souvent accusé d'ingratitude, n'oublie pas plus, comme on voit, le duc d'Aremberg que le prince Eugène lui-même et le comte de Bonneval, et on sait comment il paya sa dette au comte du Luc.

Tout fuit, tout cède à nos armes :
Le vizir percé de coups
Va, dans Belgrade en alarmes,
Rendre son âme en courroux.
Le camp s'ouvre, et ses richesses,
Le fruit des vastes largesses
De cent peuples asservis,
Dans cette nouvelle Troie
Vont être aujourd'hui la proie
De nos soldats assouvis.

Rendons au Dieu des armées
Nos honneurs les plus touchants !
Que ces voûtes parfumées
Retentissent de nos chants !
Et lorsque envers sa puissance
Notre humble reconnoissance
Aura rempli ce devoir,
Marchons pleins d'un nouveau zèle
A la victoire nouvelle
Qui flatte encor notre espoir.

Temeswar, de nos conquêtes
Deux fois le fatal écueil,
Sous nos foudres toutes prêtes
Va voir tomber son orgueil :
Par toi seul, prince invincible,
Ce rempart inaccessible
Pouvoit être renversé ;
Va, par son illustre attaque,[1]

---

1. Un poëte lyrique devait aisément trouver pour caractériser l'attaque de Temeswar une épithète plus pittoresque.

Rompre les fers du Valaque
Et du Hongrois oppressé.[1]

Et toi qui,[2] suivant les traces
Du premier de tes aïeux,
Éprouves, par tant de grâces,
La bienveillance des cieux,
Monarque aussi grand que juste,
Reconnois le prix auguste
Dont le monarque des rois
Paye avec tant de clémence
Ta piété, ta constance
Et ton zèle pour ses lois.

---

1. *Oppressé* pour *opprimé*, surtout à la fin d'une strophe, ne paraît pas heureux et aurait quelque peine à faire glisser l'esprit sur ces deux étranges rimes d'*attaque* et *Valaque*.

2. L'empereur Charles VI. On eût voulu que cette ode, l'une des plus belles du recueil, finît par quelque trait plus éclatant. Au reste, cette ode elle-même termine heureusement le troisième livre, le plus remarquable de l'œuvre profane de J. B. Rousseau.

FIN DU LIVRE TROISIÈME.

LIVRE QUATRIÈME.

ODE I.

A L'EMPEREUR,[1]

APRÈS LA CONCLUSION DE LA QUADRUPLE ALLIANCE.[2]

Dans sa carrière féconde [3]
Le soleil, sortant des eaux,
Couvre d'une nuit profonde
Tous les célestes flambeaux :
Entre les causes premières,
Tout cède aux vives lumières

---

1. On dirait qu'après avoir célébré avec tant d'éclat quelques-uns des sujets de l'empereur, J. B. Rousseau n'a pas cru pouvoir se dispenser de chanter le maître lui-même. Le vague des pensées et la faiblesse d'un style souvent trivial trahissent ici le parti pris et l'absence d'une inspiration directe et sincère. C'est à peine si de loin en loin on pourrait relever, dans cette lâche amplification, quelques-unes de ces beautés qui abondent dans le livre précédent.

2. C'est le 2 août 1718 que fut signé à Londres le traité de la quadruple alliance entre l'Allemagne, la France, la Grande-Bretagne et la Hollande. Le résultat de ce traité fut l'amoindrissement de la monarchie espagnole et la création de la royauté sarde.

3. Ce début est imité de Pindare et de ce commencement de la première olympique, à l'occasion de laquelle Boileau s'est tant égayé aux dépens de Perrault.

Du feu créé pour les dieux,
Et, des dons que nous étale
La richesse orientale,
L'or est le plus radieux.

Telle, ô prince magnanime !
Ta lumineuse clarté
Offusque l'éclat sublime
De toute autre majesté.
Dans un roi d'un sang illustre
Nous admirons le haut lustre
Du premier de ses États ;
En toi la royauté même
Honore le diadème
Du premier des potentats.

Mais dis-nous quelle est la source
De cette auguste splendeur,
Qui du Midi jusqu'à l'Ourse
Fait révérer ta grandeur :
Est-ce cette antique race
D'aïeux dont tu tiens la place
Sur le trône des Romains ?
Est-ce cet amas de princes,
De peuples et de provinces
Dont le sort est dans tes mains ?

Du vaste empire des Mages
Les fastueux héritiers
S'applaudissoient des hommages
De mille peuples altiers :
Du rivage de l'aurore

Jusqu'au delà du Bosphore
Ils faisoient craindre leurs lois;
Et, de l'univers arbitres,
Ajoutoient à tous leurs titres
Le titre de rois des rois.

Cependant la Grèce unie
Avoit déjà sur leurs fronts
Imprimé l'ignominie
De mille sanglants affronts,
Quand la colère céleste
Fit naître, en son sein funeste
A ces tyrans amollis,
Celui dont la main superbe
Devoit enterrer sous l'herbe
Les murs de Persépolis.[1]

Non, non, la servile crainte
De cent peuples différents
Ne mit jamais hors d'atteinte
La gloire des conquérants;
Les lauriers les plus fertiles,
Sans l'art de les rendre utiles,
Leur sont vainement promis;
Et leur puissance n'est stable
Qu'autant qu'elle est profitable
Aux peuples qu'ils ont soumis.

C'est cette sainte maxime
Qui contre tous les revers

---

1. Alexandre.

T'affermira sur la cime
Des grandeurs de l'univers :
Tes sujets pleins d'allégresse
Des marques de ta tendresse
Feront leur seul entretien ;
Et leur amour secourable
De ta puissance durable
Sera l'éternel soutien.

Ton invincible courage,
Signalé dans tous les temps,
Fonda le pénible ouvrage
De tes destins éclatants :
C'est lui qui de la Fortune,
De Bellone et de Neptune
Bravant les légèretés,
Dans leurs épreuves diverses,
T'a conduit par les traverses
Au sein des prospérités.

Déjà l'horrible tourmente
De cent tonnerres épars
De Barcelone fumante
Avoit brisé les remparts ;
Et bientôt, si ta constance
N'eût armé la résistance
De ses braves combattants,
Tes rivaux sur ses murailles
Auroient fait les funérailles
De ses derniers habitants.

En vain, pour sauver ta tête,
La mer t'offroit sur ses eaux,

A ton secours toute prête,
L'asile de ses vaisseaux :
A tes amis plus fidèle,
Tu voulus, malgré leur zèle,
Vaincre ou mourir avec eux ;
Et ta vertu, toujours ferme,
Les protégea jusqu'au terme
De leurs travaux belliqueux.

Mais sur le trône indomptable
Où commandoient tes aïeux,
Quel objet épouvantable
S'offrit encore à tes yeux,
Quand l'implacable Furie,
Qui sur ta triste patrie
Déployoit ses cruautés,
Vint jusqu'en ta capitale
Souffler la vapeur fatale
De ses venins empestés ?

Dans sa course dévorante
Rien n'arrêtoit ce torrent ;
L'épouse tomboit mourante
Sur son époux expirant ;
Le fils aux bras de son père,
La fille au sein de sa mère
S'arrachoit avec horreur ;
Et la Mort, livide et blême,
Remplissoit ton palais même
De sa brûlante fureur.

Tu pouvois braver la foudre
Sous un ciel moins dangereux,

Mais rien ne put te résoudre
A quitter des malheureux.
Rois, qui bornez vos tendresses,
Dans ces publiques détresses,
Au soin de vous épargner,
Apprenez, à cette marque,
Qu'un prince n'est point monarque
Pour vivre, mais pour régner.

Oui, j'ose encor le redire,
Cette illustre fermeté
Est de ton solide empire
L'appui le plus redouté :
C'est elle qui déconcerte
L'envie obscure et couverte
De tes foibles ennemis;
C'est elle dont l'influence
Fait l'indomptable défense
De tes sujets affermis.

De leur ardeur aguerrie
Par son exemple éternel,
Tu laissas dans l'Ibérie
Un monument solennel,
Quand, sur les rives de l'Èbre
Cherchant le laurier célèbre
A ta valeur réservé,
Tes yeux devant Saragosse
Virent tomber le colosse
Contre ta gloire élevé.

Fléau de la tyrannie
Des Thraces ambitieux,

N'a-t-on pas vu ton génie,
Toujours protégé des cieux,
Montrer à ces fiers esclaves
Que les efforts les plus braves
Et les plus inespérés
Deviennent bientôt possibles
A des guerriers invincibles
Par tes ordres inspirés?

Mais une vertu, plus rare
Chez les héros de nos jours,
Dans tes voisins te prépare
Encor de nouveaux secours :
C'est cette épreuve avérée
Et cent fois réitérée
De ton équitable foi,
Vertu, sans qui tout le reste
N'est souvent qu'un don funeste
Au bonheur du plus grand roi.

Vous qui, dans l'indépendance
Des nœuds les plus respectés,
Masquez du nom de prudence
Toutes vos duplicités,
Infidèles politiques,
Qui nous cachez vos pratiques
Sous tant de voiles épais,
Cessez de troubler la terre,
Moins terribles dans la guerre,
Que sinistres dans la paix.

En vain sur les artifices
Et le faux déguisement,

De vos frêles édifices
Vous posez le fondement ;
Contre vos sourdes intrigues
Bientôt de plus justes ligues
Joignent vos voisins nombreux,
Et leur vengeance unanime
Vous plonge enfin dans l'abîme
Que vous creusâtes pour eux.

C'est en suivant cette voie,
Que tes ennemis flattés
Deviendront la juste proie
De leurs complots avortés ;
Tandis qu'aux yeux du ciel même
Par ton équité suprême
Justifiant tes exploits,
Les premiers princes du monde
Armeront la terre et l'onde
Pour le maintien de tes droits.

Ils savent que ta justice,
Sourde aux vaines passions,
Est la seule directrice
De toutes tes actions,
Et que la vigueur austère
De ton sage ministère,
Toujours inspiré par toi,
Inaccessible aux foiblesses,
Lui fait des moindres promesses
Une inviolable loi.

Ainsi jamais ni la crainte,
Ni les soupçons épineux,

D'une alliance si sainte
Ne pourront troubler les nœuds;
Et cette amitié durable,
Qui d'un repos désirable
Fonde en eux le ferme espoir,
Leur rendra toujours sacrée
L'incorruptible durée
De ton suprême pouvoir.

ODE II.

AU PRINCE EUGÈNE

APRÈS LA PAIX DE PASSAROWIT

Les cruels oppresseurs de l'Asie indignée,
Qui, violant la foi d'une paix dédaignée,
Forgeoient déjà les fers qu'ils nous avoient promis,

1. La paix de Passarowitz, signée, en 1718, dans la petite ville de ce nom en Servie, est de la même année que l'ode précédente et que celle-ci, et cependant quelle différence de l'une à l'autre ! J. B. Rousseau a retrouvé avec le prince Eugène l'élégance et l'inspiration. Après avoir célébré en lui le héros proprement dit, il nous montre le sage survivant au guerrier et le complétant ; il nous le montre sensible aux arts de la paix, et il en prend occasion pour développer cette grande vérité, que, sans la poésie qui les immortalise, les plus belles actions demeureraient cachées et ignorées de l'avenir. Nous allons citer de la correspondance peu connue de Jean-Baptiste une page qui prouvera que cette ode est encore un hommage au prince Eugène et non une leçon indirecte. Nous lisons, en effet, dans une lettre à Brossette, datée de Vienne, le 30 juin 1716 :

« Vous me demandez des nouvelles de la bibliothèque du prince Eugène : elle est assez ample, composée de fort bons livres, parfaitement bien reliés, mais ce qui doit vous surprendre, c'est qu'il n'y en a presque point que ce prince n'ait lus ou du moins parcourus, avant de les envoyer au relieur. Croiriez-vous qu'un homme chargé presque seul de toutes les affaires de l'Europe, lieutenant général de l'empire, et premier ministre de l'empereur, pût trouver du temps pour lire autant que qui n'aurait autre chose à faire ? Ce prince est instruit de tout, mais il n'affecte aucun genre d'érudition en particulier ; il ne lit que pour se délasser, et met ses délassements à profit aussi bien que ses occupations. Il a l'esprit d'une justesse admirable, et une simplicité charmante dans toutes ses manières. C'est un philosophe guerrier, qui regarde les dignités et la gloire avec indifférence ; qui raconte les

De leur coupable sang ont lavé cette injure,
    Et payé leur parjure
De trois vastes États par nos armes soumis.

Deux fois l'Europe a vu leur brutale furie,[1]
De trois cent mille bras armant la barbarie,
Faire voler la mort au milieu de nos rangs;
Et deux fois on a vu leurs corps sans sépulture
    Devenir la pâture
Des corbeaux affamés et des loups dévorants.

O vous qui, combattant sous les heureux auspices
D'un monarque, du ciel l'amour et les délices,
Avez rempli leurs champs de carnage et de morts,
Vous, par qui le Danube, affranchi de sa chaîne,
    Peut désormais sans peine
Du Tage débordé réprimer les efforts;

Prince, n'est-il pas temps, après tant de fatigues,
De goûter un repos que les destins prodigues,
Pour prix de vos exploits, accordent aux humains?
N'osez-vous profiter de vos travaux sans nombre,
    Et vous asseoir à l'ombre
Des paisibles lauriers moissonnés par vos mains?

Non, ce seroit en vain que la paix renaissante
Rendroit à nos cités leur pompe florissante,

---

fautes qu'il a faites avec la même naïveté que s'il parlait d'un autre; assez froid dans l'abord, très-familier dans le commerce, et beaucoup plus touché des vertus d'autrui que des siennes. »

1. La France a eu, de nos jours, de grands poëtes lyriques et la science du rhythme a fait de notables progrès; mais en 1718, c'était quelque chose de peu commun que cette ampleur de style et de versification. La critique moderne l'a trop oublié.

Si ses charmes flatteurs vous pouvoient éblouir :
Son bonheur, sa durée impose à votre zèle
   Une charge nouvelle,
Et vous êtes le seul qui n'osez en jouir.

Mais quel heureux génie, au milieu de vos veilles,
Vous rend encore épris des savantes merveilles[1]
Qui firent de tout temps l'objet de votre amour?
Pouvez-vous des neuf Sœurs concilier les charmes
   Avec le bruit des armes,
Le poids du ministère, et les soins de la cour?

Vous le pouvez, sans doute; et cet accord illustre,
Peu connu des héros sans éloge et sans lustre,
Fut toujours réservé pour les héros fameux :
C'est aux grands hommes seuls à sentir le mérite
   D'un art qui ressuscite
L'héroïque vertu des grands hommes comme eux.

Leurs hauts faits peuvent seuls enflammer le génie
De ces enfants chéris du dieu de l'harmonie,
Dont l'immortelle voix se consacre aux guerriers :
Une gloire commune, un même honneur anime
   Leur tendresse unanime,
Et leur front fut toujours ceint des mêmes lauriers.

Entre tous les mortels que l'univers voit naître,
Peu doivent aux aïeux dont ils tiennent leur être

---

1. Amar, dans une note sur ce vers, parle avec quelque dédain de la bibliothèque que le prince Eugène avait pris soin de rassembler, comme si ce prince eût été incapable d'apprécier les livres. On voit plus haut que J.-B. Rousseau qui avait vécu dans l'intimité de ce prince en jugeait tout autrement.

Le respect de la terre et la faveur des rois :
Deux moyens seulement d'illustrer leur naissance
      Sont mis en leur puissance :
Les sublimes talents, et les fameux exploits.

C'est par là qu'au travers de la foule importune
Tant d'hommes renommés, malgré leur infortune,
Se sont fait un destin illustre et glorieux;
Et que leurs noms, vainqueurs de la nuit la plus sombre,
      Ont su dissiper l'ombre
Dont les obscurcissoit le sort injurieux.

Dans l'enfance du monde encor tendre et fragile,
Quand le souffle des dieux eut animé l'argile
Dont les premiers humains avoient été pétris,
Leurs rangs n'étoient marqués d'aucune différence,
      Et nulle préférence
Ne distinguoit encor leur mérite et leur prix.

Mais ceux qui, pénétrés de cette ardeur divine,
Sentirent les premiers leur sublime origine,
S'élevèrent bientôt par un vol généreux;
Et ce céleste feu dont ils tenoient la vie
      Leur fit naître l'envie
D'éclairer l'univers, et de le rendre heureux.

De là ces arts divins, en tant de biens fertiles;
De là ces saintes lois, dont les règles utiles
Firent chérir la paix, honorer les autels;
Et de là ce respect des peuples du vieil âge,
      Dont le pieux hommage
Plaça leurs bienfaiteurs au rang des immortels.

Les dieux dans leur séjour reçurent ces grands hommes;
Le reste, confondus dans la foule où nous sommes,
Jouissoient des travaux de leurs sages aïeux,
Lorsque l'ambition, la discorde et la guerre,
   Vils enfants de la terre,
Vinrent troubler la paix de ces enfants des dieux.

Alors, pour soutenir la débile innocence,
Pour réprimer l'audace, et dompter la licence,
Il fallut à la gloire immoler le repos :
Les veilles, les combats, les travaux mémorables,
   Les périls honorables,
Furent l'unique emploi des rois et des héros.

Mais combien de grands noms, couverts d'ombres funèbres,
Sans les écrits divins qui les rendent célèbres,
Dans l'éternel oubli languiroient inconnus !
Il n'est rien que le temps n'absorbe et ne dévore ;
   Et les faits qu'on ignore
Sont bien peu différents des faits non avenus.

Non, non, sans le secours des filles de Mémoire,
Vous vous flattez en vain, partisans de la gloire,
D'assurer à vos noms un heureux souvenir :
Si la main des neuf Sœurs ne pare vos trophées,
   Vos vertus étouffées
N'éclaireront jamais les yeux de l'avenir.[1]

---

1. Expression trop recherchée pour être vraiment poétique; le poëte commence à se fatiguer; cette lassitude se sent plus encore dans la strophe suivante. Tout ce passage a d'ailleurs le tort de rappeler les beaux vers de Boileau dans l'épître à Louis XIV :

> En vain pour l'exempter de l'oubli du cercueil
> Achille met vingt fois tout Ilion en deuil;

Vous arrosez le champ de ces Nymphes sublimes;
Mais vous savez aussi que vos faits magnanimes
Ont besoin des lauriers cueillis dans leur vallon :
Ne cherchons point ailleurs la cause sympathique
      De l'alliance antique
Des favoris de Mars avec ceux d'Apollon.

Ce n'est point chez ce dieu qu'habite la Fortune :
Son art, peu profitable à la vertu commune,
Au vice, qui le craint, fut toujours odieux;
Il n'appartient qu'à ceux que leurs vertus suprêmes
      Égalent aux dieux mêmes,
De savoir estimer le langage des dieux.

Vous, qu'ils ont pénétré de leur plus vive flamme,
Vous, qui leur ressemblez par tous les dons de l'âme,
Non moins que par l'éclat de vos faits lumineux,
Ne désavouez point une Muse fidèle,
      Et souffrez que son zèle
Puisse honorer en vous ce qu'elle admire en eux.

Souffrez qu'à vos neveux elle laisse une image
De ce qu'ont de plus grand l'héroïque courage,
L'inébranlable foi, l'honneur, la probité,
Et mille autres vertus qui, mieux que vos victoires,
      Feront de nos histoires
Le modèle éternel de la postérité.

> En vain, malgré les vents, aux champs de l'Hespérie
> Énée enfin porta ses dieux et sa patrie :
> Sans le secours des vers, leurs noms tant publiés
> Seroient depuis mille ans avec eux oubliés.

Cependant, occupé de soins plus pacifiques,
Achevez d'embellir ces jardins magnifiques,
De vos travaux guerriers nobles délassements ;
Et rendez-nous encor, par vos doctes largesses,
    Les savantes richesses
Que vit périr l'Égypte en ses embrasements.

Dans nos arts florissants quelle adresse pompeuse,
Dans nos doctes écrits quelle beauté trompeuse,
Peuvent se dérober à vos vives clartés ?
Et, dans l'obscurité des plus sombres retraites,
    Quelles vertus secrètes,
Quel mérite timide échappe à vos bontés ?

Je n'en ressens que trop l'influence féconde :
Tandis que votre bras faisoit le sort du monde,
Vos bienfaits ont daigné descendre jusqu'à moi,
Et me rendre, peut-être à moi seul, chérissable
    La gloire périssable
Des stériles travaux qui font tout mon emploi.

C'est ainsi qu'au milieu des palmes les plus belles,
Le vainqueur généreux du Granique et d'Arbelles
Cultivoit les talents, honoroit le savoir ;
Et de Chérile même excusant la manie,[1]
    Au défaut du génie,
Récompensoit en lui le désir d'en avoir.

---

1. On sait que Chérile était un méchant poëte qui suivait Alexandre dans ces expéditions qu'il célébrait en mauvais vers. Il y avait pourtant quelque grandeur dans cette *manie* de s'attacher aux pas d'un héros ; c'était d'un poëte, et Chérile l'était quelquefois, si l'on en croit Horace qui dit ceci (*Art poét.*, v. 358) :

    Fit Chœrillus, ille.
Quem bis terve bonum cum risu miror...

ODE III.[1]

A L'IMPÉRATRICE AMÉLIE.

Muse qui, des vrais Alcées[2]
Soutenant l'activité,
A leurs captives pensées
Fais trouver la liberté;
Viens à ma timide verve,
Que le froid repos énerve,
Redonner un feu nouveau,
Et délivre ma Minerve
Des prisons de mon cerveau.

1. Lebrun a raison d'être sévère pour cette ode; l'exécution n'y relève pas assez l'indigence de la pensée. Le xviiie siècle devait être plus indulgent que le nôtre pour ces odes morales; il aimait les lieux communs philosophiques, et n'y sentait pas la froideur qui nous en détourne, quand ils ne se sauvent pas de la trivialité par la vigueur de l'expression et la vivacité des images. De loin en loin cependant le poëte se retrouve encore.

2. Alcée, poëte lyrique grec, qui florissait au commencement du viie siècle avant notre ère. Né à Mitylène, dans l'île de Lesbos, il éprouva, dit-on, pour Sapho, sa compatriote, un amour malheureux. Ses vers satiriques irritèrent Pittacus, tyran de Mitylène, qui l'exila; il prit les armes contre sa patrie, mais pour les jeter bientôt sans pudeur. Alcée avait composé des odes, des hymnes et des épigrammes. Il ne nous est plus connu que par quelques fragments conservés dans Suidas et dans Athénée, et rassemblés par H. Étienne à la suite de son Pindare, et par le témoignage de Quintilien et d'Horace qui parlent avec une grande estime des *Alcæi minores Camenæ*.

Si la céleste puissance,
Pour l'honneur de ses autels,
Vouloit rendre l'innocence
Aux infortunés mortels;
Et si l'aimable Cybèle
Sur cette terre infidèle
Daignoit redescendre encor,
Pour faire vivre avec elle
Les vertus de l'âge d'or;

Quels organes, quels ministres,
Dignes d'obtenir son choix,
Pourroient, en ces temps sinistres,
Nous faire entendre sa voix?
Seroient-ce ces doctes mages,
Des peuples de tous les âges
Réformateurs consacrés,
Bien moins pour les rendre sages
Que pour en être honorés?

Mais les divines merveilles
Qui font chérir leurs leçons
Dans nos superbes oreilles
N exciteroient que des sons.
Quel siècle plus mémorable
Vit d'un glaive secourable
Le vice mieux combàttu?
Et quel siècle misérable
Vit régner moins de vertu?[1]

---

1. Un poëte moderne a dit avec plus d'éclat, mais surtout avec plus de clarté :
Nos dévots aieux
Parlaient moins de vertu, mais la pratiquaient mieux.

L'éloquence des paroles [1]
N'est que l'art ingénieux
D'abuser nos sens frivoles
Par des tours harmonieux :
Pour rendre un peuple traitable,
Vertueux, simple, équitable,
Ami du ciel et des lois,
L'éloquence véritable
Est l'exemple des grands rois.

C'est ce langage visible
Dans nos vrais législateurs,
Qui fait la règle infaillible
Des peuples imitateurs.
Contre une loi qui nous gêne
La nature se déchaîne,
Et cherche à se révolter ;
Mais l'exemple nous entraîne,
Et nous force à l'imiter.

En vous, en votre sagesse,
De ce principe constant,
Je vois, auguste princesse,
Un témoignage éclatant ;
Et dans la splendeur divine
De ces vertus, qu'illumine
Tout l'éclat du plus grand jour,

---

1. Voici, par exemple, une strophe qui aurait pu trouver grâce devant Lebrun. Elle amène dans la suivante cette belle et poétique définition de l'exemple, que J. B. Rousseau appelle si heureusement *un langage sible*.

Je reconnois l'origine
Des vertus de votre cour.

La bonté qui brille en elle
De ses charmes les plus doux
Est une image de celle
Qu'elle voit briller en vous ;
Et, par vous seule enrichie,
Sa politesse, affranchie
Des moindres obscurités,
Est la lueur réfléchie
De vos sublimes clartés.

Et quel âge si fertile,
Quel règne si renommé
Vit d'un éclat plus utile
Le diadème animé ?
Quelle piété profonde,
Quelle lumière féconde
En nobles instructions,
Du premier trône du monde [1]
Rehaussa mieux les rayons ?

Des héros de ses écoles
La Grèce a beau se targuer ; [2]

---

1. On n'aime pas entendre J. B. Rousseau appeler le trône d'Autriche le premier trône du monde ; les bienfaits reçus n'exigeaient pas de lui le sacrifice de sa dignité de Français. Un sentiment bas inspire toujours mal ; des rayons ne se *rehaussent* pas, on les rend plus brillants.

2. Expression vicieuse. On se targue d'être ceci ou cela, on ne se targue pas de quelqu'un. C'est dommage, la strophe était noble, et la sagesse languissante est un beau mot.

La pompe de leurs paroles
Ne m'apprend qu'à distinguer
De l'autorité puissante
D'une sagesse agissante
Qui règne sur mes esprits,
La sagesse languissante
Que j'honore en leurs écrits.

Non, non, la philosophie
En vain se fait exalter ;
On n'écoute que la vie [1]
De ceux qu'on doit imiter.
Vous seuls, ô divine race,
Grands rois, qui tenez la place
Des rois au ciel retirés,
Pouvez consacrer la trace
De leurs exemples sacrés !

Pendant la courte durée
De cet âge radieux
Qui vit la terre honorée
De la présence des dieux,
L'homme, instruit par l'habitude,
Marchant avec certitude,
Dans leurs sentiers lumineux, [2]
Imitoit, sans autre étude,
Ce qu'il admiroit en eux.

---

1. Expression aussi juste qu'elle est hardie.
2. Une ou deux fois jusqu'ici, le poëte avait employé ce mot qu'il affectionne d'une manière médiocrement heureuse; ici il s'en sert avec opportunité.

Dans l'innocence première [1]
Affermi par ce pouvoir,
Chacun puisoit sa lumière
Aux sources du vrai savoir ;
Et, dans ce céleste livre,
Des leçons qu'il devoit suivre
Toujours prêt à se nourrir,
Préféroit l'art de bien vivre
A l'art de bien discourir.

Mais dès que ces heureux guides,
Transportés loin de nos yeux,
Sur l'aile des vents rapides
S'envolèrent vers les cieux,
La science opiniâtre,
De son mérite idolâtre,
Vint au milieu des clameurs
Édifier son théâtre
Sur la ruine des mœurs. [2]

Dès lors, avec l'assurance
De s'attirer nos tributs,
La fastueuse éloquence
Prit la place des vertus :
L'art forma leur caractère ;
Et de la sagesse austère
L'aimable simplicité

---

1. Encore une strophe heureuse.
2. On peut édifier sur des ruines, mais non sur la ruine prise dans le sens abstrait. On remarquera d'ailleurs que ces mots science, édifier, ruine, dont il faut marquer toutes les syllabes pour la mesure des vers, nuisent singulièrement à l'harmonie générale de la strophe.

Ne devint plus qu'un mystère
Par l'amour-propre inventé.

Dépouillez donc votre écorce,[1]
Philosophes sourcilleux ;
Et, pour nous prouver la force
De vos secours merveilleux,
Montrez-nous, depuis Pandore,
Tous les vices qu'on abhorre
En terre mieux établis,
Qu'aux siècles que l'on honore
Du nom de siècles polis.

Avant que, dans l'Italie,
Sous de sinistres aspects,[2]
La vertu se fût polie
Par le mélange des Grecs,
La foi, l'honneur, la constance,
L'intrépide résistance
Dans les plus mortels dangers,
Y régnoient, sans l'assistance
Des préceptes étrangers.

Mais, malgré l'exemple antique,
Elle laissa dans son sein
Des disciples du Portique
Glisser le premier essaim ;
Rome, en les voyant paroître,

---

1. Amar remarque avec raison que l'analogie des idées demandait ici un rapport plus exact dans les termes.
2. Ceci n'est pas clair. Habituellement aussi J. B. Rousseau rime plus richement ; ici la rime est à peine suffisante.

Cessa de se reconnoître
Dans ses tristes rejetons;
Et le même âge vit naître
Les Gracques et les Catons.[1]

---

1. Toute cette philosophie de l'histoire est vague, et on pourrait aisément, surtout dans cette singulière opposition, en contester la justesse.

ODE IV.[1]

AU ROI DE LA GRANDE-BRETAGNE.[2]

Tandis que l'Europe étonnée
Voit ses peuples les plus puissants
Traîner dans les besoins pressants[3]
Une importune destinée,
Grand roi, loin de ton peuple heureux,
Quel dieu propice et généreux,
Détournant ces tristes nuages,
Semble pour lui seul désormais
Réserver tous les avantages
De la victoire et de la paix?

---

1. Ici la pensée est plus nette et l'allure est aussi plus ferme. Le poëte est sur un meilleur terrain; il avait été une première fois en Angleterre, dans sa jeunesse, à la suite du maréchal de Tallard, et il y retourna pour y surveiller la publication de ses œuvres. De ces deux voyages il avait rapporté des impressions qui, à son insu, communiquent souvent à cette ode une précision d'idées que n'ont pas les autres au même degré.

2. George II, né en 1683 et mort subitement en 1760. Vaincu à Fontenoy et à Lawfeld, il gagna, d'un autre côté, la bataille de Culloden contre le prétendant Charles-Édouard, affermissant ainsi sur le trône d'Angleterre la dynastie de Hanovre.

3. Voilà deux mots malheureux qu'il fallait éviter à tout prix, surtout au début d'une strophe qui annonce avec vivacité un tableau plein d'éclat.

La seconde strophe nous paraît de beaucoup préférable à ce morceau vanté du premier chant de la *Henriade* :

> De leurs troupeaux féconds les plaines sont couvertes,
> Les guérets de leurs blés, les mers de leurs vaisseaux;
> Ils sont craints sur la terre, ils sont rois sur les eaux, etc.

Quelle inconcevable puissance
Fait fleurir sa gloire au dehors?
Quel amas d'immenses trésors
Dans son sein nourrit l'abondance?
La Tamise, reine des eaux,
Voit ses innombrables vaisseaux
Porter sa loi dans les deux mondes,
Et forcer jusqu'au dieu des mers
D'enrichir ses rives fécondes
Des tributs de tout l'univers.

De cette pompeuse largesse
Ici tout partage le prix;
A l'aspect de ces murs chéris
La pauvreté devient richesse.
Dieux! quel déluge d'habitants
Y brave depuis si longtemps
L'indigence, ailleurs si commune![1]
Quel prodige, encore une fois,
Semble y faire de la fortune
L'exécutrice de ses lois?

Peuples, vous devez le connoître:[2]
Ce comble de félicité
N'est dû qu'à la sage équité
Du meilleur roi qu'on ait vu naître.
De vos biens, comme de vos maux,
Les gouvernements inégaux

---

1. Que dirait aujourd'hui Rousseau, s'il voyait le Londres moderne? mais peut-être l'indigence lui paraîtrait-elle plus apparente que de son temps.
2. *Reconnaître* serait plus exact.

Ont toujours été la semence :
Vos rois sont, dans la main des dieux,
Les instruments de la clémence
Ou de la colère des cieux.

Oui, grand prince, j'ose le dire,[1]
Tes sujets, de biens si comblés,
Languiroient peut-être accablés
Sous le joug de tout autre empire :
Le ciel, jaloux de leur grandeur,
Pour en assurer la splendeur,
Leur devoit un maître équitable,
Qui préférât leurs libertés
A la justice incontestable
De ses droits les plus respectés.

Mais, grand roi, de ces droits sublimes
Le sacrifice généreux
T'assure d'autres droits sur eux,
Bien plus forts et plus légitimes :
Les faveurs qu'ils tiennent de toi
Sont des ressources de leur foi
Toujours prêtes pour ta défense,
Qui leur font chérir leur devoir,
Et qui n'augmentent leur puissance
Que pour affermir ton pouvoir.

---

1. Il faut se souvenir que ceci et tout ce qui suit était écrit longtemps avant que Montesquieu n'eût fait, dans l'*Esprit des Lois*, un si bel éloge de la monarchie constitutionnelle, et quand Voltaire n'avait pas encore introduit dans le IIe chant de la *Henriade* les beaux vers où ce système est traduit en images.

Un roi qui ravit par contrainte
Ce que l'amour doit accorder,
Et qui, content de commander,
Ne veut régner que par la crainte,
En vain, fier de ses hauts projets,
Croit, en abaissant ses sujets,
Relever son pouvoir suprême :
Entouré d'esclaves soumis,
Tôt ou tard il devient lui-même
Esclave de ses ennemis.

Combien plus sage et plus habile
Est celui qui, par ses faveurs,
Songe à s'élever dans les cœurs
Un trône durable et tranquille;
Qui ne connoît point d'autres biens
Que ceux que ses vrais citoyens
De sa bonté peuvent attendre;
Et qui, prompt à les discerner,
N'ouvre les mains que pour répandre,
Et ne reçoit que pour donner!

Noble et généreuse industrie
Des Antonins et des Titus,
Source de toutes les vertus
D'un vrai père de la patrie!
Hélas! par ce titre fameux
Peu de princes ont su comme eux
S'affranchir de la main des Parques :
Mais ce nom si rare, grand roi,

Qui jamais d'entre les monarques,
S'en rendit plus digne que toi?[1]

Qui jamais vit le diadème
Armer contre ses ennemis
Un vengeur aux lois plus soumis
Et plus détaché de soi-même?
La sûreté de tes États
Peut bien, contre quelques ingrats,
Changer ta clémence en justice :
Mais ce mouvement étranger
Redevient clémence propice,
Quand tu n'as plus qu'à te venger.

Et c'est cette clémence auguste
Qui souvent de l'autorité
Établit mieux la sûreté
Que la vengeance la plus juste :
Ainsi le plus grand des Romains,[2]
De ses ennemis inhumains
Confondant les noirs artifices,
Trouva l'art de se faire aimer
De ceux que l'horreur des supplices
N'avoit encor pu désarmer.

Que peut contre toi l'impuissance
De quelques foibles mécontents,

---

1. Tous les biographes s'accordent à reconnaître dans George II les qualités que lui accorde ici le poëte. Il sut se concilier, même avant que de régner, l'estime et l'affection de ceux qui devaient être ses sujets, et la dignité calme avec laquelle il supporta les rigueurs imméritées de son père prépara d'avance la popularité de son règne.

2. Auguste n'est pas assurément le plus grand des Romains; cependant ce qui est dit à la fin de cette strophe ne peut guère s'entendre que de lui.

Qui sur l'infortune des temps
Fondent leur dernière espérance,
Lorsque, contre leurs vains souhaits,
Tu réunis par tes bienfaits
La cour, les villes, les provinces ;
Et lorsque, aidés de ton soutien,
Les plus grands rois, les plus grands princes,
Trouvent leur repos dans le tien?

Jusqu'à toi toujours désunie,
L'Europe, par tes soins heureux,
Voit ses chefs les plus généreux
Inspirés du même génie :
Ils ont vu par ta bonne foi
De leurs peuples troublés d'effroi
La crainte heureusement déçue,
Et déracinée à jamais
La haine si souvent reçue
En survivance de la paix.

Poursuis, monarque magnanime!
Achève de leur inspirer
Le désir de persévérer
Dans cette concorde unanime :
Commande à ta propre valeur
D'éteindre en toi cette chaleur
Qu'allume ton goût pour la gloire;
Et donne au repos des humains
Tous les lauriers que la victoire
Offre à tes invincibles mains.

Mais vous, peuples à sa puissance
Associés par tant de droits,

Songez que de toutes vos lois
La plus sainte est l'obéissance :
Craignez le zèle séducteur
Qui, sous le prétexte flatteur
D'une liberté plus durable,
Plonge souvent, sans le vouloir,
Dans le chaos inséparable
De l'abus d'un trop grand pouvoir.

Athènes, l'honneur de la Grèce,
Et, comme vous, reine des mers,
Eût toujours rempli l'univers
De sa gloire et de sa sagesse;
Mais son peuple, trop peu soumis,
Ne put, dans les termes permis,
Contenir sa puissance extrême;
Et, trahi par la vanité,
Trouva, dans sa liberté même,
La perte de sa liberté.[1]

---

1. Libertas populi... libertate perit.
(Lucain, *Phars.*, livre III, vers 145.)

Il n'y a guère dans Rousseau d'ode, à proprement parler, mieux écrite que celle-ci, quelle que soit d'ailleurs sa froideur, pour nous surtout. Il a fait preuve ailleurs de qualités plus lyriques; mais nulle part il n'a trouvé, pour rendre un courant d'idées plus juste, une plus rare perfection de langage.

ODE V.

AU ROI DE POLOGNE,[1]
SUR LES VŒUX QUE LES PEUPLES DE SAXE FAISOIENT
POUR LE RETOUR DE SA MAJESTÉ.

C'est trop longtemps, grand roi, différer ta promesse,[2]
Et d'un peuple qui t'aime épuiser les désirs;
Reviens de ta patrie, en proie à la tristesse,
    Calmer les déplaisirs.

Elle attend ton retour, comme une tendre épouse[3]
Attend son jeune époux absent depuis un an,

---

1. C'est cet Auguste II qui, né à Dresde en 1670 et mort à Varsovie en 1733, éprouva si souvent le contre-coup de la fortune aventureuse de Charles XII. Électeur de Saxe en 1695, il fut, deux ans après, à la mort de J. Sobieski, élu roi de Pologne. Renversé deux fois de son trône, il y remonta deux fois, et il ne fallut pas moins que la défaite du roi de Suède et sa mort, pour l'y maintenir définitivement. « J'ai été établi de Dieu, disait-il, pour protéger mes sujets sans exception, et pour les maintenir dans leurs priviléges, conformément aux lois du royaume. » Une si belle parole aurait dû assurer à Auguste un règne plus paisible. Il méritait d'ailleurs par ses qualités tout le bien que Rousseau dit de lui dans cette ode, un peu longue sans doute, mais semée de beautés réelles.

2. Horace écrivait à Auguste éloigné de Rome :

    . . Abes jam nimium diu;
  Maturum reditum pollicitus patrum
    Sancto concilio, redi.
              (Livre IV, ode v.)

3.   Ut mater juvenem, quem Notus invido
    Flatu Carpathii trans maris æquora
    Cunctantem spatio longius annuo

Et que retient encor sur son onde jalouse
   L'infidèle Océan.

Plongée, à ton départ, dans une nuit obscure,
Ses yeux n'ont vu lever que de tristes soleils;
Rends-lui, par ta présence, une clarté plus pure,[1]
   Et des jours plus vermeils.

Mais non, je vois l'erreur du zèle qui m'anime;
Ta patrie est partout, grand roi, je le sais bien,
Où peut de tes États le bonheur légitime
   Exiger ton soutien.

Les peuples nés aux bords que la Vistule arrose
Sont, par adoption, devenus tes enfants;
Tu leur dois compte enfin, le devoir te l'impose,
   De tes jours triomphants.

N'ont-ils pas vu ton bras, au milieu des alarmes,[2]
Même avant qu'à ta loi leur choix les eût soumis,
Faire jadis l'essai de ses premières armes
   Contre leurs ennemis?

Cent fois d'une puissance impie et sacrilége
Leurs yeux t'ont vu braver les feux, les javelots;

1.
> Dulci distinet a domo,
> Votis ominibusque et precibus vocat,
> Curvo nec faciem littore dimovet, etc.
>   (HORACE, livre IV, ode v.)
> . . . . Vultus ubi tuus
> Affulsit populo, gratior it dies,
>   Et soles melius nitent.
>   (HORACE, *ibid.*)

2. J. B. Rousseau aurait dû se souvenir ici que si Auguste, dans sa jeunesse, combattit les Turcs, il fit aussi la guerre à la France.

Et, le fer à la main, briguer le privilége
    De mourir en héros.

Ce n'est pas que le feu de ta valeur altière
N'eût pour premier objet la gloire et les lauriers ;
Tu ne cherchois alors qu'à t'ouvrir la barrière
    Du temple des guerriers.

En mille autres combats, sous l'œil de la Victoire,
Des plus affreux dangers affrontant le concours,[1]
Tu semblois ne vouloir assurer ta mémoire
    Qu'aux dépens de tes jours.

Telle est de tes pareils l'ardeur héréditaire ;
Ils savent qu'un héros, par son rang exalté,
Ne doit qu'à la vertu ce que doit le vulgaire
    A la nécessité.

Mais le ciel protégeoit une si belle vie ;
Il vouloit voir sur toi ses desseins accomplis,
Et par toi relever au sein de ta patrie
    Ses honneurs abolis.

Un royaume fameux, fondé par tes ancêtres,
Devoit mettre en tes mains la suprême grandeur,
Et ses peuples par toi voir de leurs premiers maîtres
    Revivre la splendeur.

En vain le Nord frémit, et fait gronder l'orage
Qui sur eux tout à coup va fondre avec effroi :

---

1. Généralement ce mot de *concours* ne s'emploie que pour marquer la coïncidence de circonstances favorables et heureuses.

Le ciel t'offre un péril digne de ton courage ;
    Mais il combat pour toi.

Ce superbe ennemi des princes de la terre,[1]
Contre eux, contre leurs droits, si fièrement armé,
Tombe, et meurt foudroyé par le même tonnerre
    Qu'il avoit allumé.

Tu règnes cependant ; et tes sujets tranquilles
Vivent, sous ton appui, dans un calme profond,
A couvert des larcins et des courses agiles
    Du Scythe vagabond.

Les troupeaux rassurés broutent l'herbe sauvage ;[2]
Le laboureur content cultive ses guérets ;
Le voyageur est libre, et sans peur du pillage
    Traverse les forêts.

Le peuple ne craint plus de tyran qui l'opprime ;
Le foible est soulagé, l'orgueilleux abattu ;
La force craint la loi ; la peine suit le crime :[3]
    Le prix suit la vertu.

---

1. Charles XII. On s'étonne toujours de voir un poëte prendre ainsi parti contre ce poétique Charles XII, surtout quand ce n'est pas pour rendre hommage à Pierre le Grand dont la haute figure est faite assurément pour séduire l'imagination. Du reste, la strophe est belle et rend avec force le genre de mort de Charles XII, foudroyé, en effet. devant Frédérischall, le 30 novembre 1718.

2.   Tutus bos etenim rura perambulat :
    Nutrit rura Ceres...
                          (HORACE, livre IV, ode v.)

3.   Culpam pœna premit comes.
                          (HORACE, *ibid.*)

Cette strophe est d'une concision remarquable, qualité peu habituelle à J. B. Rousseau.

Grand roi, si le bonheur d'un royaume paisible
Fait la félicité d'un prince généreux,
Quel héros couronné, quel monarque invincible
    Fut jamais plus heureux?

Quelle alliance enfin plus noble et plus sacrée,
Éternisant ta gloire en ta postérité,
Pouvoit mieux affermir l'infaillible durée
    De ta prospérité?

Ce sont là les faveurs dont la bonté céleste [1]
A payé ton retour au culte fortuné
Que tes pères, séduits par un guide funeste,
    Avoient abandonné.

N'en doute point, grand roi, c'est l'arbitre suprême
Qui, pour mieux t'élever, voulut t'assujettir,
Et qui couronne en toi les faveurs que lui-même
    Daigna te départir.

C'est ainsi qu'autrefois dans les eaux de sa grâce
Des fiers héros saxons il lava les forfaits,
Afin de faire un jour éclater sur leur race
    Sa gloire et ses bienfaits.

L'empire fut le prix de leur obéissance : [2]
Il choisit les Othons, et voulut par leurs mains

---

1. Auguste II, en devenant roi de Pologne, avait abjuré le luthéranisme. Voilà, par exemple, de ces éloges que les ennemis de Rousseau ne devaient guère lui pardonner. Plus loin, il rappelle avec bonheur que les Saxons ont dû l'Empire à leur fidélité à l'Église; mais on sait de quelle résistance fut précédée leur soumission.

2. Allusion à Othon Ier, duc de Saxe, créé empereur des Romains, en 986.

Du joug des Albérics et des fers de Crescence
    Affranchir les Romains.

Dès lors (que ne peut point un exemple sublime
Transmis des souverains au reste des mortels!)
L'univers vit partout un encens légitime
    Fumer sur ses autels.

Des héros de leur sang la piété soumise
Triompha six cents ans avec le même éclat,
Sans jamais séparer l'étendard de l'Église
    Des drapeaux de l'État.

Rome enfin ne voyoit dans ces augustes princes
Que des fils généreux qui, fermes dans sa loi,
Maintenoient la splendeur de leurs vastes provinces
    Par celle de la foi.

O siècles lumineux, votre clarté célèbre
Devoit-elle à leurs yeux dérober son flambeau?
Falloit-il que la nuit vînt d'un voile funèbre
    Couvrir un jour si beau?

L'héritier de leur nom, l'héritier de leur gloire [1]
Ose applaudir, que dis-je? ose appuyer l'erreur,
Et d'un vil apostat, l'opprobre de l'histoire,
    Adopter la fureur.

L'auguste vérité le voit s'armer contre elle;
Et, sous le nom du ciel combattant pour l'enfer,

---

1. On sait avec quel zèle les électeurs de Saxe et de Brandebourg embrassèrent la cause de la réforme et de Luther.

Tout le Nord révolté soutenir sa querelle
    Par la flamme et le fer.

Ah! c'en est trop, je cède à ma douleur amère;
Retirons-nous, dit-elle, en de plus doux climats,
Et cherchons des enfants qui du sang de leur mère
    Ne souillent point leurs bras.

Fils ingrat, c'est par toi que mon malheur s'achève;
Tu détruis mon pouvoir, mais le tien va finir :
Un Dieu vengeur te suit : tremble, son bras se lève,
    Tout prêt à te punir.

Je vois, je vois le trône où ta fureur s'exerce,
Tomber sur tes neveux de sa chute écrasés,
Comme un chêne orgueilleux que l'orage renverse
    Sur ses rameaux brisés.

Mais sur ce tronc aride une branche élevée
Doit un jour réparer ses débris éclatants,
Par mes mains et pour moi nourrie et conservée
    Jusqu'à la fin des temps.

Rejeton fortuné de cette tige illustre,
Un prince aimé des cieux rentrera sous mes lois;
Et mes autels détruits reprendront tout le lustre
    Qu'ils eurent autrefois.

Je régnerai par lui sur des peuples rebelles :
Il régnera par moi sur des peuples soumis;
Et j'anéantirai les complots infidèles
    De tous leurs ennemis.

Peuples vraiment heureux! veuillent les destinées
De son empire aimable éterniser le cours;
Et, pour votre bonheur, prolonger ses années
    Aux dépens de vos jours!

Puisse l'auguste fils qui marche sur ses traces,[1]
Et que le ciel lui-même a pris soin d'éclairer,
Conserver à jamais les vertus et les grâces
    Qui le font adorer!

Digne fruit d'une race en héros si féconde,
Puisse-t-il égaler leur gloire et leurs exploits,
Et devenir, comme eux, les délices du monde,
    Et l'exemple des rois!

---

1. Ces vœux ne devaient pas être écoutés. Frédéric-Auguste III, né en 1696, élu roi de Pologne, à la mort de son père, par une partie de la nation, ne fut universellement reconnu qu'en 1736. Frédéric II lui prit deux fois la Saxe, et il finit par mourir obscurément et peu regretté, à Dresde, le 5 octobre 1763, l'année même où son duché lui fut rendu.

ODE VI.

SUR LES DIVINITÉS POÉTIQUES.[1]

C'est vous encor que je réclame,
Muses, dont les accords hardis
Dans les sens les plus engourdis
Versent cette céleste flamme
Qui dissipe leur sombre nuit,
Et qui, flambeau sacré de l'âme,
L'éclaire, l'échauffe, et l'instruit.

Nymphes, à qui le ciel indique [2]
Ses mystères les plus secrets,
Je viens chercher dans vos forêts

1. Nous avons souvent, dans notre commentaire, signalé l'abus que fait J. B. Rousseau de la mythologie. De son vivant même, cet abus lui était reproché, par Rollin entre autres, et il se défend dans cette ode. On voudrait qu'il l'eût fait en meilleurs termes. On se souvient encore de la charmante traduction que fit le grand Corneille d'un poëme latin du père de La Rue sur le même sujet. On n'a pas oublié davantage les vers ingénieux de l'*Art poétique*. Venu après Corneille et Boileau, et quand déjà ses illustres devanciers avaient mêlé une pointe d'ironie à leur apologie de la fable, J. B. Rousseau a mauvaise grâce à le prendre sur un ton si superbe. Au lieu d'évoquer l'ombre d'Alcée, qui n'avait que faire ici, et surtout de hérisser sa thèse d'arguments métaphysiques et d'abstractions barbares, il fallait se jouer autour du sujet, et se borner, comme on dit, à plaider les circonstances atténuantes. A l'époque de J. B. Rousseau, la mythologie n'était déjà plus depuis longtemps qu'une habitude du langage poétique, et on dirait qu'il la défend comme une religion.
2. *Révèle* était le mot propre.

L'origine et la source antique
De ces dieux, fantômes charmants,
De votre verve prophétique
Indisputables éléments.

Je la vois; c'est l'ombre d'Alcée [1]
Qui me la découvre à l'instant,
Et qui déjà, d'un œil content,
Dévoile à ma vue empressée
Ces déités d'adoption,
Synonymes de la pensée,
Symboles de l'abstraction.

C'est lui; la foule qui l'admire
Voit encore, au son de ses vers,
Fuir ces tyrans de l'univers
Dont il extermina l'empire :
Mais déjà sur de nouveaux tons
Je l'entends accorder sa lyre :
Il s'approche, il parle : écoutons.

Des sociétés temporelles
Le premier lien est la voix,
Qu'en divers sons l'homme, à son choix,
Modifie et fléchit pour elles;
Signes communs et naturels,
Où les âmes incorporelles
Se tracent aux sens corporels.

---

1. Pourquoi Alcée, et quels sont ces *tyrans de l'univers dont il extermina l'empire?* Nous savions seulement que, banni de Lesbos par Pittacus, tyran de cette île, Alcée voulut le détrôner et prit honteusement la fuite.

Mais, pour peindre à l'intelligence
Leurs immatériels objets,
Ces signes, à l'erreur sujets,
Ont besoin de son indulgence ;
Et, dans leurs secours impuissants,
Nous sentons toujours l'indigence
Du ministère de nos sens.

Le fameux chantre d'Ionie
Trouva dans ses tableaux heureux
Le secret d'établir entre eux
Une mutuelle harmonie :
Et ce commerce leur apprit
L'art inventé par Uranie
De peindre l'esprit à l'esprit.

Sur la scène incompréhensible
De cet interprète des dieux,
Tout sentiment s'exprime aux yeux,
Tout devient image sensible ;
Et, par un magique pouvoir,
Tout semble prendre un corps visible,
Vivre, parler, et se mouvoir.

Oui, c'est toi, peintre inestimable,
Trompette d'Achille et d'Hector,
Par qui de l'heureux siècle d'or
L'homme entend le langage aimable,
Et voit, dans la variété
Des portraits menteurs de la fable,
Les rayons de la vérité.

Il voit l'arbitre du tonnerre [1]
Réglant le sort par ses arrêts;
Il voit sous les yeux de Cérès
Croître les trésors de la terre;
Il reconnoît le dieu des mers
A ces sons qui calment la guerre
Qu'Éole excitoit dans les airs.

Si dans un combat homicide
Le devoir engage ses jours,
Pallas, volant à son secours,
Vient le couvrir de son égide;
S'il se voue au maintien des lois,
C'est Thémis qui lui sert de guide,
Et qui l'assiste en ses emplois.

Plus heureux, si son cœur n'aspire
Qu'aux douceurs de la liberté,
Astrée est la divinité
Qui lui fait chérir son empire :
S'il s'élève au sacré vallon,
Son enthousiasme est la lyre
Qu'il reçoit des mains d'Apollon.

Ainsi consacrant le système
De la sublime fiction,
Homère, nouvel Amphion,

---

1. Ici nous revient le souvenir des vers charmants de Boileau auxquels ceux-ci ne sauraient être comparés :

> Chaque vertu devient une divinité, etc.
> (*Art poétique*, chant III, vers 165.)

Change, par la vertu suprême
De ses accords doux et savants,
Nos destins, nos passions même,
En êtres réels et vivants.

Ce n'est plus l'homme qui, pour plaire,
Étale ses dons ingénus ;
Ce sont les Grâces, c'est Vénus,
Sa divinité tutélaire :
La sagesse qui brille en lui,
C'est Minerve dont l'œil l'éclaire,
Et dont le bras lui sert d'appui.

L'ardente et fougueuse Bellone
Arme son courage aveuglé :
Les frayeurs dont il est troublé
Sont le flambeau de Tisiphone :
Sa colère est Mars en fureur ;
Et ses remords sont la Gorgone
Dont l'aspect le glace d'horreur.

Le pinceau même d'un Apelle
Peut, dans les temples les plus saints
Attacher les yeux des humains
A l'objet d'un culte fidèle,
Et peindre sans témérité,
Sous une apparence mortelle,
La divine immortalité.

Vous donc, réformateurs austères
De nos priviléges sacrés ;
Et vous, non encore éclairés

Sur nos symboliques mystères,
Éloignez-vous, pâles censeurs,
De ces retraites solitaires
Qu'habitent les neuf doctes Sœurs.

Ne venez point, sur un rivage
Consacré par leur plus bel art,
Porter un aveugle regard :
Et loin d'elles tout triste sage
Qui, voilé d'un sombre maintien,
Sans avoir appris leur langage,[1]
Veut jouir de leur entretien !

Ici l'ombre impose silence
Aux doctes accents de sa voix;
Et déjà dans le fond des bois,
Impétueuse, elle s'élance;
Tandis que je cherche des sons
Dignes d'atteindre à l'excellence
De ses immortelles leçons.

---

1. Ici la thèse change. La mythologie ne serait plus un ensemble d'allégories ingénieuses donnant corps et visage aux vérités morales, mais une sorte de langue sacrée qui aurait ses initiés. La poésie a pu être, aux époques primitives, la forme donnée aux vérités cachées; mais comme ces vérités elles-mêmes devenues vulgaires, sa langue est entrée dans le domaine commun des intelligences.

ODE VII.[1]

SUR LE DEVOIR ET LE SORT DES GRANDS HOMMES.

Nous honorons du nom de sage
Celui qui, content de son sort,
Et loin des vents et de l'orage
Goûtant les délices du port,
Sait, au milieu de l'abondance,
Dans une noble indépendance
Trouver la gloire et le repos ;
Mais cette sagesse tranquille,[2]
Vertu dans un mortel stérile,
N'est point vertu dans un héros.

Pour jouir d'une paix chérie,
Les cieux ne nous l'ont point prêté ;
Il est comptable à sa patrie
Des dons qu'il tient de leur bonté.
Cette influence souveraine

---

1. J. B. Rousseau en vieillissant devenait observateur. Vivant dans l'exil, mais côtoyant une cour, s'il n'y était pas tout à fait admis, admis du moins dans l'intimité des courtisans, il semble avoir voulu ajouter ici quelques paragraphes au célèbre chapitre de La Bruyère; seulement La Bruyère causait et Rousseau chante. Heureux si trop souvent il ne déclamait pas!

2. Le poëte affectionnait ce mot *tranquille;* il s'en est servi souvent et avec bonheur, surtout à la fin d'un vers, comme ici.

N'est pour lui qu'une illustre chaîne
Qui l'attache au bonheur d'autrui ;
Tous les brillants qui l'embellissent,
Tous les talents qui l'ennoblissent,
Sont en lui, mais non pas à lui.

Il sait, et c'est un avantage
Peu connu de ses vains rivaux,
Que son véritable partage
Sont les veilles et les travaux ;
Que sur tous les êtres du monde
Des dieux la sagesse profonde
Étend ses regards généreux ;
Et qu'éclos[1] de leurs mains fertiles,
Les uns naissent pour être utiles,
Les autres pour n'être qu'heureux.

Ainsi, victime préparée
Pour le bonheur du genre humain,
Victime non moins consacrée
A l'empire du souverain,
Soit sur la mer, soit sur la terre,
Soit dans la paix, soit dans la guerre,
D'une foi mâle revêtu,
Son prince, dont il est l'organe,
Sa propre vertu le condamne[2]
A s'immoler à sa vertu.

---

1. *Et qu'éclos* est singulièrement dur. C'est une faute assez rare chez Rousseau, qui parfois même sacrifie à l'harmonie jusqu'à la propriété de l'expression.

2. Encore un exemple de cette concision dont on a relevé plus d'un témoi-

La dépendance est le salaire
Des présents que nous font les cieux :
Un roi parle ; il faut, pour lui plaire,
Quitter sa patrie et ses dieux :
Héros guerriers, héros paisibles,
Il faut à ses lois invincibles
Asservir vos talents vainqueurs.
Partez, volez, âmes viriles,
Courez lui soumettre les villes,
Allez lui conquérir les cœurs.

Toutefois si de votre zèle
Vous voulez recevoir le prix,
Revenez, l'absence infidèle
Enfante peu de favoris ;
Les récompenses les plus dues
Sont souvent des dettes perdues
Pour qui tarde à les répéter ;
Et sur l'absent qui les mérite
Le présent qui les sollicite
Est toujours sûr de l'emporter.

Le mérite oublié du maître,
Et souvent même dédaigné,
Ne se fait jamais bien connoître
Dans un point de vue éloigné :
En vain, sous d'illustres auspices,

---

gnage et qui ajoute encore à l'énergie de la pensée. Les trois strophes qui suivent sont d'un beau tour, et ce mouvement

  Partez, volez, âmes viriles,

est vraiment lyrique.

Produiroit-il de ses services
Le témoignage glorieux ;
Sa présence est le seul langage
Qui puisse en assurer le gage :
Les rois ont le cœur dans les yeux.[1]

C'est à ces astres vénérables
D'illuminer ses actions ;
C'est de leurs rayons favorables
Qu'il doit tirer tous ses rayons ;
Bientôt leur céleste influence
Va le combler d'une affluence
De biens, de gloire, et de splendeurs ;
Et, l'éclairant d'un nouveau lustre,
Porter sa destinée illustre
Au plus haut sommet des grandeurs.

Installé dans le rang sublime
Où l'ont placé leurs justes lois,
Il peut d'un pouvoir légitime
Exercer les plus vastes droits ;
Il peut, pour foudroyer le vice,
De la force et de la justice
Réunir le double soutien ;
Il peut enfin, fidèle oracle,
Faire trouver sans nul obstacle
Le bonheur public dans le sien.

---

[1]. Le proverbe, *les absents ont tort*, paraît surtout vrai à la cour ; on ne se serait jamais attendu à le rencontrer dans une ode, mais il est si bien développé dans tout ce qui précède qu'on ne s'aperçoit point de ce qu'il a en lui-même de trivial.

Mais si jamais un noir orage,
Longtemps suspendu dans son cours,
Fait sur lui crever le nuage
Élevé durant ses beaux jours;
C'est alors que, libre de crainte,
Le dépit que masquoit la feinte
Se change en mortelles fureurs,
Et que l'envie empoisonnée,
Par l'impunité déchaînée,
Dépouille toutes ses terreurs.

Sa gloire aussitôt obscurcie,
Vaine ombre d'un jour éclipsé,
Disparoît, souillée et noircie
Par le mensonge intéressé;
Canal impur qui, dans leurs courses,
Infectant les plus belles sources,
Change en erreur la vérité,
L'industrie en extravagance,
La grandeur d'âme en arrogance,
Et le zèle en témérité.

Tout fuit, tout cherche un nouveau maître;
Ses complaisants les plus flatteurs
Sont les premiers qu'on voit paroître
Entre ses prudents déserteurs :
En vain ses qualités suprêmes
Forcent les témoignages mêmes
A l'équité les moins soumis :
En vain par ses bontés célèbres
Cent noms sont sortis des ténèbres;
Les malheureux n'ont point d'amis.

O vous, que la bonne fortune
Maintient à l'abri des revers,
De la terre charge importune,
Peuple inutile à l'univers,
Au sein de la béatitude,
Bornez-vous; fixez votre étude
Au choix des plaisirs les plus doux,
Et dans l'oisive nonchalance
De votre paisible opulence,
Ne songez qu'à vivre pour vous.

Tandis que le zèle héroïque,
Esclave de sa dignité,
A la félicité publique
Consacrera sa liberté,
Ou, perdu dans la foule obscure,
Et d'une vie ingrate et dure
Traînant les soucis épineux,
Verra, sans murmure et sans peine,
De la prospérité hautaine
Briller le faste dédaigneux.[1]

---

1. Il y a encore quelques beaux traits dans toute cette fin; le poëte s'y révèle, mais vers le milieu de l'ode l'inégalité de l'expression trahit souvent la défaillance de l'inspiration.

ODE VIII.[1]

A LA PAIX.

O Paix! tranquille Paix! secourable immortelle,
Fille de l'harmonie et mère des plaisirs,
Que fais-tu dans les cieux, tandis que de Cybèle
Les sujets désolés t'adressent leurs soupirs?

Si, par l'ambition de la terre bannie,
Tu crois devoir ta haine à tes profanateurs,
Que t'a fait l'innocence injustement punie
De l'inhumanité de ses persécuteurs?

---

1. Rousseau nous donne lui-même la date de cette ode, dans une lettre à Rollin à qui il l'envoie : elle serait de 1635. Il paraît que dans sa réponse Rollin lui reprocha d'y avoir introduit les divinités de la fable. En répondant à cette lettre, au mois de décembre de la même année, Rousseau s'exécute de son mieux, et prend la peine d'expliquer à son docte et candide ami qu'il n'a jamais *regardé ces divinités que comme des êtres poétiques, attributs d'un art dont le privilége est de patroniser toutes les idées communes, pour leur donner plus d'action et pour en faire des images plus vives et plus sensibles.* Et il continue sur ce ton, dans une prose qui ne vaut guère mieux que les vers. Je suppose que le bon Rollin avait plutôt désapprouvé dans cette ode le mélange des idées chrétiennes et de la mythologie, que l'emploi de la mythologie elle-même.

Rollin, du reste, dut être sensible à la noblesse soutenue de cette ode, remplie de beaux sentiments, de grandes images, un peu lente, un peu molle parfois, mais au demeurant l'une des meilleures de la vieillesse de Rousseau, véritable hymne à la paix, qui commence avec la douceur d'une idylle et s'élève aux plus hardis mouvements.

Équitable déesse, entends nos voix plaintives :
Vois ces champs ravagés, vois ces temples brûlants,
Ces peuples éplorés, ces mères fugitives,
Et ces enfants meurtris entre leurs bras sanglants.[1]

De quels débordements [2] de sang et de carnage
La terre a-t-elle vu ses flancs plus engraissés?
Et quel fleuve jamais vit border son rivage
D'un plus horrible amas de mourants entassés?

Telle autour d'Ilion la mort livide et blême
Moissonnoit les guerriers de Phrygie et d'Argos,
Dans ces combats affreux où le dieu Mars lui-même
De son sang immortel vit bouillonner les flots.

D'un cri pareil au bruit d'une armée invincible
Qui s'avance au signal d'un combat furieux,
Il ébranla du ciel la voûte inaccessible,
Et vint porter sa plainte au monarque des dieux.

Mais le grand Jupiter, dont la présence auguste
Fait rentrer d'un coup d'œil l'audace en son devoir,
Interrompant la voix de ce guerrier injuste,
En ces mots foudroyants confondit son espoir :

---

1. Racine avait déjà dit dans *Athalie :*

> Allez, sacrés vengeurs de vos princes meurtris.
> (Acte V, scène VI, vers 49.)

2. *Débordements* et *border* forment une espèce de répétition vicieuse.

« Va, tyran des mortels, dieu barbare et funeste,[1]
Va faire retentir tes regrets loin de moi ;
De tous les habitants de l'Olympe céleste
Nul n'est à mes regards plus odieux que toi.

Tigre, à qui la pitié ne peut se faire entendre,
Tu n'aimes que le meurtre et les embrasements :
Les remparts abattus, les palais mis en cendre,
Sont de ta cruauté les plus doux monuments.

La frayeur et la mort vont sans cesse à ta suite
Monstre nourri de sang, cœur abreuvé de fiel,
Plus digne de régner sur les bords du Cocyte,
Que de tenir ta place entre les dieux du ciel.

Ah ! lorsque ton orgueil languissoit dans les chaînes,
Où les fils d'Aloüs te faisoient soupirer,
Pourquoi, trop peu sensible aux misères humaines,
Mercure, malgré moi, vint-il t'en délivrer ?

La Discorde, dès lors avec toi détrônée,
Eût été pour toujours reléguée aux enfers ;
Et l'altière Bellone, au repos condamnée,
N'eût jamais exilé la Paix de l'univers.

La Paix, l'aimable Paix, fait bénir son empire ;[2]
Le bien de ses sujets fait son soin le plus cher :

---

1. Cette belle imitation d'Homère (*Iliade*, livre V, vers 868) forme ici un épisode très-heureusement placé dans une ode à la paix.
2. Amar fait ici une observation un peu minutieuse, mais très-juste. « *Fait bénir son empire*, dit-il, et dans le vers suivant *fait son soin* ; nous

Et toi, fils de Junon, c'est elle qui t'inspire
La fureur de régner par la flamme et le fer. »

Chaste Paix, c'est ainsi que le maître du monde
Du fier Mars et de toi sait discerner le prix :
Ton sceptre rend la terre en délices féconde,
Le sien ne fait régner que les pleurs et les cris.

Pourquoi donc aux malheurs de la terre affligée
Refuser le secours de tes divines mains?
Pourquoi, du roi des cieux chérie et protégée,
Céder à ton rival l'empire des humains?

Je t'entends : c'est en vain que nos vœux unanimes
De l'Olympe irrité conjurent le courroux;
Avant que sa justice ait expié nos crimes,
Il ne t'est pas permis d'habiter parmi nous.

Et quel siècle jamais mérita mieux sa haine?[1]
Quel âge plus fécond en Titans orgueilleux?
En quel temps a-t-on vu l'impiété hautaine
Lever contre le ciel un front plus sourcilleux?

---

avions un peu plus haut *te faisaient soupirer*. Cet emploi du verbe *faire* a presque toujours quelque chose de froid, qu'on doit éviter avec soin, même dans une prose un peu animée. Il est d'ailleurs beaucoup trop répété ici; c'est au moins une négligence. » L'art d'écrire doit tenir compte des moindres détails.

1.   Quippe ubi fas versum atque nefas; tot bella per orbem,
        Tam multæ scelerum facies.
                    (Virgile, *Georg.*, livre Ier, vers 505.)

C'est ici surtout que le sens droit et délicat de Rollin avait dû être choqué de voir l'Olympe s'irriter de l'impiété du siècle. Plus l'indignation du poëte était sincère, et plus cette association violente de croyances contraires devait paraître malséante.

La peur de ses arrêts n'est plus qu'une foiblesse :
Le blasphème s'érige en noble liberté ;
La fraude au double front en prudente sagesse,
Et le mépris des lois en magnanimité.

Voilà, peuples, voilà ce qui sur vos provinces
Du ciel inexorable attire la rigueur ;
Voilà le dieu fatal qui met à tant de princes
La foudre dans les mains, la haine dans le cœur.

Des douceurs de la paix, des horreurs de la guerre
Un ordre indépendant détermine le choix :
C'est le courroux des rois qui fait armer la terre ;
C'est le courroux des dieux qui fait armer les rois.

C'est par eux que sur nous la suprême vengeance
Exerce les fléaux de sa sévérité,
Lorsqu'après une longue et stérile indulgence,
Nos crimes ont du ciel épuisé la bonté.

Grands dieux ! si la rigueur de vos coups légitimes
N'est point encor lassée, après tant de malheurs ;
Si tant de sang versé, tant d'illustres victimes,
N'ont point fait de nos yeux couler assez de pleurs ;

Inspirez-nous du moins ce repentir sincère,
Cette douleur soumise et ces humbles regrets,
Dont l'hommage peut seul, en ces temps de colère,
Fléchir l'austérité de vos justes décrets.

Échauffez notre zèle, attendrissez nos âmes,
Élevez nos esprits au céleste séjour,

Et remplissez nos cœurs de ces ardentes flammes
Qu'allument le devoir, le respect et l'amour.

Un monarque vainqueur, arbitre de la guerre,
Arbitre du destin de ses plus fiers rivaux,
N'attend que ce moment pour poser son tonnerre,
Et pour faire cesser la rigueur de nos maux.

Que dis-je? ce moment de jour en jour s'avance :
Les dieux sont adoucis, nos vœux sont exaucés;
D'un ministre adoré [1] l'heureuse providence
Veille à notre salut : il vit, c'en est assez.

Peuples, c'est à lui seul que Bellone asservie
Va se voir enchaîner d'un éternel lien :
C'est à notre bonheur qu'il consacre sa vie,
C'est à votre repos qu'il immole le sien.

Reviens donc; il est temps que son vœu se consomme :
Reviens, divine paix, en recueillir le fruit :
Sur ton char lumineux fais monter ce grand homme,
Et laisse-toi conduire au dieu qui le conduit.[2]

---

1. Le cardinal de Fleury, né en 1653 et mort en 1743. Ce ne fut que l'année d'après, en 1736, que le traité de Vienne, en mettant fin à la guerre, assura en survivance à la France la possession de la Lorraine. Cette clause du traité de Vienne est tout ce qu'on peut dire de plus à la louange de la politique extérieure de Fleury. Dans son administration intérieure, il fit preuve de prudence et de modération. Est-ce assez pour qu'un ministre soit adoré? On serait aujourd'hui plus difficile. Mais Rousseau comptait alors sur l'appui du cardinal, dans les démarches qu'il faisait pour être rappelé en France, et qculque illusion doit être permise à un exilé qui brûle de revoir sa patrie.

2. Ce vers d'une si heureuse facilité doit-il faire excuser ce titre de grand homme donné au cardinal de Fleury et que l'histoire n'a pas confirmé?

Ainsi, du ciel calmé rappelant la tendresse,
Puissions-nous voir changer par ses dons souverains
Nos peines en plaisirs, nos pleurs en allégresse,
Et nos obscures nuits en jours purs et sereins!

ODE IX.[1]

A M. LE COMTE DE LANNOY,[2]

GOUVERNEUR DE BRUXELLES,

SUR UNE MALADIE DE L'AUTEUR, CAUSÉE PAR UNE ATTAQUE
DE PARALYSIE, EN 1738.

Celui qui des cœurs sensibles
Cherche à devenir vainqueur,
Doit, pour les rendre flexibles,
Consulter son propre cœur ;
C'est notre plus sûr arbitre :
Les dieux ne sont qu'à ce titre

---

1. Rousseau venait d'être atteint d'une attaque de paralysie, quand il composa cette ode qui a pour sujet cette attaque même. Il écrivait de Bruxelles, le 18 juillet 1738, à M. Boutet de Monthéri : « Vous recevrez incessamment, monsieur, quelques exemplaires d'une ode que j'ai composée dans ma maladie, sur ma maladie même. Elle est le fruit d'une insomnie opiniâtre, causée par un mal dont je n'ai pu dissiper l'ennui que par la peinture des symptômes mêmes qui l'accompagnoient. » Certes, voilà qui témoigne d'une grande force d'esprit ; mais l'inspiration, dans cette ode, n'est pas au même degré.

2. Le comte de Lannoy appartenait à l'une des plus illustres familles de Flandre, aujourd'hui encore très-honorablement représentée en Belgique. Il avait affectueusement accueilli Rousseau, qui n'a oublié dans ses dédicaces, on l'a vu, aucun de ceux dont la protection honora son exil. Le poëte avait un autre motif pour adresser cette ode au gouverneur de Bruxelles, c'est que ce fut en dînant chez lui qu'il se sentit atteint de l'accident qui mit ses jours en danger.

De nos offrandes jaloux :
Si Jupiter veut qu'on l'aime,
C'est qu'il nous prévient lui-même
Par l'amour qu'il a pour nous.

C'est cette noble industrie,
Comte, qui, par tant de nœuds,
T'attache dans ta patrie
Tous les cœurs et tous les vœux :
Rappelle dans ta pensée,
A la nouvelle annoncée
Du dernier prix de ta foi,
Tous ces torrents de tendresse
Dont la publique allégresse
Signala son feu pour toi.

En moi-même, ô preuve insigne !
Jusqu'où n'a point éclaté
D'un caractère si digne
L'intarissable bonté !
Dans le calme, dans l'orage,
Toujours même témoignage,
Surtout dans ces tristes jours
Dont la lumière effacée
De ma planète éclipsée
Me fait sentir le décours.

Malheureux l'homme qui fonde [1]
L'avenir sur le présent,

---

1. Ce vers appartient à Racine, qui commence ainsi un de ses quatre beaux cantiques :

> Malheureux l'homme qui fonde
> Sur les hommes son appui, etc.

Et qu'endort au sein de l'onde
Un zéphyre séduisant !
Jamais l'adverse fortune,
Ma surveillante importune,
Ne parut plus loin de moi ;
Et jamais aux doux mensonges
Des plus agréables songes
Je ne prêtai tant de foi.

C'est dans ces routes fleuries
Où mes volages esprits
Promenoient leurs rêveries,
D'un charme trompeur épris,
Que, contre moi révoltée,
L'impatiente Adrastée,
Némésis, avoit caché,
Vengeresse impitoyable,
Le précipice effroyable
Où mes pas ont trébuché.

Tel qu'un arbre stable et ferme,
Quand l'hiver par sa rigueur
De la séve qu'il renferme
A refroidi la vigueur ;
S'il perd l'utile assistance
Des appuis dont la constance
Soutient ses bras relâchés,
Sa tête altière et hautaine
Cachera bientôt l'arène
Sous ses rameaux desséchés.

Tel, quand le secours robuste
Dont mon corps est étayé

En laisse à mon sang aduste
Régir la foible moitié,
L'autre moitié, qui succombe,
Hésite, chancelle, tombe,
Et sent que, malgré l'effort
Que sa vertu fait renaître,
Le plus foible est toujours maître,
Et triomphe du plus fort.

Par mes désirs prévenue,[1]
Près de mon lit douloureux
Déjà la Mort est venue
Asseoir son squelette affreux ;
Et le regard homicide
De son cortége perfide
Porte à son dernier degré
L'excès, toujours plus terrible,
D'un accablement horrible,
Par l'insomnie ulcéré.

Quelle vapeur vous enivre,[2]
Mortels qui, chéris du sort,
Ne désirez que de vivre,
Et ne craignez que la mort?
Souvent, malgré leurs promesses,

---

1. Écrits sur un lit de douleur, ces quatre premiers vers témoignent d'une assez grande force d'âme, et l'image qu'ils présentent emprunte à la réalité qu'elle exprime une sombre poésie.

2. Ici commence une série d'idées dont l'expression, malgré les taches inséparables d'un tel effort d'esprit dans un tel moment, n'est pas sans une certaine puissance, et rappelle un peu ce héros de la chevalerie qui, tout mort qu'il était, emporté par son cheval dans les rangs ennemis, continuait de combattre et frappait encore.

Vos dignités, vos richesses,
Affligent leurs possesseurs :
Pour les âmes généreuses,
Du vrai bonheur amoureuses,
La mort même a ses douceurs.

On a beau se plaindre d'elle,
Quelque horreur que l'on en ait,
Les guerriers la trouvent belle
Quand elle vient d'un seul trait
Les frapper à l'improviste :
Mais, juste ciel! qu'elle est triste,
Et quel rigoureux travail,
Quand ses approches moins vives
Par des pertes successives
Nous détruisent en détail!

Près de ma dernière aurore,
En vain dit-on que les cieux
De quelques beaux jours encore
Pourront éclairer mes yeux :
O promesse imaginaire!
Quel emploi pourrois-je faire,
Soleil, céleste flambeau,
De ta lumière suprême,
Quand la moitié de moi-même
Est déjà dans le tombeau?

Achève donc ton ouvrage,
Viens, ô favorable Mort,
De ce caduc assemblage
Rompre le fragile accord!

Par ce coup où je t'invite,
Permets que mon corps s'acquitte
De ce qu'il doit au cercueil,
Et que mon âme y révoque
Cette constance équivoque
Dont la douleur est l'écueil.

Ainsi, parmi les ténèbres,
Les yeux vainement fermés,
Dans mille pensers funèbres
Mes sens étoient abîmés ;
Lorsque d'une voix amie
Mon oreille raffermie
Crut reconnoître les sons :
C'étoit l'ombre de Malherbe,[1]
Qui sur sa lyre superbe
Vint m'adresser ces leçons :

« Sous quelles inquiétudes,
Ami, te vois-je abattu?
Que t'ont servi nos études?
Qu'as-tu fait de ta vertu,
Toi qui, disciple d'Horace,
Par les nymphes du Parnasse
Dès ton jeune âge nourri,

---

1. On a remarqué avec raison que cette prosopopée est d'une heureuse invention, et que ces consolations que Rousseau se fait adresser à lui-même ne pouvaient être mieux placées que dans la bouche de Malherbe, son maître, de celui dont il a continué la tradition dans notre littérature. *Sa lyre superbe* est admirable et peint d'un mot tout le poëte. Le discours de Malherbe a bien dans son ensemble le tour qu'il lui eût donné lui-même, mais il y a encore trop d'expressions que ce *tyran des mots et des syllabes* n'eût point passées à son disciple.

Semblois sur ces espérances
Contre toutes les souffrances
T'être fait un sûr abri?

Ignores-tu donc encore
Que tous les fléaux tirés
De la boîte de Pandore
Se sont du monde emparés;
Que l'ordre de la nature
Soumet la pourpre et la bure
Aux mêmes sujets de pleurs;
Et que, tout fiers que nous sommes,
Nous naissons tous, foibles hommes,
Tributaires des douleurs?

Prétendois-tu que les Parques
Dussent, filant tes instants,
Signaler des mêmes marques
Ton hiver et ton printemps?
Quel dieu te rend si plausible
La jouissance impossible
D'un privilége inouï,
Réservé pour l'empyrée,
Et dont pendant leur durée
Jamais mortels n'ont joui?

En recevant l'existence
Que le ciel nous daigne offrir,
Nous recevons la sentence
Qui nous condamne à souffrir :
A sa vigueur naturelle
En vain notre corps appelle

De ce décret hasardeux;
Notre âme subordonnée,
Par les soucis dominée,
Paye assez pour tous les deux.

Quelle fièvre plus cruelle
Que ses mortels déplaisirs,
Quand la fortune infidèle
Vient traverser ses désirs?
En tout pays, à tout âge,
La douleur est son partage
Jusqu'à l'heure du trépas :
Dans le sein des grandeurs même,
Le sceptre et le diadème
Ne l'en affranchissent pas.

Que dirai-je du supplice
Où l'exposent tous les jours
L'imposture et la malice
Que farde l'art du discours,
Quand elle voit à sa place
L'Hypocrisie et l'Audace
Triompher de leurs larcins,
Et la timide Innocence,
Sans ressource et sans défense,
Livrée à ses assassins?

Si donc, par des lois certaines,
L'âme et le corps, son rempart,
Ont leurs plaisirs et leurs peines,
Leurs biens et leurs maux à part;
N'est-ce pas une fortune,

Quand d'une charge commune
Deux moitiés portent le faix,
Que la moindre le réclame,
Et que du bonheur de l'âme
Le corps seul fasse les frais?

L'espérance consolante [1]
D'un plus heureux avenir
De ta douleur accablante
Doit chasser le souvenir :
C'étoit le dernier désastre
Que de ton malheureux astre
Exigeoit l'inimitié :
Calme ton âme inquiète,
Némésis est satisfaite,
Et son tribut est payé. »

---

1. Cette dernière strophe relève un peu ce qui précède, et les trois derniers vers ont je ne sais quoi de saisissant : c'est comme la sentence de la mort elle-même, mettant fin à l'exil du poëte, en même temps qu'à sa vie.

ODE X.[1]

A LA POSTÉRITÉ.

Déesse des héros, qu'adorent en idée
Tant d'illustres amants dont l'ardeur hasardée
Ne consacre qu'à toi ses vœux et ses efforts;
Toi qu'ils ne verront point, que nul n'a jamais vue,
Et dont pour les vivants la faveur suspendue
    Ne s'accorde qu'aux morts;

Vierge non encor née,[2] en qui tout doit renaître
Quand le temps dévoilé viendra te donner l'être,

---

1. Rousseau écrivait de Bruxelles à M. Boutet de Monthéri, le 21 novembre 1738 :
« L'ode dont on vous a parlé est celle par laquelle je termine ma carrière lyrique. Je n'ai pas pris le ton de l'*exegi monumentum ære perennius* qui convenoit à Horace et non à moi; c'est ma confession, ou, si vous voulez, mon apologie; elle m'a fait honneur à Bruxelles. » On ne sauroit mieux exprimer le caractère de cette ode. Dans un langage noble et relativement simple parce qu'il est ému, Rousseau y avoue les torts de sa jeunesse, mais en protestant une dernière fois contre les calomnies qui ont rempli d'amertume le reste de sa vie, et prend acte devant la postérité du courage qu'il n'a cessé d'opposer à ses malheurs. Rousseau lut, dit-on, cette ode à Voltaire, et celui-ci, peu touché de ce testament du talent malheureux, n'auroit pu réprimer son humeur railleuse et auroit dit à Rousseau : « Mon ami, voilà une lettre qui ne sera jamais reçue à son adresse. » Le mot est joli sans doute, mais parfaitement injuste, car l'ode est belle, et non moins faux, puisque nous voici, plus d'un siècle après, reprochant à Voltaire sa cruelle plaisanterie.

2. Malheureuse rencontre de syllabes que Rousseau auroit dû éviter dans un morceau si soigné d'ailleurs.

Laisse-moi dans ces vers te tracer mes malheurs,
Et ne refuse pas, arbitre vénérable,
Un regard généreux au récit déplorable
    De mes longues douleurs.

Le ciel, qui me créa sous le plus dur auspice,
Me donna pour tout bien l'amour de la justice,
Un génie ennemi de tout art suborneur,
Une pauvreté fière, une mâle franchise,
Instruite à détester toute fortune acquise
    Aux dépens de l'honneur.[1]

Infortuné trésor! importune largesse!
Sans le superbe appui de l'heureuse richesse,
Quel cœur impunément peut naître généreux?
Et l'aride vertu, limitée en soi-même,[2]
Que sert-elle, qu'à rendre un malheureux qui l'aime
    Encor plus malheureux?

Craintive, dépendante, et toujours poursuivie
Par la malignité, l'intérêt et l'envie,
Quel espoir de bonheur lui peut être permis,
Si, pour avoir la paix, il faut qu'elle s'abaisse
A toujours se contraindre, et courtiser sans cesse
    Jusqu'à ses ennemis?

---

1. Partout dans sa correspondance, Rousseau a fait preuve d'un honorable dédain de la richesse. Même dans l'exil, il ne reçoit qu'à titre de prêt ce que lui offrent ses amis, et il repousse fièrement le secours de ceux qui lui retirent leur amitié.

2. Ce mot *aride* dit-il bien ce que le poëte veut exprimer? Par la *vertu aride*, il entend sans doute la vertu pauvre, *l'honneur sans l'argent*, comme dit Racine dans les *Plaideurs*. *Limitée en soi-même* est laborieux et sans élégance.

Je n'ai que trop appris qu'en ce monde où nous sommes,
Pour souverain mérite on ne demande aux hommes
   Qu'un vice complaisant, de grâce revêtu ;
Et que, des ennemis que l'amour-propre inspire,
Les plus envenimés sont ceux que nous attire
        L'inflexible vertu.[1]

C'est cet amour du vrai, ce zèle antipathique
Contre tout faux brillant, tout éclat sophistique,
   Où l'orgueil frauduleux va chercher ses atours,
Qui lui seul suscita cette foule perverse
D'ennemis forcenés, dont la rage traverse
        Le repos de mes jours.

« Écartons, ont-ils dit, ce censeur intraitable
Que des plus beaux dehors l'attrait inévitable
   Ne fit jamais gauchir contre la vérité ;
Détruisons un témoin qu'on ne sauroit séduire ;
Et, pour la garantir, perdons ce qui peut nuire
        A notre vanité.

Inventons un venin dont la vapeur infâme,[2]
En soulevant l'esprit, pénètre jusqu'à l'âme ;
   Et sous son nom connu répandons ce poison ;
N'épargnons contre lui mensonge ni parjure :
Chez le peuple troublé, la fureur et l'injure
        Tiendront lieu de raison. »

---

1. Était-ce bien l'*inflexible vertu* de Rousseau qui lui avait attiré tant d'ennemis ?

2. C'est toute l'histoire des trop fameux couplets ; mais Rousseau oublie trop que si on lui a faussement attribué ceux qui l'ont fait condamner, il était l'auteur de quelques-uns des premiers.

Imposteurs effrontés, c'est par cette souplesse
Que j'ai vu tant de fois votre scélératesse
Jusque chez mes amis me chercher des censeurs;
Et, des yeux les plus purs bravant le témoignage,
Défigurer mes traits, et souiller mon visage
      De vos propres noirceurs.

Toutefois, au milieu de l'horrible tempête
Dont, malgré ma candeur, pour écraser ma tête,
L'autorité séduite arma leurs passions,
La chaste vérité prit en main ma défense,
Et fit luire en tout temps sur ma foible innocence
      L'éclat de ses rayons.

Aussi, marchant toujours sur mes antiques traces,
Combien n'ai-je pas vu, dans mes longues disgrâces,
D'illustres amitiés consoler mes ennuis;
Constamment honoré de leur noble suffrage,
Sans employer d'autre art que le fidèle usage
      D'être ce que je suis![1]

Telle est sur nous du ciel la sage providence,
Qui, bornant à ces traits l'effet de sa vengeance,
D'un plus âpre tourment m'épargnoit les horreurs :
Pouvoit-elle acquitter, par une moindre voie,
La dette des excès d'une jeunesse en proie
      A de folles erreurs?

---

1. C'est ici le cas de rappeler tant d'illustres amitiés demeurées fidèles à Rousseau dans sa patrie, ou qui, dans l'exil, l'accueillirent ou le consolèrent : le comte du Luc, Louis Racine, Rollin, le père Brumoy, Lefranc de Pompignan, le prince Eugène, le comte de Bonneval, le duc d'Aremberg : chacun de ces noms rappelle quelque bel ouvrage du poëte.

Objets de sa bonté, même dans sa colère,
Enfants toujours chéris de cette tendre mère,
Ce qui nous semble un fruit de son inimitié
N'est en nous que le prix d'une vie infidèle,
Châtiment maternel, qui n'est jamais en elle
  Qu'un effet de pitié.

Révérons sa justice, adorons sa clémence,
Qui, jusque dans les maux que sa main nous dispense,
Nous présente un moyen d'expier nos forfaits;
Et qui, nous imposant ces peines salutaires,
Nous donne en même temps les secours nécessaires
  Pour en porter le faix.

Juste Postérité, qui me feras connoître,
Si mon nom vit encor quand tu viendras à naître,
Donne-moi pour exemple à l'homme infortuné,
Qui, courbé sous le poids de son malheur extrême,
Pour asile dernier n'a que l'asile même
  Dont il fut détourné.

Dis-lui qu'en mes écrits il contemple l'image
D'un mortel qui, du monde embrassant l'esclavage,
Trouva, cherchant le bien, le mal qu'il haïssoit,
Et qui, dans ce trompeur et fatal labyrinthe,
De son miel le plus pur vit composer l'absinthe
  Que l'erreur lui versoit.

Heureux encor pourtant, même dans son naufrage,
Que le ciel l'ait toujours assisté d'un courage
Qui de son seul devoir fit sa suprême loi;
Des vils tempéraments combattant la mollesse,

Sans s'exposer jamais par la moindre foiblesse
    A rougir devant toi !

Voilà quel fut celui qui t'adresse sa plainte :
Victime abandonnée à l'envieuse feinte,
De sa seule innocence en vain accompagné ;
Toujours persécuté, mais toujours calme et ferme,
Et, surchargé de jours, n'aspirant plus qu'au terme
    A leur nombre assigné.

Le pinceau de Zeuxis, rival de la nature,[1]
A souvent de ses traits ébauché la peinture ;
Mais du sage lecteur les équitables yeux,
Libres de préjugés, de colère et d'envie,
Verront que ses écrits, vrai tableau de sa vie,
    Le peignent encor mieux.

---

1. Rousseau s'était fait peindre plusieurs fois, mais de ces divers portraits celui qu'il avouait de préférence était celui d'Aved, son ami intime, quoique de trente ans plus jeune que lui. Né à Douai en 1702, et mort à Paris en 1766, Jacques-André-Joseph Aved s'était fait, dans le genre du portrait, une réputation méritée. Mais c'était surtout dans ses œuvres, comme on le voit ici, que Rousseau voulait que l'on cherchât sa fidèle image ; aussi avait-il fait graver au bas du portrait d'Aved ce pentamètre de Martial :

    Certior in nostro carmine vultus erit.

FIN DES ODES.

CANTATES

CANTATE I.

DIANE.[1]

A peine le soleil, au fond des antres sombres,
Avoit du haut des cieux précipité les ombres,
Quand la chaste Diane, à travers les forêts,
      Aperçut un lieu solitaire
Où le fils de Vénus et les dieux de Cythère
      Dormoient sous un ombrage frais :
Surprise, elle s'arrête; et sa prompte colère
S'exhale en ce discours, qu'elle adresse tout bas
A ces dieux endormis, qui ne l'entendent pas :

      Vous, par qui tant de misérables [2]
      Gémissent sous d'indignes fers,
      Dormez, Amours inexorables,
      Laissez respirer l'univers.

---

1. Nous avons blâmé dans les odes de Rousseau l'usage ou plutôt l'abus de la mythologie, mais dans les cantates son emploi est tout naturel, la plupart étant de petits tableaux empruntés à la mythologie même. Tout ce qu'on pouvait demander au poëte, c'était de rajeunir le sujet par la nouveauté de l'exécution, et d'éviter la monotonie par la variété du style et du rhythme; il y a presque toujours réussi.

2. Remarquons une fois pour toutes l'art exquis avec lequel le poëte entremêle le chant au récitatif.

Profitons de la nuit profonde
Dont le sommeil couvre leurs yeux;
Assurons le repos au monde
En brisant leurs traits odieux.

Vous, par qui tant de misérables
Gémissent sous d'indignes fers,
Dormez, Amours inexorables,
Laissez respirer l'univers.

A ces mots elle approche ; et ses nymphes timides,
Portant sans bruit leurs pas vers ces dieux homicides,
D'une tremblante main saisissent leurs carquois,
Et bientôt du débris de leurs flèches perfides
  Sèment les plaines et les bois.
Tous les dieux des forêts, des fleuves, des montagnes,
Viennent féliciter leurs heureuses compagnes;
Et, de leurs ennemis bravant les vains efforts,
  Expriment ainsi leurs transports:

Quel bonheur! quelle victoire!
Quel triomphe! quelle gloire!
Les Amours sont désarmés.

Jeunes cœurs, rompez vos chaînes :
Cessons de craindre les peines
Dont nous étions alarmés.

Quel bonheur! quelle victoire!
Quel triomphe! quelle gloire!
Les Amours sont désarmés.

L'Amour s'éveille au bruit de ces chants d'allégresse,
    Mais quels objets lui sont offerts!
    Quel réveil! dieux! quelle tristesse,
Quand de ses dards brisés il voit les champs couverts!
Un trait me reste encor dans ce désordre extrême;
Perfides, votre exemple instruira l'univers.
Il parle; le trait vole, et, traversant les airs,
    Va percer Diane elle-même :
    Juste, mais trop cruel revers,
Qui signale, grand dieu, ta vengeance suprême!

    Respectons l'Amour [1]
    Tandis qu'il sommeille,
    Et craignons qu'un jour
    Ce dieu ne s'éveille.

    En vain nous romprons
    Tous les traits qu'il darde,
    Si nous ignorons
    Le trait qu'il nous garde.

    Respectons l'Amour
    Tandis qu'il sommeille,
    Et craignons qu'un jour
    Ce dieu ne s'éveille.

---

1. Rousseau se souvenait peut-être ici de Marot, et de ces vers charmants où il parle d'une statue de Vénus endormie :

> Ne l'esveillez, elle ne vous nuyra;
> Si l'esveillez, croyez qu'elle ouvrira
> Ses deux beaulx yeulx, pour les vostres bander.

(*OEuvres de Clément Marot*, édit. de Garnier frères, p. 292, épigr. XXXIV.)

CANTATE II.

ADONIS.[1]

Le dieu Mars et Vénus, blessés des mêmes traits,
  Goûtoient les biens les plus parfaits
Qu'aux cœurs bien enflammés le tendre Amour apprête;
  Mais ce dieu superbe et jaloux,
D'un œil de conquérant regardant sa conquête,
Fit bientôt aux plaisirs succéder les dégoûts.

  Un cœur jaloux ne fait paroître
  Que des feux qui le font haïr;
  Et, pour être toujours le maître,
  L'amant doit toujours obéir.

  L'Amour ne va point sans les Grâces;
  On n'arrache point ses faveurs :
  L'emportement ni les menaces
  Ne font point le lien des cœurs.

  Un cœur jaloux ne fait paroître
  Que des feux qui le font haïr;

---

1. Voir l'épisode d'Adonis dans Ovide (*Métam.*, livre X, vers 515 et suiv.) et le poëme de La Fontaine. Rousseau, dans cette cantate, soutient la comparaison avec ses deux maîtres.

POÉSIES LYRIQUES.

Et, pour être toujours le maître,
L'amant doit toujours obéir.

La déesse déjà ne craint plus son absence;
Et, cessant de l'aimer sans s'en apercevoir,
Fait atteler son char, pleine d'impatience,
Et vole vers les bords soumis à son pouvoir.
Là, ses jours couloient sans alarmes,
Lorsqu'un jeune chasseur se présente à ses yeux :
Elle croit voir son fils ; il en a tous les charmes ;[1]
Jamais rien de plus beau ne parut sous les cieux ;
Et le vainqueur de l'Inde[2] étoit moins gracieux,
Le jour que d'Ariane il vint sécher les larmes.

La froide Naïade
Sort pour l'admirer ;
La jeune Dryade
Cherche à l'attirer.
Faune, d'un sourire,
Approuve leur choix :
Le jaloux Satyre
Fuit au fond des bois ;
Et Pan, qui soupire,
Brise son hautbois.

Il aborde en tremblant la charmante déesse :
Sa timide pudeur relève ses appas :

---

1. Ovide, qui raconte dans tous ses détails la métamorphose d'Adonis, fait de lui un portrait charmant. Rousseau, qui n'écrit qu'une idylle, se contente d'un trait rapide et expressif.
2. Bacchus. Rappelons encore ici l'épisode d'Ariane dans l'épithalame de Thétis et de Pélée, de Catulle.

<blockquote>

Les Grâces, les Ris, la Jeunesse,
Marchent au-devant de ses pas;
Et du plus haut des airs, l'Amour, avec adresse,
Fait partir, à l'instant, le trait dont il les blesse.
Que désormais Mars en fureur
Gronde, menace, tonne, éclate;
Amants, profitez tous de sa jalouse erreur :
Des feux trop violents font souvent une ingrate :
On oublie aisément un amour qui fait peur,
En faveur d'un amour qui flatte.

Que le soin de charmer
Soit votre unique affaire;
Songez que l'art d'aimer
N'est que celui de plaire.

Voulez-vous, dans vos feux,
Trouver des biens durables ?
Soyez moins amoureux,
Devenez plus aimables.

Que le soin de charmer
Soit votre unique affaire;
Songez que l'art d'aimer
N'est que celui de plaire.

</blockquote>

CANTATE III.

LE TRIOMPHE DE L'AMOUR.

    Filles du Dieu de l'univers,
Muses, que je me plais dans vos douces retraites !
Que ces rivages frais, que ces bois toujours verts
Sont propres à charmer les âmes inquiètes !
    Quel cœur n'oublieroit ses tourments
Au murmure flatteur de cette onde tranquille ?
Qui pourroit résister aux doux ravissements
    Qu'excite votre voix fertile ?
    Non, ce n'est qu'en ces lieux charmants
Que le parfait bonheur a choisi son asile.

    Heureux qui de vos doux plaisirs
    Goûte la douceur toujours pure !
    Il triomphe des vains désirs,
    Et n'obéit qu'à la nature.

    Il partage avec les héros
    La gloire qui les environne ;
    Et le puissant dieu de Délos
    D'un même laurier les couronne.

    Heureux qui de vos doux plaisirs
    Goûte la douceur toujours pure !

Il triomphe des vains désirs,
Et n'obéit qu'à la nature.

Mais que vois-je, grands dieux? quels magiques efforts
   Changent la face de ces bords!
Quelles danses! quels jeux! quels concerts d'allégresse!
Les Grâces, les Plaisirs, les Ris et la Jeunesse,
   Se rassemblent de toutes parts.
Quel songe me transporte au-dessus du tonnerre?
   Je ne reconnois point la terre
Au spectacle enchanteur qui frappe mes regards.

   Est-ce la cour suprême
   Du souverain des dieux?
   Ou Vénus elle-même
   Descend-elle des cieux?

   Les compagnes de Flore
   Parfument ces coteaux;
   Une nouvelle Aurore
   Semble sortir des eaux,
   Et l'Olympe se dore
   De ses feux les plus beaux.

   Est-ce la cour suprême
   Du souverain des dieux?
   Ou Vénus elle-même
   Descend-elle des cieux?

Nymphes, quel est ce dieu qui reçoit votre hommage?
   Pourquoi cet arc et ce bandeau?
Quel charme en le voyant, quel prodige nouveau

De mes sens interdits me dérobe l'usage ?
Il s'approche, il me tend une innocente main :
  Venez, cher tyran de mon âme,
  Venez, je vous fuirois en vain,
Et je vous reconnois à ces traits pleins de flamme
  Que vous allumez dans mon sein.

Adieu, Muses, adieu : je renonce à l'envie
De mériter les biens dont vous m'avez flatté,
  Je renonce à ma liberté :
Sous de trop douces lois mon âme est asservie,
Et je suis plus heureux dans ma captivité,
  Que je ne le fus de ma vie,
Dans le triste bonheur dont j'étois enchanté.[1]

---

1. On serait quelquefois tenté de croire que Rousseau a mis, par moments, plus de son âme dans ses cantates que dans ses odes. En lisant la fin de ce morceau, on se sera sans doute souvenu de la première ode d'Anacréon.

CANTATE IV.

L'HYMEN.

Ce fut vers cette rive, où Junon adorée
Des peuples de Sidon reçoit les vœux offerts,
    Que la divine Cythérée
Pour la première fois parut dans l'univers.
      Jamais beauté plus admirée
      Ne brilla sur les vastes mers.
Les Tritons, rassemblés de mille endroits divers,
Autour d'elle flottoient sur l'onde tempérée,
      Et les filles du vieux Nérée
Faisoient devant son char retentir ces concerts :

    Qu'Éole en ces gouffres enchaîne
    Les vents, ennemis des beaux jours ;
    Qu'il dompte leur bruyante haleine,
    Et ne permette qu'aux Amours
    De voler sur l'humide plaine.

    Dieux du ciel, venez en ces lieux
    Admirer un objet si rare :
    Avouez que, même à vos yeux,
    Les beautés dont la mer se pare
    Effacent les beautés des cieux.

Qu'Éole en ses gouffres enchaîne
Les vents, ennemis des beaux jours;
Qu'il dompte leur bruyante haleine,
Et ne permette qu'aux Amours
De voler sur l'humide plaine.

Jalouse de l'éclat de ces honneurs nouveaux,
Amphitrite se cache au plus profond des eaux.
Cependant Palémon conduisoit l'immortelle
Vers cette île enchantée où tendoient ses souhaits;
Et c'est là que la terre, à sa gloire fidèle,
Met le comble aux honneurs qu'ont reçus ses attraits.

L'amant de l'Aurore [1]
Des yeux qu'il adore
Perd le souvenir :
La timide Flore
Craint de perdre encore
Son jeune Zéphyr :
De sa grâce extrême
Minerve elle-même
Reconnoît le prix ;
Et par sa surprise
Junon autorise
Le choix de Pâris.

Frappés de l'éclat de ses yeux,
Neptune, Jupiter, que dis-je? tous les dieux

---

1. Rousseau excelle dans ces petits vers auxquels il semble si difficile de faire dire quelque chose. Chaque fois qu'il y a recours, c'est une exquise miniature que nous lui devons.

En font l'objet de leurs conquêtes ;[1]
Ils vont tous de l'Hymen implorer les faveurs.
Les faveurs de l'Hymen! aveugles que vous êtes,
L'Hymen est-il donc fait pour assortir les cœurs ?
  Jupiter étoit roi du monde;
  Neptune commandoit sur l'onde;
Mars avoit pour partage un courage indompté;
Mercure, la jeunesse; Apollon, la beauté.

Si de ces dieux l'Amour eût été le refuge,
Entre eux du moins son choix se seroit déclaré :
  Mais ils prirent l'Hymen pour juge,
  Et Vulcain se vit préféré.[2]

  Hymen, quand le sort t'outrage,
  Ne t'en prends point à l'Amour :
  De son plus doux héritage
  Tu t'enrichis chaque jour ;
  Souffre que de ton partage
  Il s'enrichisse à son tour.

  Souvent, par un juste échange,
  Il t'enlève tes sujets :
  Tu lui fais un crime étrange
  De quelques larcins secrets ;
  Mais c'est ainsi qu'il se venge
  Des larcins que tu lui fais.

---

1. Le singulier serait mieux ici, et il est évident que c'est la rime qui a voulu le pluriel.
2. Cette chute charmante est un exemple de cette variété que nous avons louée dans notre première note, et qui est une des qualités essentielles du style de Rousseau dans ses cantates.

CANTATE V.

AMYMONE.[1]

Sur les rives d'Argos, près de ces bords arides
Où la mer vient briser ses flots impérieux,
    La plus jeune des Danaïdes,
Amymone, imploroit l'assistance des dieux.
Un Faune poursuivoit cette belle craintive,
    Et levant ses mains vers les cieux :
Neptune, disoit-elle, entends ma voix plaintive,
Sauve-moi des transports d'un amant furieux.

    A l'innocence poursuivie,
    Grand dieu, daigne offrir ton secours;
    Protége ma gloire et ma vie
    Contre de coupables amours.

    Hélas! ma prière inutile
    Se perdra-t-elle dans les airs?
    Ne me reste-t-il plus d'asile
    Que le vaste abîme des mers?

---

1. Amymone n'avait pas, comme Hypermnestre, épargné son époux; mais elle s'était repentie, et ce repentir lui valut d'être exemptée du supplice de ses criminelles sœurs.

> A l'innocence poursuivie,
> Grand dieu, daigne offrir ton secours;
> Protége ma gloire et ma vie
> Contre de coupables amours.

La Danaïde, en pleurs, faisoit ainsi sa plainte,
Lorsque le dieu des eaux vint dissiper sa crainte;
Il s'avance entouré d'une superbe cour :
Tel, jadis, il parut aux regards d'Amphitrite,
    Quand il fit marcher à sa suite
    L'Hyménée et le dieu d'amour.
Le Faune, à son aspect, s'éloigne du rivage;
    Et Neptune, enchanté, surpris,
L'amour peint dans les yeux, adresse ce langage
    A l'objet dont il est épris :

> Triomphez, belle princesse,
> Des amants audacieux :
> Ne cédez qu'à la tendresse
> De qui sait aimer le mieux.

> Heureux le cœur qui vous aime,
> S'il étoit aimé de vous!
> Dans les bras de Vénus même
> Mars en deviendroit jaloux.

> Triomphez, belle princesse,
> Des amants audacieux :
> Ne cédez qu'à la tendresse
> De qui sait aimer le mieux.

Qu'il est facile aux dieux de séduire une belle !
Tout parloit en faveur de Neptune amoureux :

L'éclat d'une cour immortelle,
Le mérite récent d'un secours généreux.
Dieux! quels secours! Amour, ce sont là de tes jeux.[1]
Quel Satyre eût été plus à craindre pour elle?
Thétis, en rougissant, détourna ses regards ;
Doris se replongea dans ses grottes humides,
Et, par cette leçon, apprit aux Néréides
   A fuir de semblables hasards.

   Tous les amants savent feindre ;
   Nymphes, craignez leurs appas :[2]
   Le péril le plus à craindre
   Est celui qu'on ne craint pas.

   L'audace d'un téméraire
   Est aisée à surmonter :
   C'est l'amant qui sait nous plaire
   Que nous devons redouter.

   Tous les amants savent feindre ;
   Nymphes, craignez leurs appas :
   Le péril le plus à craindre.
   Est celui qu'on ne craint pas.

1. Vers charmant et de ceux qui animent d'un rayon de gaieté légère la grâce parfois un peu sérieuse de ces petits récits. Le vers qui suit est digne de La Fontaine ; et tout ce tableau délicatement voilé n'en a que plus de charme.
2. *Appas* est le seul mot qu'on voudrait retrancher de tout ce morceau, à moins qu'il n'y ait dans toutes les éditions une faute d'impression et que le poëte n'ait voulu écrire appâts et non appas. On se demande si ces stances sont placées par le poëte dans la bouche de Doris. La leçon en aurait plus de grâce et d'à-propos.

CANTATE VI.

THÉTIS.[1]

Près de l'humide empire où Vénus prit naissance,
Dans un bois consacré par le malheur d'Atys,[2]
Le Sommeil et l'Amour, tous deux d'intelligence,
A l'amoureux Pélée avoient livré Thétis.[3]
Qu'eût fait Minerve même, en cet état réduite?[4]
Mais, dans l'art de Protée en sa jeunesse instruite,[5]

---

1. Si on pouvait oublier qu'il y avait deux Thétis, la belle néréide et l'antique déesse de la mer, il suffirait de se rappeler ces deux vers de Catulle dans l'épithalame de Thétis et de Pélée (vers 28 et 29):

> Tene Thetis tenuit pulcherrima, Neptunine?
> Tene suam Tethys concessit ducere neptem?

2. On connaît l'histoire d'Atys si cruellement puni pour avoir manqué au vœu de chasteté, dont il avait pris Cybèle à témoin. Catulle a tiré de cette légende mythologique un admirable poëme et Quinault un touchant opéra.

3. Jupiter, Apollon et Neptune se disputaient le cœur de Thétis, mais ayant appris qu'il naîtrait d'elle un fils plus grand que son père, ils la cédèrent au roi Pélée :

> Ipse suos divum genitor concessit amores.
> (Catulle, *loc. cit.*, vers 26.)

4. Encore un vers que La Fontaine n'eût pas désavoué; il a la naïveté malicieuse des siens.

5. Ces métamorphoses de Thétis ne pouvaient échapper au pinceau d'Ovide; il raconte toute cette histoire au livre XI de son poëme :

> Quod nisi venisses, variatis sæpe figuris,
> Ad solitas artes, auso foret ille potitus, etc.
> (Vers 241 et suiv.)

Elle sut éluder un amant furieux :
D'une ardente lionne elle prend l'apparence :
Il s'émeut; et, tandis qu'il songe à sa défense,
La nymphe, en rugissant, se dérobe à ses yeux.

    Où fuyez-vous, déesse inexorable,
    Cruel lion de carnage altéré?
    Que craignez-vous d'un amant misérable,
    Que vos rigueurs ont déjà déchiré?

    Il ne craint point une mort rigoureuse;
    Il s'offre à vous sans armes, sans secours;
    Et votre fuite est pour lui plus affreuse
    Que les lions, les tigres et les ours.

    Où fuyez-vous, déesse inexorable,
    Cruel lion de carnage altéré?
    Que craignez-vous d'un amant misérable,
    Que vos rigueurs ont déjà déchiré?

Ce héros malheureux exprimoit en ces mots
    Sa honte et sa douleur extrême,
    Quand tout à coup, du fond des flots,
    Protée apparoissant lui-même :
Que fais-tu, lui dit-il, foible et timide amant?
Pourquoi troubler les airs de plaintes éternelles?
    Est-ce d'aujourd'hui que les belles
    Ont recours au déguisement?
Répare ton erreur. La nymphe qui te charme
    Va rentrer dans le sein des mers;

Attends-la sur ces bords; mais que rien ne t'alarme,
Et songe que tu dois Achille à l'univers.[1]

  Le guerrier qui délibère
  Fait mal sa cour au dieu Mars :
  L'amant ne triomphe guère,
  S'il n'affronte les hasards.

  Quand le péril nous étonne,
  N'importunons point les dieux :
  Vénus, ainsi que Bellone,
  Aime les audacieux.

  Le guerrier qui délibère
  Fait mal sa cour au dieu Mars :
  L'amant ne triomphe guère,
  S'il n'affronte les hasards.

Pélée, à ce discours, portant au loin sa vue,
Voit paroître l'objet qui le tient sous ses lois :
Heureux que, pour lui seul, l'occasion perdue
  Renaisse une seconde fois !
  Le cœur plein d'une noble audace,
Il vole à la déesse; il l'approche, il l'embrasse.
Thétis veut se défendre; et, d'un prompt changement
  Employant la ruse ordinaire,

---

1.   Confessam amplectitur heros,
 Et potitur votis, ingentique implet Achille.
   (OVIDE, *Métam.*, XI, vers 265, 266.)

L'idée est d'Ovide et exprimée avec une liberté toute latine qui n'est point ici sans grandeur, mais le vers de Rousseau est superbe.

Redevient à ses yeux, lion, tigre, panthère :
Vains objets, qui ne font qu'irriter son amant.

 Ses désirs ont vaincu sa crainte :
Il la retient toujours d'un bras victorieux,
Et, lasse de combattre, elle est enfin contrainte
De reprendre sa forme et d'obéir aux dieux.

  Amants, si jamais quelque belle,
  Changée en lionne cruelle,
  S'efforce à vous faire trembler,
  Moquez-vous d'une image feinte :
  C'est un fantôme que sa crainte
  Vous présente pour vous troubler.

  Elle peut, en prenant l'image
  D'un tigre ou d'un lion sauvage,
  Effrayer les jeunes Amours;
  Mais après un effort extrême,
  Elle redevient elle-même,
  Et ces dieux triomphent toujours.

CANTATE VII.

CIRCÉ.[1]

Sur un rocher désert, l'effroi de la nature,
Dont l'aride sommet semble toucher les cieux,
Circé, pâle, interdite, et la mort dans les yeux,
  Pleuroit sa funeste aventure.
  Là, ses yeux errants sur les flots
D'Ulysse fugitif sembloient suivre la trace.
Elle croit voir encor son volage héros;
Et, cette illusion soulageant sa disgrâce,
  Elle le rappelle en ces mots,
Qu'interrompent cent fois ses pleurs et ses sanglots :

  Cruel auteur des troubles de mon âme,
  Que la pitié retarde un peu tes pas :
  Tourne un moment tes yeux sur ces climats;

---

1. La cantate de Circé a passé jusqu'ici pour l'un des chefs-d'œuvre de la poésie française, et nous ne pensons pas que les dernières révolutions de notre littérature lui aient rien ôté de son incomparable beauté. « La cantate de Circé, dit Laharpe, est un morceau à part; elle a toute l'élévation des plus belles odes de Rousseau, avec plus de variété.... La course du poëte n'est pas longue, mais il la fournit d'un élan qui rappelle celui des chevaux de Neptune, dont Homère a dit qu'en trois pas ils atteignoient aux bornes du monde. » Autant, en effet, les cantates précédentes ont de grâce tour à tour naïve ou touchante, autant celle-ci a de sombre grandeur; c'est tout un drame de passion dans un cadre homérique.

Et, si ce n'est pour partager ma flamme,
Reviens du moins pour hâter mon trépas.

Ce triste cœur, devenu ta victime,
Chérit encor l'amour qui l'a surpris ;
Amour fatal! ta haine en est le prix :
Tant de tendresse, ô dieux! est-elle un crime,
Pour mériter de si cruels mépris?

Cruel auteur des troubles de mon âme,
Que la pitié retarde un peu tes pas :
Tourne un moment tes yeux sur ces climats;
Et, si ce n'est pour partager ma flamme,
Reviens du moins pour hâter mon trépas.[1]

C'est ainsi qu'en regrets sa douleur se déclare :[2]
Mais bientôt, de son art employant le secours,
Pour rappeler l'objet de ses tristes amours,
Elle invoque à grands cris tous les dieux du Ténare,
Les Parques, Némésis, Cerbère, Phlégéton,
Et l'inflexible Hécate, et l'horrible Alecton.
Sur un autel sanglant l'affreux bûcher s'allume,

---

1. Cette sinistre mise en scène, à laquelle succède ce chant si doux, cette plainte si tendre, suivie bientôt de ces tragiques emportements, tout cela marque admirablement les contrastes de la passion, mais nous fait souvenir de la magicienne de Théocrite plutôt que de la Circé de l'Odyssée. Circé dans Homère n'a ni ces fureurs, ni ces défaillances; elle regrette l'ingrat qui la quitte; mais déesse, elle sait la volonté des dieux et ne cherche pas à lutter contre l'inflexible destinée.

2. *Se déclare* est peut-être un peu faible, mais ce mot disparaît dans la grandeur du tableau ; les détails en sont partout, les traits en sont épars dans toute la poésie antique, mais nulle part ils n'avaient été rassemblés avec cette concise énergie.

La foudre dévorante aussitôt le consume ;
Mille noires vapeurs obscurcissent le jour ;
Les astres de la nuit interrompent leur course,
Les fleuves étonnés remontent vers leur source,
Et Pluton même tremble en son obscur séjour.

   Sa voix redoutable[1]
   Trouble les enfers ;
   Un bruit formidable
   Gronde dans les airs ;
   Un voile effroyable
   Couvre l'univers ;
   La terre tremblante
   Frémit de terreur ;
   L'onde turbulente
   Mugit de fureur ;
   La lune sanglante
   Recule d'horreur.

Dans le sein de la mort ses noirs enchantements[2]
  Vont troubler le repos des ombres :
Les mânes effrayés quittent leurs monuments ;
L'air retentit au loin de leurs longs hurlements ;
Et les vents, échappés de leurs cavernes sombres,

---

1. On ne sent bien toute la force de ces vers si saisissants dans leur rapide brièveté qu'en les rapprochant de ces autres vers de même mesure dont on a goûté, dans les cantates antérieures, l'irrésistible et entraînante douceur.

2.   Sistere aquam fluviis, et vertere sidera retro ;
  Nocturnosque ciet manes : mugire videbis
  Sub pedibus terram, et descendere montibus ornos.
    (Virgile, *Énéide*, IV, vers 489.)

Mais Virgile lui-même n'est ici ni plus énergique, ni plus poétique.

Mêlent à leurs clameurs d'horribles sifflements.
Inutiles efforts! amante infortunée,
D'un dieu plus fort que toi dépend ta destinée :
Tu peux faire trembler la terre sous tes pas,
Des enfers déchaînés allumer la colère.

   Mais tes fureurs ne feront pas
   Ce que tes attraits n'ont pu faire.[1]

  Ce n'est point par effort qu'on aime.
  L'Amour est jaloux de ses droits;
  Il ne dépend que de lui-même,
  On ne l'obtient que par son choix.
  Tout reconnoît sa loi suprême,
  Lui seul ne connoît point de lois.

  Dans les champs que l'hiver désole
  Flore vient rétablir sa cour;
  L'Alcyon fuit devant Éole,
  Éole le fuit à son tour :
  Mais sitôt que l'Amour s'envole,
  Il ne connoît plus de retour.

---

1. Cette chute a quelque chose de mélancolique et d'un sentiment tout moderne; le vers lui-même semble tomber et s'affaisser avec la dernière espérance de Circé. Les deux stances qui viennent ensuite et qui terminent la pièce en la résumant sont pleines de grâce, d'élégance et d'harmonie, mais peut-être affaiblissent-elles l'impression de cette grande scène.

CANTATE VIII.[1]

CÉPHALE.[2]

La nuit d'un voile obscur couvroit encor les airs,
Et la seule Diane éclairoit l'univers,
  Quand, de la rive orientale,
L'Aurore, dont l'Amour avance le réveil,
  Vint trouver le jeune Céphale,
Qui reposoit encor dans le sein du sommeil.
Elle approche, elle hésite, elle craint, elle admire;
  La surprise enchaîne ses sens,
Et l'amour du héros, pour qui son cœur soupire,
A sa timide voix arrache ces accents :

  Vous, qui parcourez cette plaine,
  Ruisseaux, coulez plus lentement;
  Oiseaux, chantez plus doucement,
  Zéphyrs, retenez votre haleine.

  Respectez un jeune chasseur
  Las d'une course violente,

---

1. Cette cantate n'a pas le même intérêt dramatique que la précédente, mais elle est composée et écrite avec une rare perfection.
2. Céphale, époux de Procris, princesse athénienne, fut aimé de l'Aurore qui, ne pouvant lui faire oublier son premier amour, s'en vengea en tuant Procris d'une flèche lancée par son époux lui-même.

Et du doux repos qui l'enchante,
Laissez-lui goûter la douceur.

Vous, qui parcourez cette plaine,
Ruisseaux, coulez plus lentement ;
Oiseaux, chantez plus doucement,
Zéphyrs, retenez votre haleine.

Mais, que dis-je ? où m'emporte une aveugle tendresse ?
Lâche amant, est-ce là cette délicatesse
    Dont s'enorgueillit ton amour ?
Viens-je donc en ces lieux te servir de trophée ?
    Est-ce dans les bras de Morphée
Que l'on doit d'une amante attendre le retour ?

    Il en est temps encore,
    Céphale, ouvre les yeux :
    Le jour plus radieux
    Va commencer d'éclore,
    Et le flambeau des cieux
    Va faire fuir l'Aurore.
    Il en est temps encore,
    Céphale, ouvre les yeux.

Elle dit ; et le dieu qui répand la lumière,
De son char argenté lançant ses premiers feux,
Vint ouvrir, mais trop tard, la tranquille paupière
D'un amant à la fois heureux et malheureux.
Il s'éveille, il regarde, il la voit, il l'appelle :
    Mais, ô cris, ô pleurs superflus !
Elle fuit, et ne laisse à sa douleur mortelle
Que l'image d'un bien qu'il ne possède plus.

Ainsi l'Amour punit une froide indolence :
Méritons ses faveurs par notre vigilance.

  N'attendons jamais le jour,
  Veillons quand l'Aurore veille :
  Le moment où l'on sommeille
  N'est pas celui de l'Amour.

  Comme un Zéphyr qui s'envole,
  L'heure de Vénus s'enfuit,
  Et ne laisse pour tout fruit
  Qu'un regret triste et frivole.

  N'attendons jamais le jour,
  Veillons quand l'Aurore veille :
  Le moment où l'on sommeille
  N'est pas celui de l'Amour.

CANTATE IX.[1]

BACCHUS.

C'est toi, divin Bacchus, dont je chante la gloire;
Nymphes, faites silence, écoutez mes concerts.
    Qu'un autre apprenne à l'univers
Du fier vainqueur d'Hector la glorieuse histoire;
    Qu'il réssuscite, dans ses vers,
Des enfants de Pélops l'odieuse mémoire :
Puissant dieu des raisins, digne objet de nos vœux,
    C'est à toi seul que je me livre;
De pampres, de festons, couronnant mes cheveux,
    En tous lieux je prétends te suivre;
    C'est pour toi seul que je veux vivre
    Parmi les festins et les jeux.

    Des dons les plus rares
    Tu combles les cieux;

---

1. Cette cantate est peut-être, de toutes celles de Rousseau, celle où il y a le plus de verve et d'entraînement. Chez nous la littérature bachique s'est généralement cantonnée dans le domaine de la chanson où elle a produit une multitude de petits chefs-d'œuvre : Rousseau eut l'honneur de faire revivre en ce genre, au xviiie siècle, la tradition plus délicate d'Anacréon et d'Horace. La cantate de Bacchus est un dithyrambe qui a toute la fougue d'une ode pindarique, mais on remarque avec quel art des tableaux plus calmes, des images plus attrayantes viennent ici par intervalle reposer l'esprit des emportements du délire bachique.

C'est toi qui prépares
Le nectar des dieux.

La céleste troupe,
Dans ce jus vanté,
Boit à pleine coupe
L'immortalité.

Tu prêtes des armes
Au dieu des combats;
Vénus sans tes charmes
Perdroit ses appas.

Du fier Polyphème
Tu domptes les sens;
Et Phébus lui-même
Te doit ses accents.

Mais quels transports involontaires [1]
Saisissent tout à coup mon esprit agité?
Sur quel vallon sacré, dans quels bois solitaires
  Suis-je en ce moment transporté?
Bacchus à mes regards dévoile ses mystères.
Un mouvement confus de joie et de terreur [2]
  M'échauffe d'une sainte audace;

---

[1]. Quo me, Bacche, rapis tui
Plenum? quæ nemora, aut quos agor in specus
Velox mente nova?
    (Horace, livre III, ode xxv.)

[2]. Evoe! recenti mens trepidat metu,
Plenoque Bacchi pectore turbidum
Lætatur.
    (Horace, livre II, ode xix.)

Et les Ménades en fureur
N'ont rien vû de pareil dans les antres de Thrace.

    Descendez, mère d'Amour,
    Venez embellir la fête
    Du dieu qui fit la conquête
    Des climats où naît le jour.
    Descendez, mère d'Amour,
    Mars trop longtemps vous arrête.

    Déjà le jeune Sylvain,
    Ivre d'amour et de vin,
    Poursuit Doris dans la plaine,
    Et les Nymphes des forêts,
    D'un jus petillant et frais
    Arrosent le vieux Silène.

    Descendez, mère d'Amour,
    Venez embellir la fête
    Du dieu qui fit la conquête
    Des climats où naît le jour.
    Descendez, mère d'Amour;
    Mars trop longtemps vous arrête.

    Profanes, fuyez de ces lieux :
Je cède aux mouvements que ce grand jour m'inspire.
Fidèles sectateurs du plus charmant des dieux,
Ordonnez le festin, apportez-moi ma lyre,
Célébrons entre nous un jour si glorieux.
Mais, parmi les transports d'un aimable délire,
Éloignons loin d'ici ces bruits séditieux
        Qu'une aveugle vapeur attire :

Laissons aux Scythes inhumains [1]
Mêler dans leurs banquets le meurtre et le carnage :
Les dards du Centaure sauvage
Ne doivent point souiller nos innocentes mains.

Bannissons l'affreuse Bellone
De l'innocence des repas :
Les Satyres, Bacchus et Faune,
Détestent l'horreur des combats.

Malheur aux mortels sanguinaires,
Qui, par de tragiques forfaits,
Ensanglantent les doux mystères
D'un dieu qui préside à la paix !

Bannissons l'affreuse Bellone
De l'innocence des repas :
Les Satyres, Bacchus et Faune,
Détestent l'horreur des combats.

Veut-on que je fasse la guerre ?
Suivez-moi, mes amis ; accourez, combattez ;

---

1.   Natis in usum lætitiæ scyphis
    Pugnare Thracum est. Tollite barbarum
    Morem, verecundumque Bacchum
        Sanguineis prohibete rixis.
                    (Horace, livre Ier, ode xxvii.)

Cette strophe d'Horace donne sa vraie physionomie au Bacchus de Rousseau. D'autres en avaient fait le patron des ivrognes ; ici c'est un dieu, un dieu jeune et qui a encore je ne sais quel aimable reste des pudeurs de l'adolescence, *verecundum Bacchum*.

La pièce finit par une orgie, mais dont il ne faut pas prendre tous les détails à la lettre.

Remplissons cette coupe, entourons-nous de lierre.
Bacchantes, prêtez-moi vos thyrses redoutés.
Que d'athlètes soumis! que de rivaux par terre!
O fils de Jupiter, nous ressentons enfin
    Ton assistance souveraine!
Je ne vois que buveurs étendus sur l'arène,
    Qui nagent dans des flots de vin.

    Triomphe! victoire!
    Honneur à Bacchus!
    Publions sa gloire.
    Triomphe! victoire!
    Buvons aux vaincus.

    Bruyante trompette,
    Secondez nos voix,
    Sonnez leur défaite :
    Bruyante trompette,
    Chantez nos exploits.

    Triomphe! victoire!
    Honneur à Bacchus!
    Publions sa gloire.
    Triomphe! victoire!
    Buvons aux vaincus.

CANTATE X.

LES FORGES DE LEMNOS.[1]

Dans ces antres fameux, où Vulcain nuit et jour
Forge de Jupiter les foudroyantes armes,
Vénus faisoit remplir le carquois de l'Amour.[2]
Les Grâces, les Plaisirs lui prêtoient tous leurs charmes;
Et son époux, couvert de feux étincelants,
Animoit en ces mots les Cyclopes brûlants :

    Travaillons, Vénus nous l'ordonne;
    Excitons ces feux allumés :
    Déchaînons ces vents enfermés;
    Que la flamme nous environne.

    Que l'airain écume et bouillonne;
    Que mille dards en soient formés :

---

1. Il y aurait ici une comparaison instructive à faire de cette cantate avec l'ode d'Anacréon, de qui le poëte en a emprunté le sujet. C'est la xive du recueil. L'ode grecque, enjouée et rapide, est d'une grâce et d'une délicatesse infinies; l'imitateur français en a fait un tableau achevé et l'une de ses compositions les plus parfaites. Ce qu'Anacréon n'a qu'indiqué, la raillerie de Mars, par exemple, il le développe et le grandit jusqu'à l'épopée. Millevoye a fait de ce petit morceau une imitation charmante et qui garde son prix, même après la cantate de Rousseau.

2. Comment ne pas regretter ici ce piquant détail de Vénus trempant la pointe des flèches dans le miel, à mesure qu'elles sortent de la forge de Vulcain, et de l'Amour qui les reprend des mains de sa mère pour y ajouter une goutte de fiel?

Que sous nos marteaux enflammés
A grand bruit l'enclume résonne.

Travaillons, Vénus nous l'ordonne ;
Excitons ces feux allumés :
Déchaînons ces vents enfermés ;
Que la flamme nous environne.[1]

C'est ainsi que Vulcain, par l'amour excité,
Armoit contre lui-même une épouse volage ;
Quand le dieu Mars, encor tout fumant de carnage,
Arrive, l'œil en feu, le bras ensanglanté.
Que faites-vous, dit-il, de ces armes fragiles,
Fils de Junon, et vous, Chalybes assemblés?
Est-ce pour amuser des enfants inutiles
Que cet antre gémit de vos coups redoublés?

Hâtez-vous de réduire en poudre
Ce fruit de vos travaux honteux :
Renoncez à forger la foudre,
Ou quittez ces frivoles jeux.

Mais, tandis qu'il s'emporte en des fureurs si vaines,
Il se sent tout à coup frappé d'un trait vengeur.
Quel changement! quel feu, répandu dans ses veines,
Couvre son front guerrier de honte et de rougeur!
Il veut parler, sa voix sur ses lèvres expire :
Il lève au ciel les yeux, il se trouble, il soupire ;

---

1. Le classique Jean-Baptiste ne nous avait pas accoutumés à ces énergiques peintures. Ici plus de périphrases savamment ingénieuses, partout le mot propre, l'image exacte. On se sent devant la fournaise, et comme Vulcain lui-même on est ébloui, *couvert* de ces feux étincelants.

Toute sa fierté cède, et ses regards confus,
Par les yeux de l'Amour arrêtés au passage,
  Achèvent de faire naufrage
  Contre un sourire de Vénus.[1]

  Fiers vainqueurs de la terre,
  Cédez à votre tour :
  Le vrai dieu de la guerre
  Est le dieu de l'amour.

  N'offensez point sa gloire;
  Gardez de l'irriter :
  C'est perdre la victoire
  Que de la disputer.

  Fiers vainqueurs de la terre,
  Cédez à votre tour :
  Le vrai dieu de la guerre
  Est le dieu de l'amour.

---

1. Ce dernier trait est bien spirituel, peut-être l'est-il un peu trop, mais il fait un si heureux contraste avec les fureurs de Mars, qu'on lui pardonne un peu d'afféterie.

Anacréon est à la fois plus simple et non moins charmant : « Amour, reprends ta flèche. — Non, ami, garde-la. »

CANTATE XI.

LES FILETS DE VULCAIN.[2]

Le Soleil adoroit la reine de Paphos,
Et disputoit à Mars le cœur de l'immortelle :
Lorsqu'un coup du destin, fatal à son repos,
Du bonheur d'un rival le fit témoin fidèle.
    Confus, désespéré, jaloux,
Il court pour se venger d'un si cruel outrage :
    Mais au milieu de son courroux
Une secrète voix lui tenoit ce langage :

    Où portes-tu tes pas ?
    Étouffe ta colère,
    Et ne t'aveugle pas,
    Quand la raison t'éclaire.

    Tous ces efforts jaloux
    Qu'excite une infidèle

---

1. Cette cantate est comme une suite et le complément de la précédente à laquelle d'ailleurs elle est fort inférieure. Voilà le beau résultat de ces flèches forgées par Vulcain pour obéir à une épouse infidèle. *Travaillons, Vénus nous l'ordonne.* Mais ici ce n'est plus à Anacréon que Rousseau avait affaire, c'est à Homère lui-même. Le joli et leste récit est tout entier dans l'*Odyssée* (chant VIII), où Ovide (*Metam.*, liv. IV) l'avait pris avant Rousseau. Encore une double comparaison à établir et que nous recommandons à cette critique, si elle existe encore, qui aime à se rendre minutieusement compte du procédé des maîtres.

La vengent mieux de nous
Qu'ils ne nous vengent d'elle.

Ainsi, loin de punir
L'ingrate qui t'offense,
Tâche d'en obtenir
Le prix de ton silence.

Fais-lui payer ta foi;
Presse, prie, intimide :
L'Amour sera pour toi,
Si la raison te guide.[1]

Foible raison, hélas! le dieu, plein de fureur,
Chez l'époux de Vénus va souffler la terreur.
Dans un réduit obscur, ignoré, solitaire,
Ses yeux, ses yeux ont vu... ce qu'il ne peut plus taire.[2]
A ce discours, Vulcain, de rage possédé,
N'aspire qu'à confondre une épouse perfide.
Malheureux! mais l'hymen fut toujours mal guidé,
Quand il prit le courroux pour guide.
Autour de ce réduit heureux,
Théâtre où les Amours célèbrent leur victoire,

---

1. Rien de plus délicatement tourné que ces petites stances : elles sont légères comme les idées qu'elles expriment. Amar a cru voir une faute d'impression dans ces efforts jaloux qui ne présentent à l'esprit aucun sens logique; mais en proposant *transports jaloux* que Rousseau avait probablement écrit, il constate que toutes les éditions portent la même leçon.

2. Les Latins n'y mettent pas tant de façon, Ovide dit crûment :

> Furta tori, furtique locum monstravit.
> (*Métamorphoses*, livre IV, vers 174.)

Il dispose avec art d'imperceptibles nœuds,[1]
Piége où doit expirer leur honneur et sa gloire.

    Craignez, amants trop heureux,
    Votre félicité même :
    Plus un bonheur est extrême,
    Et plus il est dangereux.

    Le dieu qui vous fait aimer
    Vous enivre de ses charmes ;
    Mais d'un amour sans alarmes
    On doit toujours s'alarmer.

    Craignez, amants trop heureux,
    Votre félicité même :
    Plus un bonheur est extrême,
    Et plus il est dangereux.

    Victimes de leur négligence,
Mars et Vénus surpris sont la fable des cieux.
    Déjà, tout fier de sa vengeance,
Vulcain à ce spectacle appelle tous les dieux.
Déjà sur cet objet leur troupe se partage,
Quand tout à coup Momus court à ce dieu peu sage,
Et d'un laurier burlesque orne son triste front.[2]

---

1.   Extemplo graciles ex ære catenas,
   Retiaque et laqueos, quæ lumina fallere possint,
  Elimat.
             (Ovide, *Métam.*, livre IV, vers 176 et suiv.)

2. Momus, dans Ovide, a bien plus d'esprit :

    Atque aliquis de dis non tristibus optat
  Sic fieri turpis !
              (*Ibid.*, vers 187.)

Dans Homère, c'est Mercure, si je ne me trompe, qui se permet cette plaisanterie un peu leste.

Tout l'Olympe éclata de rire ;
Et Vulcain, essuyant mille traits de satire,
S'enfuit, et dans Lemnos fut cacher son affront.

    Heureux qui se rend maître
    D'un stérile courroux !
    C'est être heureux époux
    Que de feindre de l'être ;
    Et plus on est jaloux,
    Moins on doit le paroître.

    Vénus sait se contraindre,
    Elle fuit le grand jour.
    De sa paisible cour
    L'Hymen doit peu se plaindre ;
    Et ce n'est point l'Amour,
    C'est Momus qu'il doit craindre.

CANTATE XII.[1]

LES BAINS DE TOMERI.

POUR S. A. S. MADAME LA DUCHESSE DOUAIRIÈRE.

Quel spectacle pompeux orne ce bord tranquille !
    Diane, avec toute sa cour,
    Vient-elle y chercher un asile
    Contre les feux du dieu du jour ?
    Pour voir ces déités nouvelles,
Le Soleil tient encor ses coursiers arrêtés :
La Nymphe qui préside à ces bords enchantés
    Épuise ses regards sur elles,
Et rassemble, en ces mots, ses compagnes fidèles,
    Pour rendre hommage à leurs beautés :

    Venez voir votre souveraine,
    Nymphes, sortez de vos roseaux :
    C'est Thétis qui vient sur la Seine
    Goûter la fraîcheur de mes eaux.

---

1. Il semble que le talent de Rousseau ait commencé à baisser dans la cantate précédente. Ici la décadence est plus sensible encore. Au lieu d'un tableau accompli ou d'un petit drame tour à tour éclatant et gracieux, nous avons un long madrigal, écrit encore avec assez d'art et d'élégance, mais qui, n'ayant que l'intérêt du moment, a perdu ce fugitif intérêt qu'il devait à la circonstance.

Coulez, coulez, eaux fugitives ;
Et vous, oiseaux, quittez les bois ;
Chantez, sur ces aimables rives,
Chantez l'honneur que je reçois.

Venez voir votre souveraine,
Nymphes, sortez de vos roseaux :
C'est Thétis qui vient sur la Seine
Goûter la fraîcheur de mes eaux.

Nouvelles déités qui flottez sur mes ondes,
Que d'attraits inconnus vous offrez à mes yeux !
    Jamais dans ses grottes profondes
Amphitrite n'a vu rien de si précieux.
Mais n'en rougissez pas : dans cette cour charmante
    La déesse qui vous conduit
Brille, comme au milieu des astres de la nuit
Du jeune Endymion on voit briller l'amante.
Quel cœur résisteroit à des attraits si doux ?
Naïades, approchez : Tritons, éloignez-vous.

Vous qui rendez Flore immortelle,
Rassemblez-vous, tendres Zéphyrs :
Une divinité plus belle[1]
Est réservée à vos soupirs.

Venez sur mes humides plaines
Caresser ses jeunes beautés :

---

1. VARIANTE. *Une divinité nouvelle.* Rousseau aura écrit d'abord ce que nous mettons ici en variante, puis s'apercevant qu'il avait mis un peu plus loin *une Vénus nouvelle*, il aura changé le premier vers et à *nouvelle* substitué *plus belle*. C'est un trait distinctif de notre ancienne littérature que cette recherche de la perfection jusque dans les moindres détails.

Venez de vos douces haleines
Échauffer mes flots argentés.

Vous qui rendez Flore immortelle,
Rassemblez-vous, tendres Zéphyrs :
Une divinité plus belle
Est réservée à vos soupirs.

Et vous, dont le pouvoir s'étend sur tout le monde,
Amours, si les attraits de la fille des mers
 Ont pu vous attirer sur l'onde,
Accourez sur ma rive, et traversez les airs ;
Une Vénus nouvelle exige votre hommage ;
Et bientôt vous verrez que celle de Paphos
 Lui cède autant que mon rivage
Le cède aux vastes bords de l'empire des flots.

Tendres Amours, accourez tous ;
Venez, volez, troupe immortelle :
La beauté languiroit sans vous,
Et vous expireriez sans elle.

S'il est vrai que le dieu d'amour
A la beauté doit sa naissance,
La beauté, par un doux retour,
Doit à l'Amour seul sa puissance.

Tendres Amours, accourez tous ;
Venez, volez, troupe immortelle :
La beauté languiroit sans vous,
Et vous expireriez sans elle.

CANTATE XIII.[1]

CONTRE L'HIVER.

Arbres dépouillés de verdure,
Malheureux cadavres des bois,[2]
Que devient aujourd'hui cette riche parure
Dont je fus charmé tant de fois?
Je cherche vainement dans cette triste plaine
Les oiseaux, les zéphyrs, les ruisseaux argentés :
Les oiseaux sont sans voix, les zéphyrs sans haleine,
Et les ruisseaux dans leur cours arrêtés.
Les aquilons fougueux règnent seuls sur la terre;
Et mille horribles sifflements
Sont les trompettes de la guerre
Que leur fureur déclare à tous les éléments.

Le Soleil, qui voit l'insolence
De ces tyrans audacieux,

---

1. Le niveau continue à baisser, mais, même en ces compositions imparfaites, on trouvera de quoi admirer. Rappelons ici d'ailleurs que Rousseau avait lui-même écarté de son recueil la plupart de ces dernières cantates. Il serait injuste de lui reprocher trop durement ce que, dans un sentiment de courageuse sévérité, il avait voulu dérober aux yeux des lecteurs.

2. Amar remarque avec raison que cette expression de *malheureux cadavres des bois*, qu'il trouve belle d'ailleurs, n'a pas toute la justesse désirable. L'idée de cadavre emporte celle d'une destruction entière et sans retour, tandis que le printemps, au contraire, rappelle les arbres à la vie et leur rend, tous les ans, une vigueur nouvelle.

N'ose étaler en leur présence
L'or de ses rayons précieux.

La crainte a glacé son courage,
Il est sans force et sans vigueur;
Et la pâleur sur son visage
Peint sa tristesse et sa langueur.

Le Soleil, qui voit l'insolence
De ces tyrans audacieux,
N'ose étaler en leur présence
L'or de ses rayons précieux.

Du tribut que la mer reçoit de nos fontaines,
Indignés et jaloux, leur souffle mutiné
  Tient les fleuves chargés de chaînes,
Et soulève contre eux l'Océan déchaîné.
  L'orme est brisé, le cèdre tombe,
  Le chêne le plus dur succombe
  Sous leurs efforts impérieux;
Et les saules couchés, étalant leurs ruines,
Semblent baisser leur tête et lever leurs racines [1]
  Pour implorer la vengeance des cieux.

  Bois paisibles et sombres,
  Qui prodiguiez vos ombres
  Aux larcins amoureux,
  Expiez tous vos crimes,

---

1. Il est piquant de voir Rousseau outrer le naturel et le pousser jusqu'à ce que nous appellerions aujourd'hui le *réalisme*. Cette image n'a rien d'attrayant, mais les deux dernières stances de la cantate ne sont pas sans agrément.

Malheureuses victimes
D'un hiver rigoureux :

Tandis qu'assis à table,
Dans un réduit aimable,
Sans soins et sans amour,
Près d'un ami fidèle,
De la saison nouvelle
J'attendrai le retour.

CANTATE XIV.

POUR L'HIVER.[1]

Vous, dont le pinceau téméraire
Représente l'hiver sous l'image vulgaire
    D'un vieillard foible et languissant,
Peintres injurieux, redoutez la colère
    De ce dieu terrible et puissant :
    Sa vengeance est inexorable,
Son pouvoir jusqu'aux cieux sait porter la terreur ;
Les efforts des Titans n'ont rien de comparable
    Au moindre effet de sa fureur.

    Plus fort que le fils d'Alcmène,
    Il met les fleuves aux fers ;
    Le seul vent de son haleine
    Fait trembler tout l'univers.

    Il déchaîne sur la terre
    Les aquilons furieux :

---

1. Cette palinodie, car c'en est une, malgré la première partie qui rentre tout à fait dans le ton de la cantate précédente, n'est pas dépourvue de beautés, mais elle manque de proportions régulières. On dirait que les deux cantates n'en ont fait d'abord qu'une, et que le poëte, mécontent de son œuvre, l'a, plus tard, divisée en deux.

Il arrête le tonnerre
Dans la main du roi des dieux.

Plus fort que le fils d'Alcmène,
Il met les fleuves aux fers;
Le seul vent de son haleine
Fait trembler tout l'univers.

Mais si sa force est redoutable,
Sa joie est encor plus aimable :
C'est le père des doux loisirs;
Il réunit les cœurs, il bannit les soupirs,
Il invite aux festins, il anime la scène :
Les plus belles saisons sont des saisons de peine;
La sienne est celle des plaisirs.
Flore peut se vanter des fleurs qu'elle nous donne;
Cérès, des biens qu'elle produit;
Bacchus peut s'applaudir des trésors de l'automne;
Mais l'hiver, l'hiver seul en recueille le fruit.

Les dieux du ciel et de l'onde,
Le soleil, la terre et l'air,
Tout travaille dans le monde
Au triomphe de l'hiver.

C'est son pouvoir qui rassemble
Bacchus, l'Amour et les Jeux :
Ces dieux ne règnent ensemble
Que quand il règne avec eux.

Les dieux du ciel et de l'onde,
Le soleil, la terre et l'air,
Tout travaille dans le monde
Au triomphe de l'hiver.

CANTATE XV.

CALISTO.[1]

« Déesse des forêts, à vos pieds je m'engage[2]
A mépriser l'amour, à détester ses feux.
Puissé-je devenir, si je trahis mes vœux,
Des objets de ces bois l'objet le plus sauvage! »
Calisto, ce fut là ton serment; mais, hélas!
Ta fatale beauté ne le confirmoit pas.

    O beauté, partage funeste,
    A tous les autres préféré,
    Vous êtes du courroux céleste
    Le gage le plus assuré!

    Mille embûches toujours certaines
    Semblent conjurer vos malheurs :[3]

---

1. Ovide a traité deux fois ce même sujet, dans ses *Métamorphoses* (livre II, vers 409), et dans le poëme des *Fastes* (livre II, vers 156); mais Rousseau, en l'imitant, a été moins heureux cette fois que les autres; il y a du style encore dans ce morceau et même de l'art, mais une certaine langueur qui n'est plus le *molle et facetum* du poëte.

2. Ce début a pourtant quelque chose de vif et qui éveille tout d'abord l'intérêt, et ce vers

    Ta fatale beauté ne le confirmoit pas

nous paraît plus poétique que celui d'Ovide :

    Fœdera servasset, si non formosa fuisset.

3. *Conjurer* a-t-il bien le sens que lui donne ici le poëte? Il nous semble vouloir dire tout le contraire.

La volupté forme vos chaînes,
Votre orgueil les couvre de fleurs.

O beauté, partage funeste,
A tous les autres préféré,
Vous êtes du courroux céleste
Le gage le plus assuré !

En vain mille mortels avoient brûlé pour elle,
Sa constante vertu lui fut toujours fidèle.
Mais qui peut, dieux cruels, braver votre pouvoir?
Jupiter, sous les traits de Diane elle-même,
   Séduit enfin cette nymphe qu'il aime,[1]
Et la force à trahir ses vœux et son devoir.

Feux illégitimes,
Trompeuse douceur,
Dans quels noirs abîmes
Plongez-vous mon cœur?

La sombre tristesse
Toujours me poursuit :
La crainte me presse,
Le repos me fuit.

Feux illégitimes,
Trompeuse douceur,
Dans quels noirs abîmes
Plongez-vous mon cœur?

---

1. Protinus induitur faciem cultumque Dianæ, etc.
(Ovide, *Métam.*, livre II, vers 425.)

C'en est fait; et déjà la sévère Diane
A reconnu le fruit d'un malheureux amour.[1]
  Sors de mes yeux, objet profane,[2]
Ne souille plus, dit-elle, un si chaste séjour;
  Transformée en ourse effroyable,
Va cacher dans les bois ta honte et tes plaisirs :
  Sous cette forme épouvantable,
Que Jupiter, s'il veut, t'offre encor ses soupirs.[3]

   Vous qui dans l'esclavage
   Tenez le cœur des dieux,
   Craignez toujours l'hommage
   Qu'ils rendent à vos yeux.

   Aux douceurs du mystère
   Le calme est attaché :
   Ce que la gloire éclaire
   N'est pas longtemps caché.

   Vous qui dans l'esclavage
   Tenez le cœur des dieux,
   Craignez toujours l'hommage
   Qu'ils rendent à vos yeux.

---

1. Je ne sais si Rousseau, ni aucun de nos poëtes, aurait pu faire accepter à la délicatesse du lecteur français le récit de la ruse qu'employa Diane pour forcer la nymphe à convenir de son crime :

  Ut tetigit lucum (densa niger ilice lucus),
   In medio gelidæ fons erat altus aquæ;
  Hac, ait, in silva, virgo Tegeæa, lavemur, etc.
     (*Fastes*, livre II, vers 165 et suiv.)

2. Cui dea : Virgineos, perjura Lycaoni, cœtus
  Desere; nec castas pollue, dixit, aquas.
     (*Ibid.*, vers 173.)

3. Utque feræ vidit turpes in pellice vultus,
  Hujus in amplexus, Jupiter, inquit, eat.
     (*Ibid.*, vers 179.)

CANTATE XVI.

L'AMOUR DÉVOILÉ.[1]

Ne me reprochez plus tous les maux que j'ai faits,
Disoit le dieu d'amour aux nymphes des forêts ;
   Si j'ai rendu tant de cœurs misérables,
De tant d'heureux mortels si j'ai troublé la paix,
Et si tout l'univers se plaint de mes forfaits,
   Les destins seuls en sont coupables :
Ils m'ont voilé les yeux par d'injustes arrêts ;
Et je ne saurois voir sur qui tombent mes traits.

    Dans une obscurité profonde,
    Je porte au hasard mon flambeau :
    Otez à l'Amour son bandeau,
    Vous rendrez le repos au monde.

    Les mortels, d'une ardeur extrême,
    M'ont choisi pour leur commander :
    Mais comment puis-je les guider ?
    Je ne puis me guider moi-même.

---

1. L'*amour dévoilé* ne dit nullement ce que le poëte a voulu dire d'après le sens de cette cantate. Pour être exact il fallait dire : L'amour sans bandeau. C'est encore une espèce de madrigal que cette pièce. Résumée en quelques vers et traitée à la manière d'Anacréon, elle pouvait avoir de la finesse ; ainsi développée, elle est traînante et sans grâce.

Dans une obscurité profonde,
Je porte au hasard mon flambeau :
Otez à l'Amour son bandeau,
Vous rendrez le repos au monde.

Ainsi parloit l'Amour. Mais quel heureux effort
    Pouvoit accomplir ce miracle?
C'est à vous, belle Iris, c'est à vous que le sort
Permettoit de lever cet invincible obstacle :
Un dieu jouit par vous de la clarté du jour;
Mais dans vos yeux, ô ciel! quelle clarté nouvelle
    S'offrit aux regards de l'Amour!
Surpris en vous voyant si charmante et si belle,
Il vous donna dès lors une foi solennelle
D'abandonner pour vous et Vénus et sa cour.

    L'Amour a quitté sa mère
    Pour se soumettre à vos lois :
    Il ne vit que pour vous plaire,
    Et la reine de Cythère
    N'ose condamner son choix.

    Les Grâces et la Jeunesse
    Vous parent de mille fleurs,
    Et peignent votre sagesse
    Des plus riantes couleurs.

    L'Amour a quitté sa mère
    Pour se soumettre à vos lois :
    Il ne vit que pour vous plaire,
    Et la reine de Cythère
    N'ose condamner son choix.

Goûtez, mortels, goûtez les heureux avantages
Qui depuis si longtemps vous étoient inconnus.
L'Amour est sans bandeau; que de maux prévenus!
Et pour vous, jeunes cœurs, quels fortunés présages!

   Iris a dessillé les yeux
   Du dieu qui régit la nature;
   Amour, tes traits victorieux
   Ne partent plus à l'aventure.

   On ne voit plus d'amant rebelle,[1]
   Ni de cœurs lassés de leurs fers :
   Les yeux de l'Amour sont ouverts;
   Il n'en blesse plus que pour elle.

---

1. Nos poëtes évitent généralement avec soin cette rencontre de rimes. Ce n'est ici qu'une négligence de plus, et non une licence justifiée par le besoin de sauver quelque beauté de style qui eût péri dans une trop rigoureuse observation des règles.

CANTATE XVII.[1]

L'AMANT HEUREUX.

L'absence m'a fait voir la honte de mon choix,
Et je romps la prison où sous de dures lois
    Gémissoit mon âme captive.
Mais mon cœur vainement est rentré dans ses droits ;
Je n'ai pu retrouver ma raison fugitive,
    Qu'en la perdant une seconde fois.

    Amour, tu finis mes peines,
    Et mes yeux se sont ouverts :
    Mais, pour soulager mes chaînes,
    Faut-il me donner des fers ?

    Mon cœur, sauvé de l'orage,
    N'en est que plus agité ;
    Et je sors de l'esclavage
    Sans trouver la liberté.

    Amour, tu finis mes peines,
    Et mes yeux se sont ouverts :

---

1. Il y a ici encore moins d'invention que dans la pièce précédente, et l'exécution est plus faible encore.

Mais, pour soulager mes chaînes,
Faut-il me donner des fers?

Mais que dis-je, insensé? Je m'abuse moi-même;
Ce ne sont point des fers que je romps en ce jour :
Non, jusqu'à ce moment je n'ai point eu d'amour,
C'est la première fois que j'aime.

Un feu séditieux
Brûle au fond de mon âme,
Et d'une humide flamme
Fait petiller mes yeux.

D'un poison que j'ignore
Mon sang est allumé;
Et des feux du Centaure
Hercule consumé
Languissoit moins encore
Que mon cœur enflammé.

Toutefois, au milieu de ma douleur profonde,
Je vous rends grâce, ô dieux! du trouble de mes sens;
Et quand votre colère, en cruautés féconde,
M'accableroit de maux encore plus pressants,
Vous ne sauriez m'ôter l'amour que je ressens,
Et c'est sur cet amour que mon bonheur se fonde.

Aimable souffrance,
Charmantes langueurs,
Votre violence
Fait la récompense
Des sensibles cœurs.

La beauté nouvelle
Dont je suis la loi
Me rendra fidèle :
Je vivrai pour elle
Bien plus que pour moi.

Aimable souffrance,
Charmantes langueurs,
Votre violence
Fait la récompense
Des sensibles cœurs.

CANTATE XVIII.

SUR UN ARBRISSEAU.[1]

Jeune et tendre arbrisseau, l'espoir de mon verger,
Fertile nourrisson de Vertumne et de Flore,
Des faveurs de l'hiver redoutez le danger,
Et retenez vos fleurs qui se pressent d'éclore,
Séduites par l'éclat d'un beau jour passager.

    Imitez la sage Anémone,[2]
    Craignez Borée et ses retours :
    Attendez que Flore et Pomone
    Vous puissent prêter leur secours.

    Philomèle est toujours muette :
    Progné craint de nouveaux frissons;
    Et la timide violette
    Se cache encor sous les gazons.

---

1. Après une assez longue éclipse, le poëte reparaît dans cette cantate et dans la suivante. Celle à un arbrisseau a toujours été citée comme un modèle pour la fraîcheur et la grâce. Les cinq vers qui en forment le début sont d'une incomparable élégance.

2. Rousseau a retrouvé avec l'inspiration le secret de ces petits couplets qui forment, dans ses cantates, comme la partie chantée. Il s'agit ici de l'anémone des jardins, qui ne fleurit qu'en mai ou même en juin. Les champs ont aussi leur anémone qui s'épanouit au souffle du vent, et qui pour cela, suivant Pline, est appelée ἄνεμος.

Imitez la sage Anémone,
Craignez Borée et ses retours :
Attendez que Flore et Pomone
Vous puissent prêter leur secours.

Soleil, père de la nature,[1]
Viens répandre en ces lieux tes fécondes chaleurs :
Dissipe les frimas, écarte la froidure
Qui brûle nos fruits et nos fleurs.
Cérès, pleine d'impatience,
N'attend que ton retour pour enrichir nos bords :
Et sur ta fertile présence[2]
Bacchus fonde l'espoir de ses nouveaux trésors.

Les lieux d'où tu prends ta course
Virent ses premiers combats :
Mais loin des climats de l'Ourse
Il porta toujours ses pas.

Quand les Amours favorables
Voulurent le rendre heureux,
Ce fut sur des bords aimables
Qu'échauffoient tes plus doux feux.

Les lieux d'où tu prends ta course
Virent ses premiers combats :
Mais loin des climats de l'Ourse
Il porta toujours ses pas.

---

1. Cette reprise du *récitatif* est superbe, et le premier vers, dans sa brièveté, est rempli de majesté.

2. *Fertile* est encore un de ces mots dont Rousseau abuse quelquefois ; ici du moins, et appliqué au soleil qui fertilise tout, il est à sa place.

CANTATE XIX.[1]

(A DEUX VOIX.)

JUPITER ET EUROPE.

EUROPE.

Quel prodige mystérieux!
O ciel! qu'est devenu ce monstre audacieux
Dont le perfide effort en ce lieu m'a conduite?
Un mortel s'offre seul à ma vue interdite :
Mais que dis-je, un mortel? Europe, ouvre les yeux:
Au changement soudain que tu vois en ces lieux,
A l'éclat qui te frappe, au trouble qui t'agite,
   Peux-tu méconnoître les dieux?

JUPITER.

Rendez le calme, Europe, à votre âme étonnée.
Oui, le maître des dieux vient s'offrir à vos fers :
De vous seule aujourd'hui dépend la destinée
Du dieu de qui dépend celle de l'univers.
   Partagez les feux et la gloire
      D'un cœur charmé de vos beautés :

---

1. Les cantates italiennes dont s'est inspiré Rousseau sont quelquefois, comme ici, de petits drames dialogués. Cette scène entre Jupiter et Europe semble détachée d'un opéra, mais d'un opéra écrit par Quinault. Ce dialogue amoureux a le tour ingénieux et la molle élégance de ce maître de notre scène lyrique.

Que le dieu que vous soumettez
Applaudisse à votre victoire.

EUROPE.

O gloire qui m'alarme autant qu'elle m'enchante!
Gloire qui fait déjà trembler mon cœur jaloux!
Plus votre rang m'élève, et plus il m'épouvante.
Ah! les dieux sont-ils faits pour aimer comme nous?
  Faut-il que la crainte me glace,
  Lorsque l'amour veut m'enflammer?
  Mon cœur est fait pour vous aimer;
  Mais votre grandeur l'embarrasse.
  Lorsque l'amour veut m'enflammer,
  Faut-il que la crainte me glace?

JUPITER.

Quoi! victime d'un rang que le sort m'a donné,
A vivre sans désirs je serois condamné?
J'ignorerois l'amour et ses vives tendresses?
Laissez aux dieux du moins la sensibilité!
L'honneur d'être immortel seroit trop acheté,
  S'il nous défendoit les foiblesses.

EUROPE.

Auprès des dieux, hélas! quel moyen d'arriver
A cette égalité qui forme un amour tendre?
Un mortel jusqu'aux dieux ne sauroit s'élever :
Un dieu jusqu'aux mortels veut rarement descendre.

JUPITER.

Non, non, ne craignez pas de vous laisser toucher :
L'Amour fait disparoître une gloire importune.

TOUS DEUX ENSEMBLE.

Non, non, ne craignez pas de vous laisser toucher :
L'Amour fait disparoître une gloire importune.

C'est à l'Amour de rapprocher
Ce que sépare la Fortune.
JUPITER.
Venez partager avec moi
Cet honneur qu'en naissant j'ai reçu de Cybèle.
Pour premier gage de ma foi
Recevez aujourd'hui le titre d'immortelle.
EUROPE.
Ah! ne me privez point de l'unique secours [1]
Où je pourrois avoir recours
Si votre cœur pour moi se lassoit d'être tendre.
Vous dire que je crains votre légèreté,
N'est-ce pas assez faire entendre
Que je crains l'immortalité?
JUPITER.
Non, rien n'affoiblira l'ardeur dont je vous aime :
J'en jure par l'Amour, j'en jure par vous-même.
Puisse expirer l'astre brillant du jour
Avant que ma tendresse expire!
Puissé-je voir la fin de mon empire
Avant la fin de mon amour!
TOUS DEUX.
Que de notre bonheur l'Amour seul soit le maître!
Qu'à jamais notre encens brûle sur ses autels!
Puissent nos feux être immortels
Comme le dieu qui les fit naître!

---

1. Ceci est à la fois ingénieux et passionné.

CANTATE XX.

SUR UN BAISER.

Par un baiser ravi sur les lèvres d'Iris,[1]
De ma fidèle ardeur j'ai dérobé le prix;
Mais ce plaisir charmant a passé comme un songe :
Ainsi je doute encor de ma félicité :
Mon bonheur fut trop grand pour n'être qu'un mensonge;
Mais il dura trop peu pour une vérité.

    Amour, ceux que tu captives
    Souffrent des maux trop cruels;
    Leurs douceurs sont fugitives,
    Et leurs tourments éternels.

    Après de mortelles peines,
    Tu feins de combler nos vœux;
    Mais tes rigueurs sont certaines,
    Et tes plaisirs sont douteux.

---

1. Cette dernière cantate avait commencé par être un simple madrigal, et sous cette forme, resserrée dans ces six premiers vers, c'était un modèle du genre. Rousseau aura trouvé que l'idée méritait d'être développée, et il en a fait une cantate, mais qui, faible et languissante, court par là le risque de ne plus être qu'un trop long madrigal.

Amour, ceux que tu captives
Souffrent des maux trop cruels;
Leurs douceurs sont fugitives,
Et leurs tourments éternels.

Qui peut donc m'affranchir de cette inquiétude,
Qui rend mon bonheur incertain?
Iris, guérissez-moi d'une peine si rude :
Le remède est en votre main.

Si sur cette bouche adorable,
Que Vénus prit soin d'embellir,
Je pouvois encore cueillir
Quelque autre faveur plus durable!
Cette douce félicité
Fixeroit mon âme incertaine;
Et je ne serois plus en peine
Si c'est mensonge ou vérité.

FIN DES POÉSIES LYRIQUES.

ÉPIGRAMMES

ÉPIGRAMMES

LIVRE PREMIER.

I.

Le dieu des vers sur les bords du Permesse
Aux deux Vénus m'a fait offrir des vœux :
L'une à mes yeux fit briller la sagesse,
L'autre les ris, l'enjouement et les jeux.
Lors il me dit : Choisis l'une des deux ;
Leurs attributs Platon te fera lire.
Docte Apollon, dis-je au dieu de la lyre,
Les séparer, c'est avilir leur prix :
Laissez-moi donc toutes deux les élire,
L'une pour moi, l'autre pour mes écrits.

II.

Ce traître Amour prit à Vénus sa mère
Certain bijou, pour donner à Psyché :

Puis dans les yeux de celle qui m'est chère
S'enfuit tout droit, se croyant bien caché.
Lors je lui dis : Te voilà mal niché,
Petit larron, cherche une autre retraite;
Celle du cœur sera bien plus secrète.
Vraiment, dit-il, ami, c'est m'obliger;
Et, pour payer ton amitié discrète,
C'est dans le tien que je me veux loger.[1]

III.

Prêt à descendre au manoir ténébreux,
Jà de Caron j'entrevoyois la barque,
Quand de Thémire un baiser amoureux
Me rendit l'âme, et vint frauder la Parque.
Lors de son livre Éacus me démarque,
Et le nocher tout seul l'onde passa.
Tout seul? Je faux : mon âme traversa
Le fleuve noir; mais Thémire, Thémire
En ce baiser dans mes veines glissa
Part de la sienne, avec quoi je respire.[2]

---

1. Cela est précieux et joli. Cette poésie n'est plus de notre temps, mais il suffit qu'elle ait charmé nos pères pour qu'on doive lui laisser une place, ne fût-ce qu'à titre de renseignement, dans notre histoire littéraire. D'ailleurs, la plupart de ces dizains de Rousseau, même quand le fond en est passé de mode et n'est pas relevé par le sel piquant de la malice, sont des modèles d'élégante concision.

2. Ici commence cette série d'imitations du style et de la langue de Marot qu'on a tant reprochées à Rousseau, je ne sais trop pourquoi. Je conviens que dans les allégories et les épîtres c'est pure affectation et qui ajoute encore à l'insipidité de ces poëmes; mais dans l'épigramme et le madrigal, car quelques-unes de ces épigrammes sont de véritables madri-

IV.

Le bon vieillard[1] qui brûla pour Bathylle
Par amour seul étoit regaillardi :
Aussi n'est-il de chaleur plus subtile
Pour réchauffer un vieillard engourdi.
Pour moi, qui suis dans l'ardeur du midi,
Merveille n'est que son flambeau me brûle;
Mais quand du soir viendra le crépuscule,
Temps où le cœur languit inanimé,
Du moins, Amour, fais-moi bailler cédule
D'aimer encor, même sans être aimé.[2]

---

gaux, cette recherche d'une forme plus naïve a du piquant et de la grâce, pourvu que l'on n'en abuse pas. Boileau avait dit :

<blockquote>Imitez de Marot l'élégant badinage,</blockquote>

ou le *charmant* badinage, comme le veut Laharpe, et Rousseau, qui avait connu Boileau dans sa vieillesse, prit pour lui le conseil.

1. Anacréon; c'est dans ses odes XXII et XXIX qu'il est surtout parlé de Bathylle.
2. On aime toujours à citer Laharpe; quand il est juste envers Rousseau, l'éloge dans sa bouche semble un désaveu des injustices de Voltaire. Il dit à propos de cette épigramme : « Il n'y a là de *marotisme* que ce qu'il en faut. *Aussi n'est-il de chaleur* est une construction très-commode pour resserrer dans la mesure du vers cette phrase, trop longue dans le style soutenu, *aussi n'est-il point de chaleur*, etc.; *merveille n'est* est vif et rapide, au lieu de *il n'est pas étonnant*, ou *ce n'est pas merveille*. *Fais-moi bailler cédule* est une vieille locution, mais que tout le monde entend, et qui signifiait autrefois une obligation, un engagement; elle est ici d'un choix très-heureux. » Laharpe aurait dû ajouter que, grâce à Rousseau, en partie du moins, beaucoup de ces formes ou de ces expressions surannées sont rentrées dans notre langue et ont ainsi ajouté à sa richesse et à ses ressources.

Après la question grammaticale et littéraire ce que nous voudrions relever ici c'est le sentiment délicat et mélancolique si bien rendu dans ces derniers vers.

V.

Quels sont ces traits qui font craindre Caliste
Plus qu'on ne craint Diane au fond des bois?
Quel est ce feu qui brûle à l'improviste,
Ravage tout, et met tout aux abois?
Seroit-ce feu Saint-Elme, ou feu Grégeois?
Nenni. Ce sont flèches, ou je m'abuse.
Encore moins. C'est donc feu d'arquebuse?
Non. Et quoi donc? Ce sont regards coquets,
Jeux de prunelle en qui flamme est incluse,
Qui brûle mieux qu'arquebuse et mousquets.

VI.

Sur ses vieux jours la déesse Vénus
S'est retirée en un saint monastère,
Et de ses biens, propres et revenus,
Ainsi que vous, m'a nommé légataire.
Or, de ce legs, signé devant notaire,
L'exécuteur fut l'aîné de ses fils.
Mais le matois n'en prit point son avis,
Et se laissa corrompre par vos charmes.
Il vous donna les plaisirs et les ris,
Et m'a laissé les soucis et les larmes.

VII.

Soucis cuisants, au partir de Caliste,[1]
Jà commençoient à me supplicier,
Quand Cupidon, qui me vit pâle et triste,
Me dit : Ami, pourquoi te soucier?
Lors m'envoya, pour me solacier,
Tout son cortége et celui de sa mère,
Songes plaisants et joyeuse chimère,
Qui, m'enseignant à rapprocher les temps,
Me font jouir, malgré l'absence amère,
Des biens passés et de ceux que j'attends.

VIII.

Je veux avoir, et je l'aimerai bien,
Maîtresse libre et de façon gentille,
Qui soit joyeuse et de plaisant maintien,
De rien n'ait cure, et sans cesse frétille,
Qui, sans raison, toujours cause et babille,
Et n'ait de livre autre que son miroir :
Car ne trouver, pour s'ébattre le soir,
Qu'une matrone honnête, prude et sage,

---

1. Ce joli madrigal avait tout à gagner à ne pas se voir hérissé de ces vieux mots qui, accumulés, en rendent la lecture fatigante. On voit par l'agrément de la fin tout ce qu'a perdu le commencement.

En vérité ce n'est maîtresse avoir;
C'est prendre femme et vivre en son ménage.

IX.

Certain huissier, étant à l'audience,
Crioit toujours : Paix-là, messieurs! paix-là!
Tant qu'à la fin tombant en défaillance,
Son teint pâlit, et sa gorge s'enfla.
On court à lui. Qu'est-ce ci? qu'est-ce là?
Maître Perrin! à l'aide! il agonise!
Bessière[1] vient : on le phlébotomise.
Lors ouvrant l'œil clair comme un basilic :
Voilà, messieurs, dit-il, sortant de crise,
Ce que l'on gagne à parler en public!

X.

Sur leurs santés un bourgeois et sa femme
Interrogeoient l'opérateur Barri :
Lequel leur dit : Pour vous guérir, madame,
Baume plus sûr n'est que votre mari.
Puis se tournant vers l'époux amaigri :
Pour vous, dit-il, femme vous est mortelle.
Las! dit alors l'époux à sa femelle,

1. Fameux chirurgien.

Puisque autrement ne pouvons nous guérir,
Que faire donc? Je n'en sais rien, dit-elle;
Mais, par saint Jean, je ne veux point mourir.

XI.

Elle a, dit-on, cette bouche et ces yeux
Par qui d'Amour Psyché devint maîtresse;
Elle a d'Hébé le souris gracieux,
La taille libre, et l'air d'une déesse.
Que dirai plus? On vante sa sagesse;
Elle est polie et de doux entretien,
Connoît le monde, écrit et parle bien,
Et de la cour sait tout le formulaire.
Finalement il ne lui manque rien,
Fors un seul point. — Et quoi? — Le don de plaire.

XII.

Près de sa mort, une vieille incrédule
Rendoit un moine interdit et perclus :
Ma chère fille, une simple formule
D'acte de foi! quatre mots, et rien plus.
Je ne saurois. Mon dieu, dit le reclus,
Inspirez-moi! Çà, voudriez-vous être
Persuadée? Oui : je voudrois connoître,
Toucher au doigt, sentir la vérité.

Eh bien, courage! allons, reprit le prêtre,
Offrez à Dieu votre incrédulité.[1]

XIII.

Certain ivrogne, après maint long repas,
Tomba malade. Un docteur galénique
Fut appelé : — Je trouve ici deux cas,
Fièvre adurante, et soif plus que cynique.
Or, Hippocras tient pour méthoque unique,
Qu'il faut guérir la soif premièrement.
Lors le fiévreux lui dit : Maître Clément,
Ce premier point n'est le plus nécessaire :
Guérissez-moi ma fièvre seulement,
Et, pour ma soif, ce sera mon affaire.

XIV.

Ce monde-ci n'est qu'une œuvre comique[2]
Où chacun fait ses rôles différents.

---

1. On a quelquefois cité cette épigramme comme une marque de l'irréligion de J. B. Rousseau. Nous ne voulons y voir qu'une saillie originale et le cri d'une foi aussi ardente que naïve.

2. Ceci est plus qu'une épigramme. C'est en raccourci un admirable tableau de la vie humaine. La comparaison n'est pas nouvelle, mais J. B. Rousseau parlait évidemment de la comtesse des Ursins, quand il eut l'idée de ce petit chef-d'œuvre. Voici, en effet, ce qu'on lit dans une lettre de lui, adressée de Soleure à M. Crouzaz, le 18 janvier 1715 : « Le 26 décembre au matin toute l'Espagne était prosternée devant elle; le soir elle se trouve réduite à un laquais et une femme de chambre, et personne n'ose

Là, sur la scène, en habit dramatique,
Brillent prélats, ministres, conquérants.
Pour nous, vil peuple, assis aux derniers rangs,
Troupe futile et des grands rebutée,
Par nous d'en bas la pièce est écoutée.
Mais nous payons, utiles spectateurs,
Et, quand la farce est mal représentée,
Pour notre argent nous sifflons les acteurs.

XV.

A UN PIED-PLAT QUI FAISOIT COURIR DE FAUX BRUITS
CONTRE MOI.

Vil imposteur, je vois ce qui te flatte :
Tu crois peut-être aigrir mon Apollon
Par tes discours; et, nouvel Érostrate,
A prix d'honneur, tu veux te faire un nom.
Dans ce dessein tu sèmes, ce dit-on,
D'un faux récit la maligne imposture.
Mais dans mes vers, malgré ta conjecture,
Jamais ton nom ne sera proféré,
Et j'aime mieux endurer une injure,
Que d'illustrer un faquin ignoré.[1]

---

dire qu'il est de ses amis. Ne m'avouerez-vous pas, monsieur, que toute la vie des hommes n'est autre chose qu'une pièce comique? Celle-ci finit justement comme toutes celles de Térence, par *valete et plaudite*. Allez-vous-en, dit-on à la favorite, et vous, peuples, applaudissez ! »

1. C'est là une vengeance de poëte, et celle-là était bien permise à Rousseau. C'est la compléter que de nommer Gâcon que Rousseau, croit-on généralement, avait ici en vue.

XVI.

Par passe-temps un cardinal oyoit
Lire les vers de Psyché, comédie;
Et, les oyant, pleuroit et larmoyoit,
Tant qu'eussiez dit que c'étoit maladie.
Quoi! monseigneur, à cette rapsodie,
Lui dit quelqu'un, tant nous semblez touché,
Et l'autre jour, au martyre prêché
De saint Laurent, parûtes si paisible!
Ho! ho! dit-il, tudieu! cette Psyché
Est de l'Histoire, et l'autre est de la Bible.[1]

XVII.

CONTRE UN VOLEUR MÉDISANT.[2]

Lorsque je vois ce moderne Sisyphe,
Nous aboyer, je trouve qu'il fait bien :
Mieux vaut encor porter l'hiéroglyphe
D'impertinent, que celui de vaurien.

---

1. Nous ferons sur cette épigramme la même observation que nous avons déjà faite à l'occasion de la douzième. Des plaisanteries de ce genre peuvent être regardées comme un oubli de certaines convenances, mais non comme une insulte à la religion.

2. Cette épigramme ne serait-elle pas faite contre Saurin qu'on accusa, dans le temps, de s'être réfugié en France moins pour abjurer le calvinisme que pour échapper à une condamnation pour vol? Mais Saurin était le plus acharné des ennemis de Rousseau, et Rousseau ne doit pas en être cru sur parole. Remarquons d'ailleurs que le poëte ne nomme ici personne.

Il est sauvé, s'il peut trouver moyen
Qu'au rang des sots Phébus l'immatricule,
Et semble dire : Auteurs, à qui Catulle [1]
De badiner transmit l'invention,
Par charité, rendez-moi ridicule,
Pour rétablir ma réputation !

XVIII.

Certain curé, grand enterreur de morts,
Au chœur assis récitoit le service.
Certain frater, grand disséqueur de corps,
Tout vis-à-vis chantoit aussi l'office.
Pour un procès tous deux étant émus
De maudissons lardoient leurs *oremus*.
Hom! disoit l'un, jamais n'entonnerai-je
Un *requiem* sur cet opérateur?
Dieu paternel! dit l'autre, quand pourrai-je
A mon plaisir disséquer ce pasteur? [2]

---

[1]. Les trop rares épigrammes de Catulle sont des plus exquises que nous ait transmises l'antiquité.
[2]. Cette épigramme est toute une scène de comédie, où nous ne pensons pas que la religion soit plus compromise que dans les autres morceaux que l'on a signalés plus haut.

XIX.

POUR MADAME *** ÉTANT A LA CHASSE.

Quand sur Bayard,[1] par bois ou sur montagne,
A giboyer vous prenez vos ébats,
Dieux des forêts d'abord sont en campagne,
Et vont en troupe admirer vos appas.
Amis Sylvains, ne vous y fiez pas;
Car ses regards font souvent pires niches
Que feu ni fer; et cœurs, en tels pourchas,[2]
Risquent du moins autant que cerfs et biches.

XX.

POUR LA MÊME, ÉTANT A LA REPRÉSENTATION DE L'OPÉRA D'ALCIDE.[3]

Non, ce n'est point la robe de Nessus
Qui consuma l'amoureux fils d'Alcmène :
Ce fut le feu de cent baisers reçus,
Qui dans son sang couloit de veine en veine.

---

1. Bayard était, comme on sait, le cheval de Renaud, un des héros du *Roland furieux*.

2. *Pourchas,* poursuite, recherche. Voir l'épigramme V. Celle-ci paraît une expression plus ingénieuse de la même idée.

3. Opéra de Campistron, musique de Marais et de Louis Lully, troisième fils de Jean-Baptiste, représenté à Paris, le 3 février 1693, et repris ensuite sous le titre de *la Mort d'Alcide*.

Il en mourut; et la nature humaine
En fit un dieu que l'on chante aujourd'hui.
Que de mortels, si vous vouliez, Climène,
Mériteroient d'être dieux comme lui!

XXI.

SUR LA MÊME, QUI S'OCCUPOIT A FILER.

Ce ne sont plus les trois sœurs de la fable
Qui de nos jours font tourner le fuseau :
Une déesse, aux mortels plus affable,
Leur a ravi le fatal écheveau.
Mais notre sort n'en sera pas plus beau
D'être filé par ses mains fortunées :
L'Amour, hélas! armé de leurs ciseaux,
Mieux qu'Atropos tranchera nos années.

XXII.

A LA MÊME.

Céphale un soir devoit s'entretenir
Avec l'Aurore, au retour de la chasse :
Il vous rencontre; et de son souvenir,
En vous voyant, le rendez-vous s'efface.
Qui n'eût pas fait même chose en sa place?
J'eusse failli comme lui sur ce point.
Mais le pauvret (mal tient qui trop embrasse!)
Perdit l'Aurore, et ne vous gagna point.

XXIII.

Entre Racine et l'aîné des Corneilles,
Les Chrysogons se font modérateurs.
L'un, à leur gré, passe les sept merveilles ;
L'autre ne plaît qu'aux versificateurs.
Or maintenant veillez, graves auteurs,
Mordez vos doigts, ramez comme corsaires,
Pour mériter de pareils protecteurs,
Ou pour trouver de pareils adversaires.

XXIV.

Un maquignon de la ville du Mans
Chez son évêque étoit venu conclure
Certain marché de chevaux bas-normands,
Que l'homme saint louoit outre mesure.
Vois-tu ces crins? vois-tu cette encolure?
Pour chevaux turcs on les vendit au roi.
Turcs, monseigneur? A d'autres! je vous jure
Qu'ils sont chrétiens ainsi que vous et moi.

XXV.

Un magister, s'empressant d'étouffer
Quelque rumeur parmi la populace,
D'un coup dans l'œil se fit apostropher,
Dont il tomba, faisant laide grimace.

Lors un frater s'écria : Place! place!
J'ai pour ce mal un baume souverain.
Perdrai-je l'œil? lui dit messer Pancrace.
Non, mon ami, je le tiens dans ma main.

XXVI.

Ne vous fiez, bachelettes rusées,[1]
A ce galant qui vous vient épier,
Et que j'ai vu dans nos Champs-Élysées
Se promener, grave comme un chapier.
Car, bien qu'il ait poil noir, teint de pourpier,
Échine large, et poitrine velue,
Si sais-je bien qu'Amour en son clapier
Onc n'eut lapin de si mince value.

XXVII.

Le teint jauni comme feuilles d'automne,
Et n'invoquant autre dieu qu'Atropos,
Amour s'en vint, qui me la baillant bonne :
Tais-toi, dit-il, tu trouveras repos.
Je me suis tu, croyant sur ce propos
De ses mignons aller grossir la liste.

---

1. Cette épigramme d'un goût douteux méritait de trouver place parmi celles dont l'édition complète de l'an IV a fait un quatrième livre et que M. Amar a eu le courage d'écarter de la sienne.

Mais c'est pitié ! Loin que ce dieu m'assiste,
En me taisant, mon mal devient plus fort.
J'entends, Amour : vous êtes bon sophiste ;
J'aurai repos, oui, quand je serai mort.

XXVIII.

SUR UNE ODE COMPOSÉE
PAR UN MISÉRABLE POËTE SATIRIQUE, A LA LOUANGE
DE M. CATINAT.

O Catinat ! quelle voix enrhumée
De te chanter ose usurper l'emploi !
Mieux te vaudroit perdre ta renommée,
Que los cueillir de si chétif aloi.
Honni sera, ainsi que je prévoi,
Par cet écrit. Et n'y sais, à vrai dire,
Remède aucun, sinon que contre toi
Le même auteur écrive une satire.[1]

---

1. C'était encore Gacon que, sans le nommer, Rousseau poursuivait dans cette épigramme ; mais cette fois le panégyriste de Catinat ne pouvait s'y méprendre, et voici sa réponse, qui n'est pas d'un poëte si misérable :

> Je conviens, Catinat, qu'en louant ta victoire,
> J'ai pu faire des vers peu dignes de ta gloire ;
>   Mais si Rousseau te déchiroit
> (Car quelle est la vertu qui n'ait senti le trait
>   De la rage qui le dévore ?),
>   La chose autrement tourneroit ;
>   Ma louange te déshonore,
>   Sa satire t'honoreroit.

XXIX.

SUR LE DIALOGUE DE PLATON, INTITULÉ LE BANQUET.

Lorsqu'à Pluton le messager Mercure
Eut apporté le Banquet de Platon,
Il fit venir le maître d'Épicure,
Et lui dit : Tiens, lis-moi ce rogaton.
Lors Démocrite, abusé par le ton,
Lut cet écrit, le croyant d'un sophiste.
Qui fut penaud? Ce fut le bon Pluton;
Car son rieur devint panégyriste.

XXX.

De haut savoir Phébus ne m'a doté,
Mais des neuf Sœurs je sais toucher la lyre;
Grosse chevance oncques ne m'a tenté,
Mais peu de biens ont de quoi me suffire.
Amour me tint longtemps sous son empire :
J'ai retrouvé repos et liberté;
Mais ce bien-là, certes, je le puis dire,
Si c'en est un, je l'ai bien acheté!

FIN DU LIVRE PREMIER.

LIVRE DEUXIÈME.

I.

Quand, pour ravoir son épouse Eurydice,[1]
Le bon Orphée alla jusqu'aux enfers,
L'étonnement d'un si rare caprice
En fit cesser tous les tourments divers.
On admira, bien plus que ses concerts,
D'un tel amour la bizarre saillie;
Et Pluton même, embarrassé du choix,
La lui rendit pour prix de sa folie,
Puis la retint en faveur de sa voix.

II.

Deux grands Amours, fripons de même race,
S'étoient nichés dans les yeux de Doris :

---

1. Il serait piquant de rapprocher cette très-ingénieuse épigramme de la belle strophe de l'ode au comte du Luc (livre III, ode 1re) :

C'est par là qu'un mortel forçant les rives sombres, etc.

On y verrait le double aspect des choses de ce monde, et on croirait entendre cette voix ironique et railleuse qui semble poursuivre de ses sarcasmes les

Un tiers survint, qui leur a dit : De grâce,[1]
Recevez-moi! le reste est déjà pris.
Tant pis pour toi, dirent ces mal appris,
Qui tout à l'heure en deux ou trois bourrades
Le firent choir sur un sein de cristal.
Lors il leur dit : Grand merci, camarades :
Vous êtes bien; moi, je ne suis pas mal.

III.

SUR MADAME LA DUCHESSE DE BOURGOGNE.

Entrez, Amours, votre reine s'éveille,
Venez, mortels, admirer ses attraits.
Déjà l'enfant qui près d'elle sommeille
De sa toilette a rangé les apprêts.
Mais gardez-vous d'approcher de trop près :
Car ce fripon, caché dans sa coiffure,
De temps en temps décoche certains traits
Dont le trépas guérit seul la blessure.

---

plus généreux sentiments de l'âme, comme cet accompagnement qui, dans le chef-d'œuvre de Mozart, unit son murmure moqueur à la romance de don Juan.

1. Il n'y a pas accord dans le temps des deux verbes : il faudrait, ce semble : *Un tiers survint, qui leur dit.*

IV.

De ce bonnet, façonné de ma main,
Je te fais don, me dit un jour ma belle :
Sache qu'il n'est roi, ni prince romain,
Qui n'enviât faveur si solennelle.
Malheur plutôt, dis-je, à toute cervelle
Que vous coiffez! le grand diable s'y met.
Va, va, j'en coiffe assez d'autres, dit-elle,
Sans leur donner ni toque ni bonnet.[1]

V.

Qui vous aimant, ô fantasque beauté,[2]
Veut obtenir amitié réciproque,
Y parviendra par mépris affecté,
Mieux que par soins, ni gracieux colloque :
Car je connois votre cœur équivoque;
Respect le cabre, amour ne l'adoucit;
Et ressemblez à l'œuf cuit dans sa coque :
Plus on l'échauffe, et plus se rendurcit.

---

1. Rousseau effleure souvent la vulgarité, mais il y tombe ici tout à fait.
2. Cette épigramme a le même défaut que la précédente qui, du moins, avait l'avantage d'être mieux écrite. Mais le poëte retrouve bientôt sa bonne veine, car, des pièces qui suivent, le plus grand nombre est excellent.

VI.

Ce pauvre époux me fait grande pitié !
Incessamment son diable le promène.
Au moindre mot que nous dit sa moitié,
Il se tourmente, il sue, il se démène.
Fait-elle un pas? le voilà hors d'haleine :
Il cherche, il rôde, il court deçà, delà.
Eh! mon ami, ne prends point tant de peine :
Tu serois bien dupé sans tout cela.

VII.

POUR UNE DAME NOUVELLEMENT MARIÉE.

Seigneur Hymen, comment l'entendez-vous?
Disoit l'aîné des enfants de Cythère.
De cet objet, qui semble fait pour nous,
Pensez-vous seul être dépositaire?
Non, dit l'Hymen, encor qu'à ne rien taire
Pour mon profit vous soyez peu zélé.
Eh! mon ami, reprit l'enfant ailé,
Conserve-nous ainsi que ta prunelle :
Quand une fois l'Amour s'est envolé,
Le pauvre Hymen ne bat plus que d'une aile.

VIII.

Jean s'est lié par conjugal serment
A son Alix, si longtemps recherchée.
Mais, quatre mois après le sacrement,
D'un fruit de neuf elle s'est dépêchée.
Jean se lamente, Alix est bien fâchée :
Mais le public varie à leur égard.
L'un dit qu'Alix est trop tôt accouchée ;
L'autre que Jean s'est marié trop tard.

IX.

J'ai depuis peu vu ta femme nouvelle,
Qui m'a paru si modeste en son air,
Si bien en point, si discrète, si belle,
L'esprit si doux, le ton de voix si clair,
Bref, si parfaite et d'esprit et de chair,
Que si le ciel m'en donnoit trois de même,
J'en rendrois deux au grand diable d'enfer,
Pour l'engager à prendre la troisième.

X.

Certain marquis, fameux par le grand bruit
Qu'il s'est donné d'homme à bonne fortune,

Se plaint partout que des voleurs de nuit
En son logis sont entrés sur la brune.
Ils m'ont tout pris, bagues, joyaux, pécune;
Mais ce que plus je regrette, entre nous,
C'est un recueil d'amoureux billets doux
De cent beautés, dont mon cœur fit capture.
Seigneur marquis, j'en suis fâché pour vous;
Car ces coquins connoîtront l'écriture.

XI.

Le vieux Ronsard, ayant pris ses besicles,
Pour faire fête au Parnasse assemblé,
Lisoit tout haut ces odes par articles [1]
Dont le public vient d'être régalé.
Ouais! qu'est-ce ci? dit tout à l'heure Horace
En s'adressant au maître du Parnasse :
Ces odes-là frisent bien le Perrault!
Lors Apollon, bâillant à bouche close :
Messieurs, dit-il, je n'y vois qu'un défaut,
C'est que l'auteur les devoit faire en prose.

---

1. Les odes de Lamotte ont toujours heureusement éveillé la veine caustique de Rousseau. De tous ses ennemis, c'est celui dont il se raille le plus agréablement, et ce n'était pas certes le plus acharné contre lui. Rousseau n'a jamais paru se souvenir que dans le recueil de Lamotte il y a une ode sur le *mérite personnel* qui aurait dû prévenir cette inimitié, mais ce fut peut-être cette ode même qui la fit naître. Inutile d'ajouter ici que ce qui fait le piquant de cette première épigramme, suivie de tant d'autres, c'est que Lamotte, pour plus de naturel, avait proposé d'écrire la tragédie en prose, et avait commencé par en donner l'exemple, en publiant un *OEdipe* non rimé.

XII.

Le traducteur qui rima l'Iliade,
De douze chants prétendit l'abréger :
Mais par son style aussi triste que fade
De douze en sus il a su l'allonger.
Or, le lecteur, qui se sent affliger,
Le donne au diable, et dit, perdant haleine :
Hé! finissez, rimeur à la douzaine!
Vos abrégés sont longs au dernier point.
Ami lecteur, vous voilà bien en peine;
Rendons-les courts en ne les lisant point.

XIII.

Houdart n'en veut qu'à la raison sublime
Qui, dans Homère, enchante les lecteurs :
Mais Arouet veut encor de la rime [1]
Désabuser le peuple des auteurs.
Ces deux rivaux, érigés en docteurs,
De poésie ont fait un nouveau code ;
Et, bannissant toute règle incommode,
Vont produisant ouvrages à foison,
Où nous voyons que, pour être à la mode,
Il faut n'avoir ni rime ni raison.

---

1. Ce nom d'Arouet, que Voltaire ne porta que dans sa jeunesse, donne à peu près la date de cette épigramme. On sait que Voltaire a toujours rimé négligemment, et on n'a pas oublié le passage où Gilbert parle de ses vers :
    D'une moitié de rime habillés au hasard.

XIV.

Léger de queue, et de ruses chargé, [1]
Maître Renard se proposoit pour règle :
Léger d'étude, et d'orgueil engorgé,
Maître Houdart se croit un petit aigle.
Oyez-le bien : vous toucherez au doigt
Que l'Iliade est un conte plus froid
Que Cendrillon, Peau-d'âne, ou Barbe-bleue.
Maître Houdart, peut-être on vous croiroit;
Mais par malheur vous n'avez point de queue !

XV.

Depuis trente ans, un vieux berger normand [2]
Aux beaux esprits s'est donné pour modèle :
Il leur enseigne à traiter galamment
Les grands sujets en style de ruelle.

---

1. Celle-ci doit être antérieure, car le poëte l'envoyait à Brossette dès le 1ᵉʳ mai 1715, c'est-à-dire trois ans avant la représentation de l'*OEdipe* de Voltaire. Du reste, cette épigramme est un modèle. Elle n'est pourtant pas tout à fait juste, car *Inez de Castro* et plusieurs fables du recueil de Lamotte, ses opéras surtout, prouvent qu'il n'était pas dépourvu de la faculté poétique.

2. Fontenelle. Cette épigramme est restée comme une médaille, mais il y avait plus d'un Fontenelle, et ce portrait ne nous montre pas le meilleur. Il faut chercher ce dernier et le vrai dans les archives de l'Académie des sciences.

Bernard de Fontenelle était né à Rouen en 1668 et il mourut à Paris en 1757.

Ce n'est le tout : chez l'espèce femelle
Il brille encor, malgré son poil grison :
Et n'est caillette, en honnête maison,
Qui ne se pâme à sa douce faconde.
En vérité, caillettes ont raison :
C'est le pédant le plus joli du monde.

XVI.[1]

Par trop bien boire, un curé de Bourgogne
De son pauvre œil se trouvoit déferré.
Un docteur vient : Voici de la besogne
Pour plus d'un jour. — Je patienterai.
Çà, vous boirez... — Eh bien ! soit, je boirai.
Quatre grands mois... — Plutôt douze, mon maître.
Cette tisane. — A moi? reprit le prêtre.
Vade retro. Guérir par le poison?
Non, par ma soif! Perdons une fenêtre.
Puisqu'il le faut; mais sauvons la maison.

---

[1]. AD AULUM.
Potor nobilis, Aule, lumine uno
Luscus Phryx erat, alteroque lippus.
Huic heras medicus : bibas caveto;
Vinum si biberis, nihil videbis.
Ridens Phryx oculo, valebis, inquit.
Misceri sibi protinus deunces,
Sed crebros jubet. Exitum requiris?
Vinum Phryx, oculus bibit venenum.
(MART., livre VI, ép. LXXVIII.)

Tel est l'original d'où Rousseau a tiré cette épigramme. Il ne l'a pas seulement modernisé; mais à une pointe recherchée il a substitué une de ces franches saillies qui sentent leur buveur d'une lieue.

XVII.

A UN CRITIQUE MODERNE.[1]

Après avoir bien sué pour entendre
Vos longs discours doctement superflus,
On est d'abord tout surpris de comprendre
Que l'on n'a rien compris, ni vous non plus.
Monsieur l'abbé, dont les tons absolus
Seroient fort bons pour un petit monarque,
Vous croyez être au moins notre Aristarque.
Mais apprenez, et retenez-le bien,
Que qui sait mal (vous en êtes la marque)
Est ignorant plus que qui ne sait rien.

XVIII.

A son portrait certain rimeur braillard
Dans un logis se faisoit reconnoître ;
Car l'ouvrier le fit avec tel art,
Qu'on bâilloit même en le voyant paroître.

---

1. On s'accorde à croire que cette épigramme est adressée à l'abbé d'Olivet. Il y eut entre Rousseau et d'Olivet un commerce de lettres assez fréquent de 1721 à 1739. Rousseau avait peut-être gardé rancune à son ami des critiques par lesquelles celui-ci aurait accueilli l'envoi de sa comédie des *Aïeux chimériques*. On voit cependant par sa correspondance qu'il répond à ces critiques par l'expression d'une reconnaissance qui n'a rien d'offensé; mais il avait l'humeur vive et cette épigramme put être le résultat d'un premier mouvement. (Voir notre Introduction, sur les relations de Rousseau avec l'abbé d'Olivet.)

Ha! le voilà! c'est lui! dit un vieux reître,
Et rien ne manque à ce visage-là
Que la parole. Ami, reprit le maître,
Il n'en est pas plus mauvais pour cela.

XIX.

Un vieil abbé sur certains droits de fief
Fut consulter un juge de Garonne,
Lequel lui dit : Portez votre grief
Chez quelque sage et discrète personne :
Conseillez-vous au Palais, en Sorbonne :
Puis, quand vos cas seront bien décidés,
Accordez-vous, si votre affaire est bonne ;
Si votre cause est mauvaise, plaidez.

XX.

Trois choses sont que j'admire à part moi :
La probité d'un homme de finance,
La piété d'un confesseur du roi,
Un riche abbé pratiquant l'abstinence.
Pourtant, malgré toute leur dissonance,
Je puis encor ces trois points concevoir ;
Mais pour le quart, je m'y perds, plus j'y pense.
Et quel est-il? L'orgueil d'un manteau noir.[1]

---

1. Rousseau par ce trait semble avoir voulu désigner les jésuites. Malgré ses liaisons d'amitié avec les pères Brumoy et Tournemine, on ne voit pas qu'il ait trouvé auprès de la compagnie la même faveur que Voltaire, pour lequel ces pères eurent toujours un reste de faiblesse paternelle.

XXI.

L'homme créé par le fils de Japet
N'eut qu'un seul corps, mâle ensemble et femelle.
Mais Jupiter de ce tout si parfait
Fit deux moitiés, et rompit le modèle.
Voilà d'où vient qu'à sa moitié jumelle
Chacun de nous brûle d'être rejoint.
Le cœur nous dit : Ah! la voilà! c'est elle!
Mais à l'épreuve, hélas! ce ne l'est point.

XXII.

Avec les gens de la cour de Minerve
Désirez-vous d'entretenir la paix?
Louez les bons, pourtant avec réserve;
Mais gardez-vous d'offenser les mauvais.
On ne doit point, pour semblables méfaits,
En purgatoire aller chercher quittance;
Car il est sûr qu'on ne mourut jamais
Sans en avoir fait double pénitence.

XXIII.

Monsieur l'abbé, vous n'ignorez de rien,
Et ne vis onc mémoire si féconde.

Vous pérorez toujours, et toujours bien,
Sans qu'on vous prie et sans qu'on vous réponde.
Mais le malheur, c'est que votre faconde
Nous apprend tout, et n'apprend rien de nous.
Je veux mourir si, pour tout l'or du monde,
Je voudrois être aussi savant que vous.

XXIV.

Ami, crois-moi : cache bien à la cour
Les grands talents qu'avec toi l'on vit naître ;
C'est le moyen d'y devenir un jour
Puissant seigneur, et favori peut-être.
Et favori? qu'est cela? C'est un être
Qui ne connoît rien de froid ni de chaud,
Et qui se rend précieux à son maître
Par ce qu'il coûte, et non par ce qu'il vaut.

XXV.

Tout plein de soi, de tout le reste vide,
Le petit homme étale son savoir,
Jase de tout, glose, interrompt, décide,
Et sans esprit veut toujours en avoir ;
Car son babil, qu'on ne peut concevoir,
Tient toujours prêts contes bleus à vous dire,
Ou froids dictons, que pourtant il admire.

Et de là vient que l'archigodenot,
Depuis trente ans que seul il se fait rire,
N'a jamais su faire rire qu'un sot.

XXVI.

Doctes héros de la secte moderne,
Comblés d'honneurs, et de gloire enfumés,
Défiez-vous du temps qui tout gouverne;
Craignez du sort les jeux accoutumés.
Combien d'auteurs, plus que vous renommés,
Des ans jaloux ont éprouvé l'outrage!
Non que n'ayez tout l'esprit en partage
Qu'on peut avoir; on vous passe ce point.
Mais savez-vous qui fait vivre un ouvrage?
C'est le génie, et vous ne l'avez point.

XXVII.[1]

Gacon, rimailleur subalterne,
Vante Person le barbouilleur;
Et Person, peintre de taverne,
Prône Gacon le rimailleur.

1. Amar prétend que, dans les éditions précédentes, ces deux personnages réels sont représentés par les noms de Griphon et de Siphon. Nous remarquons à notre tour que, dans l'édition complète de l'an IV, ils portent déjà leurs vrais noms.

Or en cela certain railleur
Trouve qu'ils sont tous deux fort sages :
Car sans Gacon et ses ouvrages,
Qui jamais eût vanté Person?
Et sans Person et ses suffrages,
Qui jamais eût prôné Gacon?

XXVIII.

AUX JOURNALISTES DE TRÉVOUX.[1]

Petits auteurs d'un fort mauvais journal,
Qui d'Apollon vous croyez les apôtres,
Pour Dieu! tâchez d'écrire un peu moins mal,
Ou taisez-vous sur les écrits des autres.
Vous vous tuez à chercher dans les nôtres
De quoi blâmer, et l'y trouvez très-bien :
Nous, au rebours, nous cherchons dans les vôtres
De quoi louer, et nous n'y trouvons rien.

---

1. Nous laissons à cette épigramme l'en-tête que tous les éditeurs lui ont conservé. Cependant on avait pu lire comme nous, dans une lettre de Rousseau à Brossette, en date du 17 mars 1716 : « Je commence par le *Journal de Trévoux* auquel on a trouvé bon d'appliquer, contre mon intention, l'épigramme dont vous me citez le second vers, quoique je ne l'eusse faite que pour venger un de mes amis (*Lafosse*) de l'injure qu'il avoit reçue dans le *Journal de Paris*, auquel on ne peut, sans une grande injustice, refuser le premier rang entre les gazettes insipides. J'avoue que celui de Trévoux auroit pu aspirer au second pendant un temps. » La mollesse du désaveu a pu laisser du doute.

XXIX.

AUX MÊMES.

Grands réviseurs, courage, escrimez-vous :
Apprêtez-moi bien du fil à retordre.
Plus je verrai fumer votre courroux,
Plus je rirai, car j'aime le désordre.
Et, je l'avoue, un auteur qui sait mordre,
En m'approuvant peut me rendre joyeux;
Mais le venin de ceux du dernier ordre
Est un parfum que j'aime cent fois mieux.

XXX.

SUR LES TRAGÉDIES DU SIEUR ***.[1]

Cachez-vous, Lycophrons antiques et modernes, [2]
Vous qu'enfanta le Pinde au fond de ses cavernes
Pour servir de modèle au style boursouflé.

---

1. Crébillon. Pour être bien sûr qu'il s'agit ici de l'auteur de Rhadamiste, il faut se souvenir que *Rhadamiste* même n'avait pas trouvé grâce devant Boileau mourant. En apprenant de Brossette le jugement du maître, Rousseau, dans sa réponse (Vienne, 30 juin 1716), renchérit encore sur l'injuste dureté de la sentence.
2. Lycophron, le plus obscur des poëtes de l'ère alexandrine, était né à Chalcis, en Eubée, et vécut à la cour de Ptolémée Philadelphe. Il n'est resté de lui que son poëme d'*Alexandra* (Cassandre, fille de Priam) qui a eu beaucoup de commentateurs.

ÉPIGRAMMES.

Retirez-vous, Ronsard, Baïf, Garnier, La Serre ; [1]
Et respectez les vers d'un rimeur plus enflé
Que Rampalle, Brébeuf, Boyer, ni Longepierre.

---

1. Pierre de Ronsard, né en 1525 et mort en 1585. Son rôle dans notre ancienne littérature a été trop bien apprécié dans l'admirable tableau de la poésie française au XVIᵉ siècle par M. Sainte-Beuve, pour qu'il soit nécessaire de donner ici autre chose que la date de sa naissance et celle de sa mort.

Jean-Antoine de Baïf, né à Venise où son père était ambassadeur de France en 1532 et mort en 1589, ami de Ronsard et poëte comme lui, eut sa part dans son œuvre. Voir le tableau de M. Sainte-Beuve.

Robert Garnier, né vers 1545 et mort en 1601, le premier qui ait fait des tragédies régulières, dont la meilleure est *Rhadamante,* jouée en 1580. Nous voici un peu loin de Ronsard; mais Rousseau mêle tout. De son temps, on savait fort mal cette histoire de notre vieille littérature, devenue si claire pour nous.

Roger de Laserre, l'une des victimes de Boileau, né en 1606, mort en 1665, écrivit un peu de tout, même des tragédies en prose fort applaudies et aujourd'hui parfaitement oubliées. Il y eut un autre Laserre, né en 1662, mort en 1756, qui, ayant perdu sa fortune au jeu, se fit poëte, et donna à la scène quelques opéras et une tragédie d'*Artaxerce.*

Rampalle fut du moins un vaillant officier, et Boileau se contente de dire de lui qu'on ne le lit plus guère. Il avait écrit un poëme d'*Hermaphrodite* (1639) et des *Idylles* (1648).

Guillaume de Brébeuf, né en 1618, mort en 1661, avait ses raisons pour préférer à Virgile Lucain qu'il a traduit. Boileau lui-même a rendu justice aux beautés dont *étincelle* cette traduction.

L'abbé Boyer, une autre des victimes de Boileau, né en 1618, mort en 1698. Aussi mauvais prédicateur que détestable poëte, il n'est plus connu que par cette Judith qui *si méchamment mit à mort Holopherne.*

Bernard de Roqueleyne, baron de Longepierre, né à Dijon en 1659, mort à Paris en 1721, précepteur puis secrétaire des commandements du Régent, avait traduit Anacréon et Théocrite, donné ensuite à la scène trois tragédies : *Médée, Sésostris, Électre.* La première s'est soutenue quelque temps et ne manque pas d'une certaine vigueur.

FIN DU LIVRE DEUXIÈME.

LIVRE TROISIÈME.

I.[1]

Est-on héros pour avoir mis aux chaînes
Un peuple ou deux? Tibère eut cet honneur.
Est-on héros en signalant ses haines
Par la vengeance? Octave eut ce bonheur.
Est-on héros en régnant par la peur?
Séjan fit tout trembler, jusqu'à son maître.
Mais de son ire éteindre le salpêtre,
Savoir se vaincre et réprimer les flots
De son orgueil, c'est ce que j'appelle être
Grand par soi-même, et voilà mon héros.

---

1. Dans une lettre à M. Boutet, datée du 1er avril 1725, Rousseau écrit, à propos de la querelle du comte de Bonneval et du prince Eugène : « Il faut espérer que M. le prince Eugène, qui est irrité maintenant, ne le sera pas longtemps et sera toujours ce héros que j'ai dépeint quand j'ai dit :

>   Ce fut en apprenant à se dompter soi-même
>   Qu'il apprit à dompter ses plus fiers ennemis. »

On a voulu voir dans cette même circonstance l'origine et l'inspiration de cette belle épigramme.

II.

A M. LE DUC DE BOURGOGNE.

Mars et l'Amour, au jour de votre fête,
De même ardeur pour vous se sont épris :
L'un de lauriers ornera votre tête,
L'autre y joindra ses myrtes favoris.
Jeune héros, l'un et l'autre ont leur prix.
Mars fut toujours ami de Cythérée :
Vous trouverez les myrtes plus fleuris
Et les lauriers de plus longue durée.

III.

A MADAME D'USSÉ.

LES DEUX DONS.

Les dieux jadis vous firent pour tributs
Deux de leurs dons d'excellente nature :
L'un avoit nom Ceinture de Vénus,
Et l'autre étoit la Bourse de Mercure.
Lors Apollon dit, par forme d'augure :
De celle-ci largesse elle fera,
De l'autre, non; car jamais créature
De son vivant ne la possédera.

IV.

LES SOUHAITS.[1]

Être l'Amour quelquefois je désire :
Non pour régner sur la terre et les cieux,
Car je ne veux régner que sur Thémire :
Seule elle vaut les mortels et les dieux :
Non pour avoir le bandeau sur les yeux,
Car de tout point Thémire m'est fidèle :
Non pour jouir d'une gloire immortelle,
Car à ses jours survivre je ne veux :
Mais seulement pour épuiser sur elle
Du dieu d'Amour et les traits et les feux.

---

1. Cette épigramme, si elle n'est pas de Rousseau, a du moins le mouvement et la couleur des siennes. C'est pour cela sans doute qu'elle lui a été attribuée. Quelques-uns veulent cependant qu'elle soit de Ferrand, poëte agréable, mort en 1719. Mais Ferrand lui-même en aurait pris le tour à Marot.

>   Être Phœbus bien souvent je désire,
>   Non pour connoître herbes divinement, etc.

Voltaire imitait donc deux modèles à la fois lorsqu'il adressait à la marquise Du Châtelet, jouant à Sceaux le rôle d'Issé, dans la pastorale de ce nom, le madrigal qui commence par ce vers

>   Être Phœbus aujourd'hui je désire.

V.

A M. ROUILLÉ.[1]

Myrtes d'Amour, pampres du dieu de l'Inde,
Ne sont moissons dont je sois fort chargé ;
En qualité de citoyen du Pinde,
Le laurier seul est le seul bien que j'ai.
Bien qu'en soyez noblement partagé,
Ne dédaignez pourtant notre guirlande,
Car ce laurier, dont je vous fais offrande,
Ressemble assez aux faveurs d'une Iris.
Ce don, commun, devient de contrebande :
Mais est-il rare? il vaut encor son prix.

VI.

A L'ABBÉ DE CHAULIEU.

Maître Vincent,[2] ce grand faiseur de lettres,
Si bien que vous n'eût su prosaïser.
Maître Clément,[3] ce grand faiseur de mètres,
Si doucement n'eût su poétiser :

---

1. On retrouve ici avec plaisir ce nom qui fut celui d'un des premiers protecteurs de Rousseau et qui fut effacé de la dédicace de l'ode III du deuxième livre, on ne sait pourquoi. Voir la note sur cette ode, page 102.
2. Voiture, dont les lettres ont gardé seules une certaine célébrité.
3. Clément Marot.

Phébus adonc va se désabuser
De son amour pour la docte fontaine,
Et connoîtra que, pour bons vers puiser,
Vin champenois vaut mieux qu'eau d'Hippocrène.

VII.

CONTRE MONTFORT.

Dans une troupe avec choix ramassée,
On produisit certains vers languissants :
Chacun les lut, on en dit sa pensée ;
Mais sur l'auteur on étoit en suspens,
Lorsque Montfort présenta son visage :
Et l'embarras fut terminé d'abord ;
Car par Montfort on reconnut l'ouvrage,
Et par l'ouvrage on reconnut Montfort.

VIII.

CONTRE UN MARGUILLIER.

J'avois frondé le culte et les mystères
Dont à la Chine on s'est embarrassé ;
Et Brisacier, dans ses lettres austères,[1]

---

1. Jacques-Charles de Brisacier, supérieur des Missions étrangères pendant soixante et dix ans. Il eut beaucoup de part aux écrits publiés contre les jésuites dans l'affaire des *cérémonies chinoises*. Mort en 1736, âgé de 94 ans. (Amar.)

Me paroissoit justement courroucé.
Mais quand je vois sire Alain encensé,
Je suis forcé d'abjurer mes paroles,
Et de souscrire à l'hommage insensé
Que les Chinois rendent à leurs idoles.

IX.

CONTRE LONGEPIERRE.

Longepierre le translateur,[1]
De l'antiquité zélateur,
Imite les premiers fidèles,
Qui combattoient jusqu'au trépas
Pour des vérités immortelles
Qu'eux-mêmes ne comprenoient pas.

X.

CONTRE LE MÊME.

A voir Perrault et Longepierre,
Chacun de son parti vouloir régler le pas,
Ne diroit-on pas d'une guerre
Dont le sort est remis aux soins de deux goujats?

---

1. Rousseau, dans sa correspondance (Lettre à Titon du Tillet, 11 janvier 1740), se défend vivement d'avoir emprunté le fond de cette épigramme de ce vers de Jean second :

Scribit et ignotis fert miseratus opem.

On en croira volontiers Rousseau. « Je puis vous jurer, dit-il, qu'elle étoit faite longtemps avant que j'eusse rien lu de *Joannes secundus*, que je n'au-

XI.

SUR L'AVENTURE DE L'ÉVÊQUE DE NÎMES, QUI S'ÉTOIT SAUVÉ PAR LA FENÊTRE POUR ÉCHAPPER A SES CRÉANCIERS.

Pour éviter des Juifs la fureur et la rage,
    Paul, dans la ville de Damas,
    Descend de la fenêtre en bas :
    La Parisière, en homme sage,
    Pour éviter ses créanciers,
    En fit autant ces jours derniers.
    Dans un siècle tel que le nôtre
    On doit être surpris, je crois,
    Qu'un de nos prélats une fois
Ait su prendre sur lui d'imiter un apôtre.

XII.[1]

Pour disculper ses œuvres insipides,
Danchet accuse et le froid et le chaud ;[2]

---

rois peut-être jamais connu sans l'abbé Fraguier qui le regardoit comme un des plus excellents poëtes latins modernes, tel qu'il est effectivement. »

1. Cette épigramme fut dirigée d'abord contre Debrie, auteur, comme Danchet, d'une tragédie des *Héraclides*, et d'une comédie intitulée *le Lourdaud*. Ces pièces ont été jouées, mais non imprimées. On a encore de Debrie un roman du *Duc de Guise*, surnommé *le Balafré*, imprimé pour la dernière fois en 1714.

2. Antoine Danchet, poëte dramatique, né en 1671, mort en 1748. Il donna quelques tragédies qui eurent peu de succès et plusieurs opéras qui

Le froid, dit-il, fit choir mes Héraclides,
Et la chaleur fit tomber mon Lourdaud.
Mais le public, qui n'est point en défaut,
Et dont le sens s'accorde avec le nôtre,
Dit à cela : Taisez-vous, grand nigaud :
C'est le froid seul qui fit choir l'un et l'autre.

XIII.

Un gros garçon qui crève de santé,
Mais qui de sens a bien moins qu'une buse,
De m'attaquer a la témérité,
En médisant de ma gentille muse.
De ce pourtant ne me chault, et l'excuse;
Car demandant à gens de grand renom
S'il peut mon los m'ôter par telle ruse,
Ils m'ont tous dit assurément que non.

XIV.

Paul, de qui la vraie épithète
Est celle d'ennuyeux parfait,
Veut encor devenir poëte,
Pour être plus sûr de son fait.

---

furent plus heureux. Le meilleur, *Hésione*, n'est connu aujourd'hui que parce que le prologue qui le précède fournit le canevas et l'air des fameux couplets, première cause de tous les malheurs de Rousseau. Danchet était membre de l'Académie française.

Sire Paul, je crois en effet
Que cette voie est la plus sûre ;
Mais vous eussiez encor mieux fait
De laisser agir la nature.

XV.

CONTE DE POGGE.[1]

Un fat, partant pour un voyage,
Dit qu'il mettroit dix mille francs,
Pour connoître un peu par usage
Le monde avec ses habitants.
Ce projet peut vous être utile,
Reprit un rieur ingénu ;
Mais mettez-en encor dix mille,
Pour ne point en être connu.

---

1. Poggio Bracciolini, vulgairement appelé *le Pogge*, né en 1380, mort en 1459, fut un de ces savants italiens qui se délassaient par des œuvres badines, souvent même licencieuses, de l'austérité de leurs travaux ordinaires. Le Pogge, qui avait été secrétaire apostolique sous huit papes, et qui avait retrouvé douze comédies de Plaute, avec beaucoup d'autres débris de l'antiquité latine, qui avait composé une histoire de Florence, des traductions savantes et des traités moraux, n'est ici pour nous que l'auteur d'un petit recueil intitulé *Facetiæ*, qui a été souvent traduit, et auquel Rousseau avait sans doute emprunté cette excellente saillie.

XVI.

A PRADON,[1]
QUI AVOIT FAIT UNE SATIRE PLEINE D'INVECTIVES CONTRE DESPRÉAUX.

Au nom de Dieu! Pradon, pourquoi ce grand courroux
Qui contre Despréaux exhale tant d'injures?
   Il m'a berné, me direz-vous,
Je veux le diffamer chez les races futures.
Eh! croyez-moi, laissez d'inutiles projets.[2]
Quand vous réussiriez à ternir sa mémoire,
Vous n'avanceriez rien pour votre propre gloire,
Et le grand *Scipion* sera toujours mauvais.

XVII.

En son lit une damoiselle
Attendoit l'instant de sa mort :
Un capucin, brûlant de zèle,
Lui dépêchoit son passe-port;
Puis il lui dit pour réconfort :

---

1. Pradon, poëte dramatique, né à Rouen, comme Corneille, en 1632, et mort à Paris en 1698, dut quelques succès à la cabale qui crut pouvoir l'opposer à Racine. On a de lui, outre sa *Phèdre*, *Tamerlan*, *la Troade*, *Pyrame et Thisbé*, *Régulus*. La pièce dont il est question ici, *Scipion l'Africain*, est de 1697, l'année qui précéda sa mort. La satire dont parle Rousseau est sans doute le pamphlet contre Boileau intitulé : *le Triomphe de Pradon*, 1684, in-12.
2. VARIANTE. *Eh! croyez-moi, restez en paix.*

Consolez-vous, âme fidèle ;
La Vierge est là qui vous appelle
Dans la sainte Jérusalem :
Dites trois fois pour l'amour d'elle :
Domine, salvum fac regem.

XVIII.

Tu dis qu'il faut brûler mon livre :
Hélas! le pauvre enfant ne demandoit qu'à vivre ;
Les tiens auront un meilleur sort :
Ils mourront de leur belle mort.

XIX.

SUR LES FABLES DE LAMOTTE.

Quand le graveur Gilot et le poëte Houdart[1]
Pour illustrer la Fable auront mis tout leur art,
C'est une vérité très-sûre
Que le poëte Houdart et le graveur Gilot,
En fait de vers et de gravure,
Nous feront regretter La Fontaine et Calot.

1. Claude Gilot, né en 1673, mort en 1722, ne manquait pas plus de talent comme graveur que Lamotte comme fabuliste ; mais il y avait autant de distance de lui à Callot que de Lamotte à La Fontaine.

XX.

SUR LE MÊME SUJET.[1]

Dans les fables de La Fontaine
Tout est naïf, simple et sans fard;
On n'y sent ni travail ni peine,[2]
Et le facile en fait tout l'art:
En un mot, dans ce froid ouvrage,
Dépourvu d'esprit et de sel,
Chaque animal tient un langage
Trop conforme à son naturel.
Dans Lamotte-Houdart, au contraire,
Quadrupède, insecte, poisson,[3]

---

1. Cette épigramme n'appartient à Rousseau que par les heureuses corrections qu'il y a faites. Voici ce qu'il écrivait à ce sujet à Brossette, le 25 janvier 1718 :

« Je ne connois que trois ou quatre fables de Lamotte qui m'ont été envoyées par distinction comme les meilleures et que j'ai trouvées très-dignes de l'épigramme que vous m'avez envoyée. Je ne sais si elle ne seroit pas de l'abbé de Chaulieu. Je la trouve tout à fait dans son caractère; la pensée en est fort jolie, mais c'est dommage qu'il ait été obligé de se servir du mot *académicien* qui ne sauroit bien aller en vers, et qui par-dessus le marché est de six syllabes. Les vers d'ailleurs en sont bien tournés, et surtout les quatre premiers qui sont excellents; mais je voudrois retrancher les quatre suivants, parce qu'ils tournent trop court à une ironie que l'on ne sent pas d'abord et qui n'est point préparée. L'épigramme en seroit plus courte et plus débarrassée; et je voudrois aussi refaire le dixième vers de la mesure des autres. Je ne sais si vous ne la trouverez pas plus légère de la manière suivante. »

Et Rousseau la donne telle qu'elle est ici, sauf les quatre vers qu'il indique comme devant être supprimés et que toutes les éditions ont eu raison de rétablir.

2. L'auteur avait mis : *On n'y voit.*

3. Var. *Oisillons, quadrupède, homme, insecte, poisson.*

Tout prend un noble caractère,
Et s'exprime du même ton.
Enfin par son sublime organe
Les animaux parlent si bien,
Que dans Houdart souvent un âne
Est un académicien.[1]

XXI.

Deux gens de bien, tels que Vire en produit,
S'entre-plaidoient sur la fausse cédule
Faite par l'un, dans son art tant instruit
Que de Thémis il bravoit la férule.
Or de cet art se targuant sans scrupule,
Se trouvant seuls sur l'huis du rapporteur :
Signes-tu mieux? vois, disoit le porteur :
T'inscrire en faux seroit vaine défense.
M'inscrire en faux? reprit le débiteur,
Tant ne suis sot : tiens, voilà ta quittance.

XXII.

Quand vous vous efforcez à plaire,
On croit voir l'âne contrefaire
Le petit chien vif et coquet;

---

[1]. Var. *Raisonne en académicien.*

Et si vous vous contentiez d'être
Un sot tel que Dieu vous a fait,
On craindroit moins de vous connoître.

XXIII.

Ci-gît l'auteur d'un gros livre
Plus embrouillé que savant :
Après sa mort il crut vivre,
Et mourut dès son vivant.

XXIV.

Ci-dessous gît monsieur l'abbé Courtois,[1]
Qui mainte dame en son temps coqueta,
Et par la ville envoya maintes fois

---

1. Le 30 septembre 1716, Rousseau écrit à Brossette : « Si j'avois eu dessein de me faire honneur en françois de quelques-unes de ses épigrammes (*de Martial*), j'aurois tâché de les rendre originales, en joignant la naïveté du style de Marot à la subtilité de la pensée de Martial : c'est ce que j'ai essayé de faire dans la seule épigramme que j'aie jamais tirée de cet auteur : la voici en original :

> Nescio tam multis quid scribis, Fauste, puellis ;
> Hoc scio, quod scribit nulla puella tibi.

« Voici mon imitation, c'est l'épitaphe d'un abbé qui n'est pas encore mort, et que vous reconnoîtrez peut-être :

> Ci-dessous gît monsieur l'abbé Courtois, etc. »

Vous avez ici, pris sur le fait, le procédé de Rousseau en style d'épigramme. Reste à savoir lequel vaut le mieux du développement ingénieux ou de la concision latine.

De billets doux plus d'un duplicata.
Jean, son valet, qui très-bien l'assista,
Souvent par jour en porta plus de dix;
Mais de réponse onc il n'en rapporta.
Or prions Dieu qu'il leur doint paradis.

XXV.

Sous ce tombeau gît un pauvre écuyer,
Qui, tout en eau sortant d'un jeu de paume,
En attendant qu'on le vînt essuyer,
De Bellegarde ouvrit un premier tome.[1]
Las! en un rien tout son sang fut glacé.
Dieu fasse paix au pauvre trépassé!

XXVI.

A M. LE COMTE D'OETTINGUER.

De tes lectures assidues,
Ami, crois-moi, pour quelques jours,
Tâche d'interrompre le cours;
Car pour peu que tu continues,

---

[1] J. B. Morvan, abbé de Bellegarde, né en 1648, mort en 1734, traducteur de plusieurs ouvrages des Pères de l'Église, du Manuel d'Épictète, de la Brevisima relacion de la destruccion de Indias par Barthélemy de Las Casas, a écrit en outre une histoire d'Espagne en neuf volumes et une histoire universelle des voyageurs. L'épigramme de Rousseau nous donne une idée juste de l'intérêt de ces divers ouvrages.

Je crains, à te parler sans fard,
Que la mort sévère et chagrine,
Jugeant peut-être à tout hasard
De ton âge par ta doctrine,
Ne te prenne pour un vieillard.

XXVII.

A MONSIEUR T...[1]

Ami T.... sais-tu pourquoi
On te fuit comme la chouette?
Non. Que peut-on reprendre en moi?
Rien, sinon d'être un peu trop poëte.
Car quelle rage, en bonne foi!
Toujours réciter, toujours lire!
Point de paix dedans ni dehors;
Tu me talonnes quand je sors,
Tu m'attends quand je me retire,
Tu me poursuis jusques au bain.
Je lis, tu m'étourdis l'oreille;
J'écris, tu m'arrêtes la main;
Je dors, ton fausset me réveille;
A l'église je veux prier,

---

1. On ne sait quel nom cache cette initiale, assurément celui d'un poëte médiocre et qui rappelle celui pour qui Horace a écrit ces trois derniers vers de son *Art poétique :*

> Indoctum doctumque fugat recitator acerbus;
> Quem vero arripuit, tenet occiditque legendo,
> Non missura cutem, nisi plena cruoris, hirudo.

Ton démon me fait renier.
Bref, sur moi partout il s'acharne,
Et si je t'enferme au grenier,
Tu récites par la lucarne.
Trop déplorable infirmité!
En veux-tu voir l'énormité?
Bon homme, ingénu, serviable,
Tu te fais haïr comme un diable
Avecque toute ta bonté.

XXVIII.

Toi qui places impudemment [1]
Le froid Pic au haut du Parnasse,
Puisses-tu pour ton châtiment
Admirer les airs de Colasse!

XXIX.

Chrysologue toujours opine, [2]
C'est le vrai Grec de Juvénal.

---

1. Qui Bavium non odit, amet tua carmina, Mævi.
(VIRGILE, églogue III, vers 90.)

Pic était un froid auteur, et Colasse, né en 1640, mort en 1709, n'était pas digne de remplacer Lulli auquel il succéda cependant; mais c'était lui qui avait fait la musique du *Jason* de Rousseau, et, à ce titre, il aurait dû trouver grâce devant l'auteur du livret.

2. Au dire des commentateurs, Chrysologue serait l'abbé Bignon, bibliothécaire du roi, et qui tient une place très-honorable dans l'histoire de la bibliothèque royale. Né en 1662 et mort en 1743, il avait appartenu à l'Académie française et à celle des inscriptions.

Tout ouvrage, toute doctrine
Ressortit à son tribunal.
Faut-il disputer de physique;
Chrysologue est physicien.
Voulez-vous parler de musique;
Chrysologue est musicien.
Que n'est-il point? Docte critique,
Grand poëte, bon scolastique,
Astronome, grammairien,
Est-ce tout? il est politique,
Jurisconsulte, historien,
Platoniste, cartésien,
Sophiste, rhéteur, empirique :
Chrysologue est tout, et n'est rien.

XXX.

JUSTIFICATION DE LA PRÉCÉDENTE ÉPIGRAMME, A UN IMPORTANT DE COUR QUI S'EN FAISOIT L'APPLICATION.

Bien que votre ton suffisant
Prête un beau champ à la satire,
Ne vous alarmez pas, beau sire;
Ce n'est point vous, quant à présent,
Que ma muse a voulu décrire.
Et qui donc? Je vais vous le dire :
C'est un prêtre mal décidé,
Moitié robe, moitié soutane,
Moitié dévot, moitié profane,
Savant jusqu'à l'A B C D.

Et galant jusqu'à la tisane.
Le reconnoissez-vous? Selon.
C'est celui qui, sous Apollon,
Prend soin des haras du Parnasse,
Et qui fait provigner la race
Des bidets du sacré vallon.
Le reconnoissez-vous mieux? Non.
Ouais! Pourtant, sans que je le nomme,
Il faut que vous le deviniez.
C'est l'aîné des abbés noyés.
Oh, oh! j'y suis; ce trait peint l'homme
Depuis la tête jusqu'aux pieds.

FIN DES ÉPIGRAMMES.

POÉSIES DIVERSES

POÉSIES DIVERSES

ÉPITHALAME.

De votre fête, Hymen, voici le jour :
N'oubliez pas d'en avertir l'Amour.

Quand Jupiter, pour complaire à Cybèle,
Eut pris congé du joyeux célibat,
Il épousa, malgré la parentèle,
Sa sœur Junon, par maximes d'État.
Noces jamais ne firent tel éclat :
Jamais Hymen ne se fit tant de fête.
Mais au milieu du céleste apparat,
Vénus, dit-on, crioit à pleine tête :

De votre fête, Hymen, voici le jour :
N'oubliez pas d'en avertir l'Amour.

Vénus parloit en déesse sensée.
Hymen agit en dieu très-imprudent :
L'enfant ailé sortit de sa pensée,
Dont contre lui l'Amour eut une dent.
Et de là vint que, de colère ardent,

Le petit dieu toujours lui fit la guerre,
L'angariant,[1] le vexant, l'excédant
En cent façons, et chassant sur sa terre.

De votre fête, Hymen, voici le jour :
N'oubliez pas d'en avertir l'Amour.

Malheur, dit-on, est bon à quelque chose.
Le blond Hymen maudissoit son destin,
Et même Amour, qui jamais ne repose,
Lui déroba sa torche un beau matin.
Le pauvre dieu pleura, fit le lutin.
Amour est tendre et n'a point de rancune :
Tiens, lui dit-il, ne sois plus si mutin ;
Voilà mon arc, va-t'en chercher fortune.

De votre fête, Hymen, voici le jour :
N'oubliez pas d'en avertir l'Amour.

Hymen d'abord se met en sentinelle,
Ajuste l'arc, et bientôt aperçoit
Venir à lui jeune et gente pucelle,
Et bachelier propre à galant exploit.
Hymen tira, mais si juste et si droit,
Que Cupidon même ne s'en put taire :
Ho! ho! dit-il, le compère est adroit;
C'est bien visé! Je n'eusse pu mieux faire.

Amour, Hymen, vous voilà bien remis :
Mais, s'il se peut, soyez longtemps amis.

---

1. Vieux langage : *le contrariant*.

Or, voilà donc, par les mains d'Hyménée,
D'un trait d'Amour deux jeunes cœurs blessés.
J'ai vu ce dieu, de fleurs la tête ornée,
Les brodequins de perles rehaussés,
Le front modeste, et les regards baissés.
En robe blanche il marchoit à la fête,
Et, conduisant ces amants empressés,
Il étendoit son voile sur leur tête.

Amour, Hymen, vous voilà bien remis;
Mais, s'il se peut, soyez longtemps amis.

Que faisoient lors les enfants de Cythère?
Ils soulageoient Hymen en ses emplois.
L'un de flambeaux éclairoit le mystère,
L'autre du dieu dictoit les chastes lois.
Ceux-ci faisoient résonner le hautbois,
Ceux-là dansoient pavane façonnée; [1]
Et tous chantoient en chœur à haute voix :
Hymen, Amour! Amour, ô Hyménée!

Amour, Hymen, vous voilà bien remis;
Mais, s'il se peut, soyez longtemps amis.

En fin finale, après maintes orgies,
Au benoît lit le couple fut conduit.
Le bon Hymen, éteignant les bougies,
Leur dit : Enfants, bonsoir et bonne nuit!
Lors Cupidon s'empara du réduit.

1. Ancienne danse grave.

Puis maints Amours de rire et de s'ébattre,
Se rigolant,[1] menant joyeux déduit,
Et jusqu'au jour faisant le diable à quatre.

Amour, Hymen, vous voilà bien remis;
Mais, s'il se peut, soyez longtemps amis.

Par tel moyen, entre ces dieux illustres
L'accord fut fait et le traité conclu.
Jeunes époux, faites que de vingt lustres
Traité si doux point ne soit résolu;
Et puissiez-vous, devant l'an révolu,
Tant opérer, que d'une aimable mère
Naisse, un beau jour, quelque petit joufflu,
Digne des vœux de l'aïeul et du père!

---

1. On disait *rigoler* ou *rigouler* dans la vieille langue, mais *se rigoler?*

PALÉMON ET DAPHNIS.[1]

ÉGLOGUE.

PALÉMON.

Quels lieux t'ont retenu caché depuis deux jours,
Daphnis? Nous avons cru te perdre pour toujours :
Chacun fuit, disions-nous, ces champêtres asiles ;
Nos hameaux sont déserts, et nos champs inutiles.

DAPHNIS.

O mon cher Palémon, ne t'en étonne pas :
Ces lieux pour nos bergers ont perdu leurs appas.
La ville a tout séduit, et sa magnificence
Nous fait de jour en jour haïr notre innocence.
Je l'ai vue à la fin cette grande cité :
Quel éclat! mais, hélas! quelle captivité!
Cependant nous courons, fuyant la solitude,
Dans ces murs chaque jour briguer la servitude.

---

1. J. B. Rousseau écrivait à Titon du Tillet, le 11 janvier 1740 : « Je suis bien sensible à l'honneur que M. Chevaye (*auditeur de la chambre des comptes, à Nantes*) m'a fait, en traduisant en latin mon églogue. C'est un de mes ouvrages pour lequel je me sens le plus d'inclination, pour la conformité qui s'y trouve avec le goût de Virgile. » C'est en effet une imitation habile et sentie des *Bucoliques*, quelque chose qui rappelle, mais avec moins de grâce naïve, les bons passages de Segrais, un poëte que Jean-Baptiste n'aurait pas dû confondre avec Chapelle.

Sous de riches lambris, qui ne sont point à nous,
Devant ses habitants nous ployons les genoux.
J'ai vu même près d'eux nos bergers, nos bergères,
Affecter, je l'ai vu, leurs modes étrangères,
Contrefaire leur geste, imiter leurs chansons,
Et de nos vieux pasteurs mépriser les leçons.
Qui l'eût cru? de nos champs l'agréable peinture,
Ces fertiles coteaux où se plaît la nature,
Le frais de ces gazons, l'ombre de ces ormeaux,
Nos rustiques débats, nos tendres chalumeaux,
Les troupeaux, les forêts, les prés, les pâturages,
Sont pour eux désormais de trop viles images.
Ils savent seulement chanter sur leur hautbois
Je ne sais quel Amour, inconnu dans nos bois,
Tissu de mots brillants, où leur esprit se joue,
Badinage affecté que le cœur désavoue.
Enfin, te le dirai-je? ô mon cher Palémon,
Nos bergers n'ont plus rien de berger que le nom.[1]

PALÉMON.

Et pourquoi retenir encor ce nom champêtre?
S'ils ne sont plus bergers, pourquoi veulent-ils l'être?
Le lion n'est point fait pour tracer les sillons,
Ni l'aigle pour voler dans les humbles vallons.

---

1. Ceci est moins de l'églogue qu'une ingénieuse satire des bergeries de Fontenelle. Gresset, qui a assez mal traduit les *Géorgiques*, a prouvé du moins qu'il les sentait dans ces jolies stances qu'il adresse à Virgile sur la décadence de la poésie pastorale, et dont voici quelques vers qui rappellent ceux de Rousseau :

> La bergère, outrant sa parure,
> N'eut plus que de faux agréments;
> Le berger, quittant la nature,
> N'eut plus que de faux contiments,
> Et ce qu'on appelle l'églogue
> Ne fut plus qu'un froid dialogue
> D'acteurs dérobés aux romans.

Voit-on le paon superbe, oubliant son plumage,
De la simple fauvette affecter le ramage,
L'amarante emprunter la couleur du gazon,
Et le loup des brebis revêtir la toison?

DAPHNIS.

Oh! si jamais le ciel, à nos vœux plus facile,
Faisoit revivre ici ce berger de Sicile,[1]
Qui le premier, chantant les bois et les vergers,
Au combat de la flûte instruisit les bergers!
Ou celui qui sauva des fureurs de Bellone[2]
Ses troupeaux trop voisins de la triste Crémone!
Tous deux pleins de douceur, admirables tous deux,
Soit que de deux pasteurs ils décrivent les jeux,
Soit que de Thestylis l'amoureuse folie
Ressuscite en leurs vers l'art de la Thessalie;[3]
Quel dieu sur leurs doux sons formera notre voix?
Ne reverrons-nous plus paroître dans nos bois
Les Faunes, les Sylvains, les Nymphes, les Dryades,

---

1. Théocrite, le premier des poëtes bucoliques, appelé ici *le Berger de Sicile*, parce qu'il était né à Syracuse, florissait au III° siècle avant notre ère, d'abord à la cour des deux premiers Ptolémées, puis à celle d'Hiéron II, où il mourut dans un âge avancé. Théocrite joignit parfois aux grâces naïves, à la fraîcheur et au naturel, qui sont les qualités essentielles du genre, le sentiment et la passion. On sent qu'il eût aisément réussi dans un genre plus élevé.

2. Virgile.   Superet modo Mantua nobis,
  Mantua, væ miseræ nimium vicina Cremonæ!
              (VIRGILE, églogue IX, vers 27-28.)

3. Voir la deuxième et la troisième idylle de Théocrite et la huitième églogue de Virgile. Dans les deux idylles comme dans l'églogue, il est question d'un berger infidèle qu'une amante oubliée ou une épouse délaissée essaye de ramener par de tendres plaintes ou par des enchantements. Dans Théocrite, la passion est plus ardente; elle est plus mélancolique dans Virgile qui, du reste, ne fait guère qu'imiter Théocrite avec un goût exquis. Seulement ici Virgile traite son modèle comme Térence, avant lui, avait traité Ménandre : il prend deux pièces pour en faire une.

Les Silènes tardifs, les humides Naïades,
Et le dieu Pan lui-même, au bruit de nos chansons,
Danser au milieu d'eux, à l'ombre des buissons?

PALÉMON.

Que faire, cher Daphnis? Nos regrets ni nos plaintes
Ne rendront pas la vie à leurs cendres éteintes.
Mais toi, disciple heureux de ces maîtres vantés,
J'ai vu que de tes sons nous étions enchantés,
Quand sous tes doigts légers l'air trouvant un passage
Exprimoit les accents dont ils traçoient l'image :
Les Muses t'avouoient, et de leurs favoris
Ménalque eût osé seul te disputer le prix.

DAPHNIS.

Il l'auroit disputé contre Apollon lui-même ! [1]
Mais le son de sa voix fait son plaisir suprême.
Quant à moi, qui me borne à de moindres succès,
Quelque gloire pourtant a suivi mes essais ;
Et même nos pasteurs, mais je suis peu crédule, [2]
M'ont quelquefois à lui préféré sans scrupule.

PALÉMON.

J'aime ces vers qu'un soir tu me dis à l'écart. [3]
Ce n'est qu'une chanson simple et presque sans art ;
Mais les timides fleurs qui se cachent sous l'herbe

---

1. Quid si idem certet Phœbum superare canendo?
(VIRGILE, églogue V, vers 9.)

2. . . . . . . Me quoque dicunt
Vatem pastores; sed non ego credulus illis.
(VIRGILE, églogue IX, vers 33-34.)

3. Quid quæ te pura solum sub nocte canentem
Audieram?
(*Ibid.* vers 44.)

Mais *un soir* rend-il ce *pura sub nocte?* C'est ce sentiment de la nature qui trop souvent a manqué à nos classiques : La Fontaine seul fait exception

Ont leur prix aussi bien que le pavot superbe.
De grâce, cher Daphnis, tâche à t'en souvenir.

DAPHNIS.

Je m'en souviens, elle est aisée à retenir :
« L'ardente Canicule a tari nos fontaines ;
L'Aurore de ses pleurs n'arrose plus nos plaines ;
On voit l'herbe mourir dans tous les champs voisins ; [1]
Le rosier est sans fleurs, le pampre sans raisins.
Qui rend ainsi la terre aride et languissante ?
Faut-il le demander ? Célimène est absente. [2] »

PALÉMON.

Et ceux que tu chantois, je m'en suis souvenu,
Quand nous vîmes passer ce berger inconnu :
« J'ai conduit mon troupeau dans les plus gras herbages ;
Cependant il languit parmi les pâturages.
J'ai trop bravé l'Amour ; l'Amour, pour se venger, [3]
Fait périr à la fois et moutons et berger. »

DAPHNIS.

La suite vaut bien mieux, et ne fut pas perdue :
Notre importun s'enfuit dès qu'il l'eut entendue.
« L'Amour est dangereux, mais ce n'est point l'Amour
Qui fait que mon troupeau se détruit chaque jour :
C'est ce berger malin, dont l'œil sombre m'alarme, [4]
Qui, sans doute, sur nous a jeté quelque charme. »

---

1. Aret ager ; vitio moriens sitit aeris herba.
   (VIRGILE, églogue VII, vers 57.)
2. Phyllidis adventu nostræ nemus omne virebit.
   (*Ibid.*, vers 59.)
3. Idem amor exitium pecori pecorisque magistro.
   (VIRGILE, églogue III, vers 101.)
4. Nescio quis teneros oculus mihi fascinat agnos.
   (*Ibid.*, vers 103.)

PALÉMON.

Tu m'en fais souvenir. Oh! qu'il fut étonné!
Je crois que de longtemps il ne t'a pardonné.
Mais si j'osois encor te faire une prière!
Te souvient-il du jour que dans cette bruyère
Tu chantois, en goûtant la fraîcheur du matin,
Ces beaux vers, imités du grand pasteur latin : [1]
« Revenez, revenez, aimable Galatée? »
Jamais chanson ne fut à l'air mieux ajustée.
Dieux! comme en l'écoutant tout mon cœur fut frappé!
J'ai retenu le chant, les vers m'ont échappé.[2]

DAPHNIS.

Voyons; depuis ce temps je ne l'ai point chantée.
« Revenez, revenez, aimable Galatée :
Déjà d'un vert naissant nos arbres sont parés :
Les fleurs de leur émail enrichissent nos prés.
Qui peut vous retenir loin de ces doux rivages?
Avez-vous oublié nos jardins, nos bocages?
Ah! ne méprisez point leurs champêtres attraits,
Revenez! les dieux même ont aimé les forêts.[3]
Le timide bélier se plaît dans les campagnes,
Le chevreuil dans les bois, l'ourse dans les montagnes.
Pour moi (de notre instinct nous suivons tous les lois),[4]
Je me plais seulement aux lieux où je vous vois. »

---

1. Virgile. Huc ades, o Galatea, quis est nam ludus in undis?
(Virgile, églogue IX, vers 39.)
2. . . . Numeros memini, si verba tenerem.
(Ibid., vers 45.)
3. . . . Habitarunt di quoque silvas.
(Virgile, églogue II, vers 60.)
4. . . . Trahit sua quemque voluptas.
(Ibid., vers 65.)

PALÉMON.

Est-ce tout? Je me trompe, ou tu m'en fis entendre
D'autres, que même alors tu promis de m'apprendre.

DAPHNIS.

Il est vrai; mais, berger, chaque chose a son cours.
Autrefois à chanter j'aurois passé les jours.[1]
Tout change; maintenant les guerrières trompettes
Font taire les hautbois et les humbles musettes.
Quelle oreille, endurcie à leur bruit éclatant,
Voudroit à nos chansons accorder un instant?
Les accents les plus doux des cygnes du Méandre
A peine trouveroient quelqu'un pour les entendre.
Finissons : aussi bien le soleil s'obscurcit,
Du côté du midi le nuage grossit.
Et des jeunes tilleuls qui bordent ces fontaines
Le vent semble agiter les ombres incertaines.
Adieu : les moissonneurs regagnent le hameau,
Et Lycas a déjà ramené son troupeau.

---

1. Omnia fert ætas, animum quoque: sæpe ego longos
 Cantando puerum memini me condere soles:
 Nunc oblita mihi tot carmina.
    (VIRGILE, églogue IX, vers 51-53.)

ÉPITAPHE DE J. B. ROUSSEAU

FAITE PAR LUI-MÊME.

De cet auteur, noirci d'un crayon si malin,
Passant, veux-tu savoir quel fut le caractère?
Il avoit pour amis d'Ussé, Brumoy, Rollin;
Pour ennemis, Gacon, Lenglet, Saurin, Voltaire.[1]

---

1. L'abbé Lenglet-Dufresnoy, né en 1674, mort en 1755, avait plus de savoir que de goût. On a de lui, entre autres ouvrages d'érudition historique, une longue vie de Jeanne d'Arc. Il était l'auteur d'un affreux libelle contre Rousseau.

FIN.

TABLE

DES PIÈCES CONTENUES DANS CE VOLUME.

Pages.

Introduction sur la vie et les ouvrages de J. B. Rousseau. . . . . . ı
Appendice. Ode de Lefranc de Pompignan sur la mort de J. B. Rousseau. LXXVII
Préface de J. B. Rousseau. 1

ODES.

LIVRE PREMIER, ODES SACRÉES.

Ode I.	Caractère de l'homme juste	15
II.	Mouvements d'une âme qui s'élève à la connoissance de Dieu par la contemplation de ses ouvrages.	17
III.	Sur l'aveuglement des hommes du siècle.	21
IV.	Contre les hypocrites	24
V.	Idée de la véritable grandeur des rois.	27
VI.	Que rien ne peut troubler la tranquillité de ceux qui s'assurent en Dieu	32
VII.	Contre les calomniateurs.	36
VIII.	Image du bonheur temporel des méchants.	38
IX.	Foiblesse des hommes, grandeur de Dieu	42
X.	Pour une personne convalescente.	45
XI.	Sur les dispositions que l'homme doit apporter à la prière.	49
XII.	Inquiétudes de l'âme sur les voies de la Providence . . .	53
XIII.	Que la justice divine est présente à toutes nos actions . .	57
XIV.	Misère des réprouvés, félicité des élus	60
XV.	Sentiments de pénitence.	63
XVI.	Appliquée à la dernière guerre des Turcs	65
XVII.	Confiance de l'homme juste dans la protection de Dieu. .	68
Cantique.	Actions de grâces pour les bienfaits qu'on a reçus de Dieu.	71
Épode	tirée principalement des livres de Salomon, et en partie de quelques autres endroits de l'Écriture et des prières de l'Église. . .	74

TABLE.

LIVRE DEUXIÈME.

		Pages.
Ode I.	Sur la naissance de monseigneur le duc de Bretagne . . .	89
II.	A M. l'abbé Courtin.	96
III.	A M. de Caumartin, conseiller d'État, et intendant des finances	102
IV.	A M. d'Ussé	106
V.	A M. Duché, dans le temps qu'il travailloit à sa tragédie de Débora	111
VI.	A la Fortune	114
VII.	A une jeune veuve	121
VIII.	A M. l'abbé de Chaulieu.	125
IX.	A M. le marquis de La Fare	128
X.	Sur la mort de S. A. S. monseigneur le prince de Conti. .	135
XI.	A Philomèle	143
XII.	Pour madame la D... de N...., sur le gain d'un procès intenté contre son mariage.	145
XIII.	Sur un commencement d'année.	149
XIV.	Imitée d'Horace.	152

LIVRE TROISIÈME.

Ode I.	A M. le comte Du Luc, alors ambassadeur de France en Suisse, et plénipotentiaire à la paix de Bade.	155
II.	A S. A. S. monseigneur le prince Eugène de Savoie. . . .	165
III.	A M. le comte de Bonneval, lieutenant général des armées de l'empereur.	175
IV.	Aux Suisses, durant leur guerre civile, en 1712	182
V.	Aux Princes chrétiens, sur l'armement des Turcs contre la république de Venise, en 1715..	184
VI.	A Malherbe, contre les détracteurs de l'antiquité.	191
VII.	A S. A. M. le comte de Zinzindorf, chancelier de la cour impériale.	199
VIII.	Pour S. A. monseigneur le prince de Vendôme, sur son retour de l'île de Malte, en 1715.	205
IX.	A S. E. M. Grimani, ambassadeur de Venise à la cour de Vienne, sur le départ des troupes impériales pour la campagne de 1716, en Hongrie	214
X.	Palinodie.	218
XI.	Sur la bataille de Peterwaradin	225

LIVRE QUATRIÈME.

Ode I.	A l'Empereur, après la conclusion de la quadruple alliance	233
II.	Au prince Eugène, après la paix de Passarowitz	242

TABLE.

		Pages.
Ode III.	A l'impératrice Amélie.	249
IV.	Au Roi de la Grande-Bretagne.	257
V.	Au Roi de Pologne, sur les vœux que les peuples de Saxe faisoient pour le retour de Sa Majesté. . . .	264
VI.	Sur les Divinités poétiques.	272
VII.	Sur le devoir et le sort des grands hommes	278
VIII.	A la Paix.	284
IX.	A M. le comte de Lannoy, gouverneur de Bruxelles, sur une maladie de l'auteur, causée par une attaque de paralysie, en 1738.	291
X.	A la Postérité.	300

CANTATES.

Cantate I.	Diane	307
II.	Adonis	310
III.	Le Triomphe de l'Amour.	313
IV.	L'Hymen	316
V.	Amymone.	319
VI.	Thétis.	322
VII.	Circé.	326
VIII.	Céphale	330
IX.	Bacchus	333
X.	Les Forges de Lemnos.	338
XI.	Les Filets de Vulcain.	341
XII.	Les Bains de Tomeri. Pour S. A. S. Madame la Duchesse douairière	345
XIII.	Contre l'Hiver.	348
XIV.	Pour l'Hiver	351
XV.	Calisto	353
XVI.	L'Amour dévoilé.	356
XVII.	L'amant heureux.	359
XVIII.	Sur un arbrisseau.	362
XIX.	Jupiter et Europe.	364
XX.	Sur un baiser.	367

ÉPIGRAMMES.

LIVRE PREMIER.

Épig. I.	*Le dieu des vers sur les bords du Permesse*	371
II.	*Ce traître amour prit à Vénus sa mère*	371
III.	*Prêt à descendre au manoir ténébreux*	372
IV.	*Le bon vieillard qui brûla pour Bathylle*	373

TABLE.

		Pages.
ÉPIG. V.	Quels sont ces traits qui font craindre Caliste.....	74
VI.	Sur ses vieux jours la déesse Vénus.........	74
VII.	Soucis cuisants, au partir de Caliste.........	375
VIII.	Je veux avoir, et je l'aimerai bien..........	375
IX.	Certain huissier, étant à l'audience..........	376
X.	Sur leurs santés un bourgeois et sa femme......	376
XI.	Elle a, dit-on, cette bouche et ces yeux........	377
XII.	Près de sa mort, une vieille incrédule	377
XIII.	Certain ivrogne, après maint long repas.......	378
XIV.	Ce monde-ci n'est qu'une œuvre comique.......	378
XV.	A un Pied-plat qui faisoit courir de faux bruits contre moi.................	379
XVI.	Par passe-temps un cardinal oyoit..........	380
XVII.	Contre un voleur médisant..............	380
XVIII.	Certain curé, grand enterreur de morts	381
XIX.	Pour madame *** étant à la chasse.........	382
XX.	Pour la même, étant à la représentation de l'opéra d'Alcide	383
XXI.	Sur la même qui s'occupoit à filer	383
XXII.	A la même..................	383
XXIII.	Entre Racine et l'aîné des Corneilles.........	384
XXIV.	Un maquignon de la ville du Mans..........	384
XXV.	Un magister, s'empressant d'étouffer	384
XXVI.	Ne vous fiez, bachelettes rusées............	385
XXVII.	Le teint jauni comme feuilles d'automne	385
XXVIII.	Sur une Ode composée par un misérable poëte satirique, à la louange de M. Catinat........	386
XXIX.	Sur le Dialogue de Platon, intitulé LE BANQUET	387
XXX.	Du haut savoir Phébus ne m'a doté.........	387

LIVRE DEUXIÈME.

ÉPIG. I.	Quand, pour ravoir son épouse Eurydice.......	389
II.	Deux grands Amours, fripons de même race......	389
III.	Sur madame la duchesse de Bourgogne.........	390
IV.	De ce bonnet, façonné de ma main...........	391
V.	Qui vous aimant, ô fantasque beauté.........	391
VI	Ce pauvre époux me fait grande pitié.........	392
VII.	Pour une Dame nouvellement mariée.........	392
VIII.	Jean s'est lié par conjugal serment..........	393
IX.	J'ai depuis peu vu ta femme nouvelle.........	393
X.	Certain marquis, fameux par le grand bruit.....	393
XI.	Le vieux Ronsard, ayant pris ses besicles.......	394
XII.	Le traducteur qui rima l'Iliade	395
XIII.	Houdart n'en veut qu'à la raison sublime.......	395

		Pages.
Épig. XIV.	Léger de queue et de ruses chargé............	396
XV.	Depuis trente ans, un vieux berger normand.....	396
XVI.	Par trop bien boire, un curé de Bourgogne......	397
XVII.	A un Critique moderne................	398
XVIII.	A son portrait certain rimeur braillard.......	398
XIX.	Un vieil abbé sur certains droits de fief........	399
XX.	Trois choses sont que j'admire à part moi......	399
XXI.	L'homme creé par le fils de Japet	400
XXII.	Avec les gens de la cour de Minerve	400
XXIII.	Monsieur l'abbé, vous n'ignorez de rien.......	400
XXIV.	Ami, crois-moi : cache bien à la cour.........	401
XXV.	Tout plein de soi, de tout le reste vide	401
XXVI.	Doctes héros de la secte moderne...........	402
XXVII.	Gacon, rimailleur subalterne	402
XXVIII.	Aux Journalistes de Trévoux	403
XXIX.	Aux mêmes	404
XXX.	Sur les Tragédies du sieur ***............	404

LIVRE TROISIÈME

Épig. I.	Est-on héros pour avoir mis aux chaînes.......	407
II.	A M. le duc de Bourgogne..............	408
III.	A madame d'Ussé. Les deux Dons...........	408
IV.	Les Souhaits......................	409
V.	A M. Rouillé.....................	410
VI.	A l'abbé de Chaulieu................	410
VII.	Contre Montfort...................	411
VIII.	Contre un Marguillier................	411
IX.	Contre Longepierre..................	412
X.	Contre le même....................	412
XI.	Sur l'aventure de l'évêque de Nîmes, qui s'étoit sauvé par la fenêtre pour échapper à ses créanciers....	413
XII.	Pour disculper ses œuvres insipides	413
XIII.	Un gros garçon qui crève de santé...........	414
XIV.	Paul, de qui la vraie épithète	414
XV.	Conte de Pogge	415
XVI.	A Pradon, qui avoit fait une satire pleine d'invectives contre Despréaux.................	416
XVII.	En son lit une damoiselle...............	416
XVIII.	Tu dis qu'il faut brûler mon livre	417
XIX.	Sur les Fables de Lamotte..............	417
XX.	Sur le même sujet...................	418
XXI.	Deux gens de bien, tels que Vire en produit......	419
XXII.	Quand vous vous efforcez à plaire	419
XXIII.	Ci-gît l'auteur d'un gros livre.............	420

		Pages.
ÉPIG. XXIV.	Ci-dessous gît monsieur l'abbé Courtois	420
XXV.	Sous ce tombeau gît un pauvre écuyer	421
XXVI.	A M. le comte d'OEttinguer	421
XXVII.	A M. T.	422
XXVIII.	Toi qui places impudemment	423
XXIX.	Chrysologue toujours opine	423
XXX.	Justification de la précédente épigramme, à un important de cour qui s'en faisoit l'application	424

POÉSIES DIVERSES.

Épithalame	429
Palémon et Daphnis, églogue	433
Épitaphe de J. B. Rousseau, faite par lui-même	440

FIN DE LA TABLE.

PARIS. — J. CLAYE, IMPRIMEUR, RUE SAINT-BENOIT, 7. — [997]

www.ingramcontent.com/pod-product-compliance
Lightning Source LLC
Chambersburg PA
CBHW071409230426
43669CB00010B/1495